Research on Special Tort Responsibility

特殊侵权责任研究

贾小龙 王祎敏 ⊙ 著

以我国《侵权责任法》规定的**特殊侵权责任类型**为基础，对特殊侵权责任理解与法律适用中的基本问题进行较为系统的理论阐释。

中央编译出版社
Central Compilation & Translation Press

图书在版编目（CIP）数据

特殊侵权责任研究 / 贾小龙，王祎敏著. —北京：中央编译出版社，2018.1
ISBN 978-7-5117-3463-1

Ⅰ. ①特⋯
Ⅱ. ①贾⋯ ②王⋯
Ⅲ. ①侵权行为—民事责任—研究
Ⅳ. ①D913.04

中国版本图书馆 CIP 数据核字（2017）第 300508 号

特殊侵权责任研究

出 版 人：	葛海彦
出版统筹：	贾宇琰
责任编辑：	曲建文
责任印制：	尹　珺
出版发行：	中央编译出版社
地　　址：	北京市西城区车公庄大街乙5号鸿儒大厦B座（100044）
电　　话：	（010）52612345（总编室）　（010）52612363（编辑室）
	（010）52612316（发行部）　（010）52612315（网络销售）
	（010）52612346（馆配部）　（010）66509618（读者服务部）
传　　真：	（010）66515838
经　　销：	全国新华书店
印　　刷：	北京市金星印务有限公司
开　　本：	710 毫米×1000 毫米　1/16
字　　数：	313 千字
印　　张：	19.25
版　　次：	2018 年 1 月第 1 版第 1 次印刷
印　　次：	2018 年 1 月第 1 次印刷
定　　价：	58.00 元
网　　址：	www.cctphome.com　邮　箱：cctp@cctphome.com
新浪微博：	中央编译出版社　微　信：中央编译出版社（ID：cctphome）
淘宝店铺：	中央编译出版社直销店（http://shop108367160.taobao.com）（010）55626985

本社常年法律顾问：北京市吴栾赵阎律师事务所律师　闫军　梁勤
凡有印装质量问题，本社负责调换。电话：010-66509618

目 录

导 论 特殊侵权责任概述 ·· 1
 一、一般侵权责任与特殊侵权责任的区分 ························· 1
 二、特殊侵权责任的"特殊性" ·································· 3
 三、特殊侵权责任的类型 ·· 5

第一章 监护人责任 ··· 7
 第一节 监护人责任概述 ·· 7
  一、监护人责任的概念和特征 ································ 7
  二、监护人责任制度的演进 ································· 11
 第二节 监护人责任的构成与承担 ······························ 15
  一、监护人责任的归责原则 ································· 15
  二、监护人责任的构成要件 ································· 17
  三、监护人责任的承担 ····································· 20

第二章 用工者责任 ·· 22
 第一节 用工者责任概述 ······································· 22
  一、用工者责任的概念、特征及规范构成 ····················· 22
  二、域外用工者责任的立法例 ······························· 25
 第二节 用工者责任的构成 ····································· 26
  一、用工者责任的归责原则 ································· 26

二、用工者责任的构成要件 …………………………………… 27
第三节　用工者责任中的其他问题 ………………………………… 30
　　一、用工者的追偿权问题 ………………………………………… 30
　　二、被用工者受损的救济问题 …………………………………… 31
　　三、劳务派遣单位的补充责任问题 ……………………………… 34

第三章　网络服务提供者侵权责任 ……………………………… 35
第一节　互联网上的侵权概述 ……………………………………… 35
　　一、互联网带来民事立法新问题 ………………………………… 35
　　二、互联网上的侵权行为的界定 ………………………………… 36
　　三、《侵权责任法》中规定网络侵权的必要性 ………………… 38
第二节　互联网上侵权责任的比较法考察 ………………………… 39
　　一、美　国 ………………………………………………………… 40
　　二、日　本 ………………………………………………………… 45
　　三、欧　盟 ………………………………………………………… 45
　　四、我国台湾地区 ………………………………………………… 47
　　五、我国大陆地区 ………………………………………………… 49
第三节　网络服务提供者侵权责任的理解与适用 ………………… 54
　　一、网络服务提供者侵权责任的类型与构成 …………………… 54
　　二、网络服务提供者连带责任的体系解释 ……………………… 60
　　三、《侵权责任法》网络服务提供者连带责任之检讨 ………… 81

第四章　违反安全保障义务的责任 ……………………………… 85
第一节　违反安全保障义务概述 …………………………………… 85
　　一、违反安全保障义务责任的概念与特征 ……………………… 85
　　二、违反安全保障义务责任的立法例 …………………………… 86
第二节　违反安全保障义务责任的构成 …………………………… 87
　　一、违反安全保障义务责任的归责原则 ………………………… 87
　　二、违反安全保障义务责任的构成要件 ………………………… 88

第三节 违反安全保障义务责任的承担 …………………… 90
    一、责任主体 ………………………………………………… 90
    二、责任范围 ………………………………………………… 91

第五章 教育机构学生损害责任 …………………………………… 92
第一节 教育机构学生损害责任概述 ……………………………… 92
    一、教育机构学生损害责任的概念与特征 ………………… 92
    二、教育机构学生损害责任与其他相关责任 ……………… 93
第二节 教育机构学生损害责任的构成 …………………………… 95
    一、教育机构学生损害责任的归责原则 …………………… 95
    二、教育机构学生损害责任的构成要件 …………………… 96
    三、第三人侵权时教育机构的学生损害责任 ……………… 96

第六章 产品责任 …………………………………………………… 98
第一节 产品责任概述 ……………………………………………… 98
    一、产品责任的概念和特征 ………………………………… 98
    二、产品责任的演进及立法例 ……………………………… 100
第二节 产品责任的构成 …………………………………………… 103
    一、缺陷产品损害赔偿责任的归责原则 …………………… 103
    二、产品责任的构成要件 …………………………………… 109
第三节 产品责任的承担 …………………………………………… 112
    一、产品责任的承担方式 …………………………………… 112
    二、产品责任的承担主体 …………………………………… 114
    三、免责事由 ………………………………………………… 116
    四、产品责任中的追偿权 …………………………………… 117

第七章 机动车交通事故责任 ……………………………………… 119
第一节 机动车交通事故责任概述 ………………………………… 119
    一、机动车交通事故的概念和特点 ………………………… 120

二、机动车交通事故责任的立法例……………………………………… 121
　第二节　机动车交通事故责任的构成……………………………………… 123
　　一、机动车交通事故损害赔偿的归责原则………………………………… 123
　　二、机动车交通事故损害赔偿责任的构成要件…………………………… 129
　第三节　机动车交通事故责任的承担……………………………………… 132
　　一、机动车交通事故责任的主体…………………………………………… 132
　　二、机动车交通事故损害赔偿的位序……………………………………… 152
　　三、机动车一方交通事故责任的范围……………………………………… 153
　第四节　机动车交通事故损害的社会化分担……………………………… 154
　　一、机动车交通事故损害社会化分担概述………………………………… 154
　　二、我国机动车交通事故损害的社会化分担机制及其完善……………… 156

第八章　医疗损害责任……………………………………………………… 167
　第一节　医疗损害责任概述………………………………………………… 167
　　一、我国医疗损害责任制度的演进………………………………………… 167
　　二、《侵权责任法》下医疗损害责任的基本问题…………………………… 170
　第二节　医疗损害赔偿责任的构成要件…………………………………… 178
　　一、患者遭受损害…………………………………………………………… 178
　　二、医疗机构或其医务人员存在过错……………………………………… 179
　　三、存在医疗损害行为……………………………………………………… 184
　　四、医疗损害行为与患者受损之间存在因果关系………………………… 185
　第三节　医疗损害赔偿责任的承担………………………………………… 186
　　一、承担主体………………………………………………………………… 186
　　二、责任减轻或免除事由…………………………………………………… 186

第九章　环境污染责任……………………………………………………… 190
　第一节　环境污染责任概述………………………………………………… 190
　　一、环境与环境污染………………………………………………………… 190
　　二、环境污染责任及其特点………………………………………………… 191

第二节　环境污染责任的构成 …………………………………… 193
     一、环境污染损害赔偿责任的归责原则 ………………………… 193
     二、环境污染损害赔偿责任的构成要件 ………………………… 194
   第三节　环境污染侵权行为认定及责任成立证明问题 …………… 197
     一、污染环境行为认定及侵权责任成立证明问题规范分析 …… 198
     二、污染环境行为认定与责任成立证明问题实证分析 ………… 201
     三、污染环境行为认定及侵权责任成立证明问题的明确 ……… 209
   第四节　环境污染责任的承担 ………………………………………… 217
     一、环境污染责任的承担主体 …………………………………… 217
     二、环境污染责任的形式 ………………………………………… 218
     三、环境污染损害赔偿的减轻和免除 …………………………… 220

第十章　高度危险责任 ……………………………………………………… 222
   第一节　高度危险责任概述 …………………………………………… 222
     一、高度危险责任的概念和特征 ………………………………… 222
     二、高度危险责任的立法演进 …………………………………… 224
   第二节　高度危险责任的构成 ………………………………………… 228
     一、高度危险损害赔偿责任的归责原则 ………………………… 228
     二、高度危险损害赔偿责任的构成要件 ………………………… 230
     三、高度危险责任的承担主体及责任方式 ……………………… 232
     四、高度危险责任的减免 ………………………………………… 235
     五、高度危险责任的限额赔偿 …………………………………… 239

第十一章　饲养动物损害责任 …………………………………………… 242
   第一节　饲养动物损害责任概述 ……………………………………… 242
     一、饲养动物损害责任的概念和特征 …………………………… 242
     二、饲养动物损害责任的立法例 ………………………………… 243
   第二节　饲养动物损害责任的构成 …………………………………… 246
     一、饲养动物损害赔偿责任的归责原则 ………………………… 246

二、饲养动物损害责任的构成要件 ………………………………… 250
第三节　饲养动物损害责任的承担 ……………………………………… 253
　　一、责任形式 ……………………………………………………… 253
　　二、责任主体 ……………………………………………………… 253
　　三、责任减免事由 ………………………………………………… 256

第十二章　物件损害责任 ……………………………………………… 259
第一节　物件损害责任概述 ……………………………………………… 259
　　一、物件损害责任的概念和特征 ………………………………… 259
　　二、域外物件损害责任的立法例 ………………………………… 261
第二节　物件损害责任的构成 …………………………………………… 264
　　一、物件损害责任的归责原则 …………………………………… 264
　　二、物件损害责任的构成要件 …………………………………… 267
第三节　物件致人损害责任的承担 ……………………………………… 271
　　一、责任形式 ……………………………………………………… 271
　　二、责任主体 ……………………………………………………… 272
　　三、责任减免事由 ………………………………………………… 276
　　四、追偿权 ………………………………………………………… 277

参考文献 ………………………………………………………………… 278
后　　记 ………………………………………………………………… 285
附录：《中华人民共和国侵权责任法》条文 ………………………… 287

导　论　特殊侵权责任概述

一、一般侵权责任与特殊侵权责任的区分

在我国法中，侵权责任一词虽然早就存在，但在"法典"名称意义上的使用源自于《侵权责任法》的颁布。此前我国学界长期使用"侵权行为"一语。这一变迁，意味着侵权法理念从行为违法性评价向损害救济或恢复的更迭，吻合了侵权法的现代发展趋势。当然，这一演变并非意味着侵权法全部范畴的重构，相反，侵权责任法的许多制度设计，都表现出了与侵权行为称谓时期较好的历史延续性。体现在侵权责任的基本类型上，特殊侵权责任与一般侵权责任的分类基本上是对于过去特殊侵权行为与一般侵权行为这一基本分类的延续。故而，研究特殊侵权责任与一般侵权责任，有必要回顾特殊侵权行为与一般侵权行为的区分。

尽管特殊侵权行为与一般侵权行为的区分重要而久远，但就其划分标准，历来说法不一，主要包括损害源（行为发生原因）标准和归责原则标准两种学说。前者主张，一般侵权行为指侵权行为系个人行为所致，特殊侵权行为则源于个人行为以外之原因。杨立新教授就曾指出，大陆法系国家划分一般侵权行为和特殊侵权行为的基本标准，主要是适用法律的不同；一般侵权适用侵权行为的一般条款规定，特殊侵权行为适用侵权行为的特别规定。而且，一般侵权行为系为自己行为负责，特殊侵权行为系为他人行为致损、自己管领下的物件致损负责，故而又对应于自己责任和间接责任之分。[①] 后者主张，特殊侵权行为系适用无过错责任、以违反特定义务作为过错标准以及以过错推定作为过错认

---

① 杨立新：《论侵权行为一般化和类型化及其我国侵权行为法立法模式选择》，《河南省政法管理干部学院学报》，2003年第1期，第7页。

定方式以及分担责任的侵权行为。① 程啸博士也倾向于以归责原则作为区分一般侵权行为与特殊侵权行为的标准。② 郑玉波先生也主张，一般侵权行为与特殊侵权行为之分，应当以所负赔偿责任的性质为区分标准，即负单纯的过失责任的，称为一般侵权行为，非为单纯的过失责任的，称为特殊侵权行为。③ 其中所强调的"单纯"，意在将连带责任、法定代理人责任、雇用人责任等排除在外。这些责任要么因连带而重于单纯过失责任，要么是公平责任或中间责任。

表面上看，上述两说似乎是互斥的，但实际上，不存在根本性的差别，毋宁说，二者从不同角度揭示了特殊侵权与一般侵权的区别之处。而且，此二说还有一个共同之处：特殊侵权与一般侵权区别的核心在于立法的形式以及相应的法律适用方式存在差异。从大陆法系及我国《侵权责任法》的规定来看，一般侵权责任的立法采取了概括或一般条款的规定方式，特殊侵权责任的立法则采取了类型化列举的方式。而从侵权法的实际来看，不论从归责原则或损害源方面，都难以十分明确地确定地区分清楚特殊侵权和一般侵权。正是在此意义上，有学者提出了废除特殊侵权行为概念的主张。④ 顺带指出的是，本书不赞同这种主张，而是认为，至少从法律适用的意义上，特殊侵权的存在或曰特殊侵权与一般侵权的区分，对于便利法律适用仍然具有重要的现实意义。也正是基于这一考虑，本书倾向于从责任构成要件的角度来区分特殊侵权责任和一般侵权责任，即特殊侵权是指不适用侵权责任法一般条款规定的侵权责任。当然，此安排和现有其他安排一样，也没有彻底划清特殊侵权责任与一般侵权责任。比如，暂时丧失民事行为能力者的侵权责任问题，虽然《侵权责任法》将之与监护人责任等一并单列，但从立法表述上看，该责任在构成要件上并没有明显区别于一般侵权责任之处。

以责任成立要件作为区分特殊侵权与一般侵权的依据，在比较法上也有成例。例如，于敏教授指出，在日本学界，一般侵权行为基于《日本民法》第

---

① 陈惠谷、苏延俊：《特殊侵权行为范围及其分类》，《上海社会科学院学术季刊》，1989年第8期，第109页。
② 程啸：《侵权责任法》，北京：法律出版社2015年版，第54页。
③ 郑玉波：《民法债篇总论》，北京：中国政法大学出版社2003年版，第122页。
④ 刘信业：《特殊侵权行为概念之存废》，《法学杂志》，2006年第4期，第94页。

709条成立,而将基于特别要件成立的侵权行为称为特殊侵权行为。① 史尚宽先生则指出:"一般侵权行为之基本要件,为主观的故意或过失及客观的违法之侵害。其中要件有所欠缺或有特殊,曰特殊侵权行为。"② 同样,尽管今日之法国学界普遍认为,区分《法国民法典》中仍然保留的"侵权和准侵权"并无现实利益,但是,在当今侵权责任的最新"三类六种侵权责任"中,也包含了一般侵权和特殊侵权的区分,区分的标准便是特殊侵权在构成要件上具有有别于一般侵权的特殊之处。③

二、特殊侵权责任的"特殊性"

我国民法通说认为,特殊侵权行为是相对于一般侵权行为而言的,其特殊性体现在归责原则、责任成立要件、举证责任、责任形态等诸多方面。其中,最本质的特殊性在于其责任形态表现为替代责任。④ 学者进一步认为,《法国民法典》第1384条之规定,就是对特殊侵权行为的经典性定义。⑤ 应该说,前述通说对于特殊侵权责任的特殊性做出了较为全面的揭示,而且所述各特殊之处也非独立。可以说,归责原则的特殊性具有决定意义:归责原则的特殊决定了责任成立要件证明中举证责任的特殊;同样,至少从法律适用的逻辑上看,责任成立要件又导致责任形态的不同。事实上,依上文所言,可谓特殊侵权责任之特殊在于"责任成立要件"有别于一般侵权责任。

对于这些特殊性,此处已无必要再行重述。相反,需要略加提及的是,立法为何要在一般侵权之外再行列举诸多特殊侵权责任?在具体特殊侵权责任的立法过程中,需要考虑哪些因素从而揭示出其与一般侵权的区别?这些问题看似立法政策问题,或先于法律规范而存在,但在特殊侵权责任的法律适用中,恰恰是进行正确的法律解释、推理的根基所在,故而尤其重要。

---

① 于敏:《日本侵权行为法》,北京:法律出版社2015年版,第295页。
② 史尚宽:《债法总论》,北京:中国政法大学出版社2001年版,第110—111页。
③ 张民安:《法国民法》,北京:清华大学出版社2015年版,第366、399页及以下。
④ 王利明等:《民法学》,北京:法律出版社2015年版,第806—807页。
⑤ 该条规定:"对应由其负责的他人的行为或在其管理下的物件所造成的损害,均应负赔偿的责任。"

简要回顾特殊侵权责任的演进史是回答这一问题的必要。罗马法上的私犯与准私犯，相当于今天的侵权行为。尽管周枏先生指出，古罗马法上区分私犯与准私犯纯粹是历史原因所致，即法定的私犯种类并未穷尽全部损害赔偿发生事由，且社会的发展带来了新的损害，故而大法官为了加强维护社会秩序，便在将私犯之后需要制裁的侵权行为称之为准私犯①，但是，从大法官创设准私犯来看，均体现出了与私犯不同的一些考虑。例如：在倒泼和投掷责任中，之所以令房屋居住者承担责任，不仅考虑了证明侵权行为人的困难，也有利于促使房屋居住人提高注意程度；堆置或悬挂物件责任的创设，则在于避免悬挂于当时"高楼大厦"上的物件因大风坠落而致人伤亡，而且，此类责任的承担并不以实际发生损害为必要。诚如周枏先生所言：此类责任，"均是无过失责任，目的在于维护公共安全，避免或减少损害的发生"②。及至近代民法，虽奉过失责任主义为真理，但为周到地保护被害人，各国民法又规定了部分例外，令行为人负较过失为重的责任。相应的，将侵权行为分为一般侵权行为和特殊侵权行为两种；前者对应过失责任，后者与过失责任之例外相对应。③"特殊侵权行为之名称及规定所以出现，主要系着眼于该等类型之侵权行为，尚与过失责任有别之故。"④ 同时，又着眼于侵权行为主体的特殊性，将多数人侵权责任、职务侵权行为等也归入特殊侵权责任之中。在冯·巴尔教授笔下，则以"真正的侵权行为法"和"准侵权行为法"分别对应于一般侵权行为立法和特殊侵权行为立法。前者是指对自己的不当行为之责任的法律，后者则与罗马法上的"准私犯之法"相对应。⑤ 其中，典型的准侵权行为主要是指尽管被告的行为适当但仍然应当承担责任的场合，如雇主责任、机动车保有者责任等，通常都是针对没有实施直接加害行为者的责任，或者说该类责任的重要特征之一是责任者并没有实施加害行为。

结合前文所言可以认为：特殊侵权责任的特殊性实质上在于，在新的社会

---

① 周枏：《罗马法原论》（下册），北京：商务印书馆2014年版，第877页。
② 周枏：《罗马法原论》（下册），北京：商务印书馆2014年版，第880页。
③ 邱聪智：《新订民法债篇通则》（上），北京：中国人民大学出版社2003年版，第95页。
④ 邱聪智：《新订民法债篇通则》（上），北京：中国人民大学出版社2003年版，第121页。
⑤〔德〕克雷斯蒂安·冯·巴尔：《欧洲比较侵权行为法》（上），张新宝译，北京：法律出版社2001年版，第140页。

经济结构中，更为合理、更有效率地分配危害，实践社会正义。① 古往今来，侵权法的根本目的都在于如何处理社会交往过程中发生的损害。回顾侵权法的历史可知：人类社会发展的不同阶段，立法处理损害方式的变化或不同，都体现了立法者在特定历史条件下更为合理地分配损害的努力。从古罗马大法官对准私犯的创造到过失责任主义的全面复兴，再到大工业时期事故损害分担中过失责任主义的调整，无不如此。

特殊侵权责任的演进，表面上源于克服过失责任主义的时代局限性，实则一方面反映了"权益保护"这一要素在侵权责任规则确立中的重要性或权重的加大；另一方面表明"行为自由"要素随着时代发展被赋予新的内涵。过失责任主义下，"权益保护"在某种程度上屈从于"行为自由"。彼时，"行为自由"的核心是非故意或过失的行为致害，不可归责。而在特殊侵权责任规则中，"权益保护"在一定程度上超越了传统的"行为自由"观念，也可以说，"行为自由"的内涵发生了变化，为特定行为者应当对其行为致害承担责任，而不再苛求致害之行为是否出于行为人之特定故意或过失。需要强调的是，这里所说的特殊侵权责任规则，与古时之结果责任存在本质不同。古时的结果责任，虽同样不论行为人对于致害之发生是否有过错，但致害行为是否系共同体的必要生产活动，在所不问；而如今之特殊侵权责任规则，之所以要修正过失责任主义，关键在于该种情形下致害行为实为共同体之必要生产活动。如机动车、高危作业等。更为重要的是，共同体之必要经济活动，不仅为共同体发展所必需，还能够为从业者带来利益，同时具有造成他人损害之固有危险。因而，固有危险所致损害的分配，既需要考虑到社会的整体效率需要，也需要兼顾为整体效率而蒙受损害的个体利益；还需要考虑到风险的预防及权责的一致性。

三、特殊侵权责任的类型

基于前文界定，并结合我国《侵权责任法》规定，特殊侵权责任的类型包括两类：一类是数人侵权责任，其在责任承担依据上有别于单个人侵权责任；另一类是《侵权责任法》第四章至第十一章规定的侵权责任，包括监护人责

---

① 王泽鉴：《侵权行为》，北京：北京大学出版社2009年版，第349页。

任、暂时丧失民事行为能力者责任、用工者责任、网络服务提供者责任、违反安全保障义务者责任、教育机构侵权责任、产品责任、机动车交通事故责任、医疗损害责任、环境污染责任、高度危险责任、饲养动物损害责任以及物件损害责任。

  有必要略做说明的是，上述两类中，《侵权责任法》第五章至第十一章所规定的侵权责任属于特殊侵权责任在学说上没有异议，但其余责任形式是否属于特殊侵权责任，学界存在一定分歧。在我国大陆多数学者的著述中，基本上都将多数人侵权责任与一般侵权责任、特殊侵权责任并列叙述；与此不同，台湾地区学者王泽鉴先生将多数人侵权责任归入特殊侵权责任之中。[①] 至于监护人责任、暂时丧失民事行为能力者责任、用工者责任、网络服务提供者责任、违反安全保障义务者责任和教育机构侵权责任，则叙述方式不一，有的著作将其归入特殊侵权责任之中一并叙述[②]，有的则基于归责原则和《侵权责任法》的立法现状考虑，将之与产品责任等适用无过错责任或过错推定责任侵权责任并列[③]。当然，无论哪种安排，都认可一般侵权责任之外的其他侵权责任类型在责任主体、承担责任的方式或归责原则上具有特殊性，换言之，在责任成立要件上存在或多或少的特殊性。

[①] 王泽鉴：《侵权行为》，北京：北京大学出版社2009年版。
[②] 程啸：《侵权责任法》，北京：法律出版社2015年版。
[③] 王利明：《侵权责任法研究》（下卷），北京：中国人民大学出版社2011年版。

第一章 监护人责任

第一节 监护人责任概述

一、监护人责任的概念和特征

(一) 监护人责任的概念

《侵权责任法》第32条规定了我国的监护人责任,该条第1款规定:"无民事行为能力人、限制民事行为能力人造成他人损害的,由监护人承担侵权责任。监护人尽到监护责任的,可以减轻其侵权责任。"据此,监护人责任是指监护人对于被监护人给他人造成的损害所应承担的侵权责任。

《侵权责任法》所规定的监护人责任,与在监护制度中通常所称的监护责任是不同的。监护人责任是侵权责任,立法规定监护人责任具有救济受害人的目的,其成立的事实基础在于被监护人给他人造成了损害;而监护责任本质上是一种法定义务,重在强调监护人对被监护人的保护和监督,该义务以存在人(被监护人)的民事行为能力欠缺为基本的事实基础。

在多数侵权法著作中,监护人责任又被称作法定代理人责任。[1] 有学者指出,将这种特殊的侵权责任称作法定代理人责任更为准确。这一主张是以采纳亲权概念为基础的。[2] 然而,从《民法通则》的规定来看,并未明确规定亲权概念,而且就民事主体的行为能力补足的规定来看,无论是对于未成年人,还

---

[1] 张新宝:《侵权责任法原理》,北京:中国人民大学出版社2005年版,第306页。
[2] 杨立新:《侵权责任法》,北京:法律出版社2010年版,第219—220页。

是精神病人，都是通过监护制度来实现的。因而，在当前立法语境下，使用监护人责任的概念也是有道理的。

（二）监护人责任的正当性及性质

在不同历史阶段，监护人对被监护人承担责任的正当性基础是不同的。在古罗马时代，由于身份关系的存在，奴隶与牛马一样，都不是法律主体。因而，主人对奴隶之侵害行为承担责任是当然的。如今，人格独立和地位平等已经深深植入整个法律体系之中，与此相应，每个人应当只对自己的不法行为承担责任便同样是当然的和无须论证的。相反，若要为他人之行为承担责任，则不仅只能源自法律的例外规定，而且还需要必要的正当性论证。

当前来看，学界在此问题上存在分歧。有学者指出，监护人就被监护人致人损害承担侵权责任的正当性根据有二：一是监护人能够以最低的成本控制被监护人的危险行为，二是能够对受害人提供充分的救济。[①] 而全国人大法工委的专家认为，此责任的基础在于监护人的监督管理义务。[②]

对于监护人责任基础的不同理解还将直接导致对监护人责任性质的不同理解：监护人的责任是自己责任，还是替代责任？若是基于危险控制，则监护人责任应该是一种替代责任。如此，从替代责任的承担上来看，首先应当确定被监护人的行为构成了侵权且应承担侵权责任，然后才转移给监护人承担。若是在于违背了监督管理义务，就不能说是严格意义上的替代责任，因而在责任构成和承担上，无须首先确定被监护人的责任，只需在因被监护人行为致人损害发生的情况下径直考察监护人是否存在监督管理过错。若是，则监护人应当承担该责任，反之，则无须承担责任。从欧陆、日本和我国台湾地区民法来看，大多采用这种模式。反观我国学界就监护人责任的性质也存在争议。多数学者主张，《侵权责任法》规定的监护人责任是替代责任。[③] 也有学者认为我国法上

[①] 李永军：《论监护人对被监护人侵权行为的"替代责任"》，《当代法学》，2013年第3期，第64页。

[②] 王胜明：《中华人民共和国侵权责任法解读》，北京：中国法制出版社2010年版，第150页。

[③] 张新宝：《侵权责任法》，北京：中国人民大学出版社2010年版，第140页；王利明：《侵权责任法研究》（下卷），北京：中国人民大学出版社2011年版，第36页；杨立新：《侵权责任法》，北京：法律出版社2010年版，第205页。

的监护人责任是自己责任。理由是：其一，在我国法中，无行为能力和限制行为能力人同时被视为没有民事责任能力，因而不存在其承担责任的可能性，也就不可能发生责任的转移。其二，监护人承担的是因自己未尽监护之责的责任，属于自己责任。其三，监护人可以以尽到了监护责任而减轻侵权责任，表明其所承担的责任不是对他人责任的替代。① 还有学者在研究监护人责任的性质时将替代责任分为广义的替代责任和狭义的替代责任。前者是指所有因被监护人行为而导致的监护人责任，而后者是指监护人对被监护人的不法行为引起的损害承担的严格责任。二者的关键不同在于，在狭义替代责任中，监护人责任的承担须以被监护人行为的不法性为前提，即需要先对被监护人进行归责，然后才能转移给监护人。而在广义的替代责任之下，不要求监护人承担严格责任，也不是先对被监护人进行归责后再将责任转移给监护人，仅仅是说责任事端由被监护人引起。②

我们认为，合理回答前列两问，需要把握两个基本前提：一是前列两问的内在相关性。正如前文所表明的，监护人责任的正当性与其性质是一个相关问题，需要做出内在一致的解释。若认为该责任的基础在于监护义务的违反，则应当是自己责任；若认为该责任的基础在于危险控制和救济被害人，则当解释为替代责任。二是不能离开《民法通则》以及《侵权责任法》的现行规定。从我国民法不承认被监护人之责任能力现状来看，不宜将监护人责任理解为替代责任；从《侵权责任法》第32条的规定来看，认为监护人责任是一种严格意义上的自己责任也不甚妥当。理由是，在监护人未尽到监护义务的情况下，尚可认为损害发生的基础在于其不作为而认为此种责任是自己责任，而在监护人尽到了监督管理义务的情况下，就不宜认为他人之受损是因为监护人的不作为而导致的，那么此时监护人所要承担的侵权责任的性质就很难说是自己责任了。综合这两个前提，比较合理的解释应当是：监护人责任的正当性在于危险控制和救济被害人，其应当做出替代责任的解释。

事实上，学界之所以有上述分歧，还在于对替代责任本身的理解。当前来

---

① 汪峰、肖锋：《监护人承担之侵权责任并非替代责任》，《社科纵横》，2010年第12期，第130、153页。

② 李永军：《论监护人对被监护人侵权行为的"替代责任"》，《当代法学》，2013年第3期，第62页。

看,替代责任本身在国内外学界颇有争论,所指不一。以我国为例,替代责任就有狭义说、广义说、折中说三种主张。狭义说主要为张新宝教授所倡,此说将替代责任等同于雇主责任;广义说主要为王利明、杨立新教授所倡,此说认为之替代责任几乎等同于我国法上的全部特殊侵权责任;折中说为张民安教授所倡,主张替代责任是行为人就与自己具有某种关系的第三人加害行为承担的侵权责任。① 本书基本上赞同折中说。也正是在此意义上,才将监护人责任解释为替代责任,才认为监护人责任的正当性在于监护人基于监护这种特殊关系而具有的危险控制义务。

(三)监护人责任的特征

1. 监护人责任是对他人之行为负责的特殊侵权责任。侵权法中的特殊侵权责任有两个基本类型:为他人行为承担责任和就所管领物件致害承担责任。② 监护人责任为前一种情形,第三人所受损害并非由监护人之行为而引起,而是由被监护人的行为所引起的,监护人所以负责,是因为基于监护关系的存在对被监护人的行为具有控制义务。也就是说,基于监护关系的存在,监护人具有制约和管理被监护人行为从而避免对他人合法权益造成损害的职责和能力。一如学者所言:"无民事行为能力人和限制民事行为能力人造成他人损害的,由监护人承担民事责任,是由监护人的职责所决定的。"③

2. 监护人责任采用特殊的归责原则。《侵权责任法》规定的监护人责任的承担,仅以被监护人造成他人损害为要件,并不考虑监护人是否存在过错。即便是监护人尽到了监护职责,也只能减轻所应承担的侵权责任。可见,《侵权责任法》所规定的监护人责任不是典型的过错责任,而是一种严格责任或无过错责任。当然,从比较法上来看,我国的这一规定并非主流,国外的监护人责任主要适用过错推定原则。④

---

① 张民安:《替代责任的比较研究》,《甘肃政法学院学报》,2009 年第 5 期,第 51—52 页。
② 王泽鉴:《侵权行为》,北京:北京大学出版社 2009 年版,第 390 页。
③ 王胜明:《中华人民共和国侵权责任法解读》,北京:中国法制出版社 2010 年版,第 150 页。
④ 王胜明:《中华人民共和国侵权责任法解读》,北京:中国法制出版社 2010 年版,第 148—149 页;程啸:《侵权责任法》,北京:法律出版社 2015 年版,第 388—389 页。

二、监护人责任制度的演进

(一) 国外监护人责任制度的主要规定

监护人责任制度源于罗马法。《十二铜表法》第二表第2条规定:"家属或奴隶因私犯而造成损害的,家长、家主应把他们委付被害人处理或赔偿所致的损失。"据此,有学者指出,这里的家长、家主赔偿损害的规定,是现代监护人责任制度的真正历史源头。[①] 到欧洲中世纪,家长制与家庭财产制仍在延续,家长和子女之间的关系仍然是身份支配关系,子女不能对自己的行为负责。因而,对于子女的致害行为,由家长承担损害赔偿责任。

至近代欧陆民法,普遍规定了监护人责任。1804年《法国民法典》第1384条第2款规定:"父,或父死后,母,对与其共同生活的未成年子女所致的损害应负赔偿的责任。"第5款规定:"前述的责任,如父、母、学校教师或工艺师证明其不能防止发生损害的行为者,免除之。"

1900年《德国民法典》第832条规定了监护人责任。该条规定:"依照法律规定对因未成年或因精神上或肉体上的状况而需要监督者负有实施监督义务的人,就需要监督的人所不法加给第三人的损害,负赔偿义务。监督义务人已尽其监督义务,或在适当地实施监督的情况下损害也会发生的,不负赔偿义务。""以合同承担监督的实施的人,负同样的责任。"同时,该法第828条还规定:"未满七周岁的人,就其所加给他人的损害,不负责任。""已满七周岁但未满十周岁的人,就其在汽车、有轨交通工具或悬空缆车的事故中加给他人的损害,不负责任。已满七周岁但未满十周岁的人故意地引起损害的,不适用前句的规定。""以未满十八周岁的人的责任未依照第1款或第2款而排除为限,其在实施加害行为时不具备识别责任所必要的判断能力的,不就其所加给他人的损害负责任。"由此并结合该法第840条第1款规定可知[②]:对于无责任能力人被监护人致害的,监护人应承担责任,但可以通过证明自己没有监督上的过

[①] 杨立新:《侵权责任法》,北京:法律出版社2010年版,第220页。
[②] 该款规定:"二人以上一同就因侵权行为而发生的损害负责任的,作为连带债务人负责任。"

错而免责；对于有责任能力的被监护人致害的，监护人应当与被监护人承担连带责任。

《意大利民法典》第 2047 条第 1 款规定："在损害是由无判断能力和意思能力人导致的情况下，应由对无行为能力人负有监护义务的人承担赔偿责任，但是，能证明他不能阻止该行为的除外。"第 2 款规定："在负有监护义务之人不能赔偿损害的情况下，法官得根据双方当事人的经济条件判定致害人给予公平的赔偿。"第 2048 条第 1 款规定："父亲和母亲对未解除亲权的未成年人、监护人对同他们一起居住的被监护人的不法行为导致的损害承担责任。该规定准用于收养人。"由此可见，意大利民法中在规定监护人的推定过错责任的同时，还辅之以公平责任以充分救济受害人。

《日本民法典》第 712—714 条规定了监护人与被监护人责任问题。第 712 条规定了未成年人的责任能力："未成年人加害于他人时，如不具有足以识别其行为责任的知识和能力，不就其行为负赔偿责任。"第 713 条规定了心神丧失人的责任能力："于心神丧失间加害于他人者，不负赔偿责任。但是，因故意或过失致一时心神丧失者，不在此限。"第 714 条分两款规定了监督人的责任："无能力人依前两条规定无其责任时，对其应予监督的法定义务人，就无能力人加于第三人的损害，负赔偿责任。但是，监督义务人未怠其义务时，不在此限。""代监督义务人监督无能力人者，亦负前款责任。"

（二）新中国监护人责任制度的演进

1. 主要法律规范

学者指出，新中国成立以来，在实务中坚持实行监护人替代赔偿责任制度。[①] 改革开放后，最高人民法院在 1979 年 2 月 2 日颁布的《关于贯彻执行民事政策法律的意见》中明确规定："对未成年人子女因损害造成他人经济上的损失，其父母应负赔偿责任。"1980 年《婚姻法》规定："父母有管教和保护未成年子女的权利和义务。在未成年子女对国家、集体或他人造成损害时，父母有赔偿经济损失的义务。"这些规定只是涉及未成年人的致害赔偿问题，而未及于全部被监护人的致害赔偿问题。到 1986 年《民法通则》对此进行了扩大，调

[①] 杨立新：《侵权责任法》，北京：法律出版社 2010 年版，第 223 页。

整范围不仅涉及未成年人,还涉及因精神疾患而使得行为能力丧失或减弱的人的致害责任问题。该法第133条第1款规定:"无民事行为能力人、限制民事行为能力人造成他人损害的,由监护人承担民事责任。监护人尽了监护责任的,可以适当减轻他的民事责任。"第2款规定:"有财产的无民事行为能力人、限制民事行为能力人造成他人损害的,从本人财产中支付赔偿费用。不足部分,由监护人适当赔偿,但单位担任监护人的除外。"1988年最高人民法院在《关于贯彻执行〈中华人民共和国民法通则〉若干问题的意见(试行)》(以下简称《民通意见》)中通过四个条文对监护人责任制度进行了进一步明确和细化。第158条规定:"夫妻离婚后,未成年子女侵害他人权益的,同该子女共同生活的一方应当承担民事责任;如果独立承担民事责任确有困难的,可以责令未与该子女共同生活的一方共同承担民事责任。"第159条规定:"被监护人造成他人损害的,有明确的监护人时,由监护人承担民事责任;监护人不明确的,由顺序在前的有监护能力的人承担民事责任。"第160条规定:"在幼儿园、学校生活、学习的无民事行为能力人或者在精神病院治疗的精神病人,受到伤害或者给他人造成损害,单位有过错的,可以责令这些单位适当给予赔偿。"第161条规定:"侵权行为发生时行为人不满十八周岁,在诉讼时已满十八周岁,并有经济能力的,应当承担民事责任;行为人没有经济能力的,应当由原监护人承担民事责任。""行为人致人损害时年满十八周岁的,应当由本人承担民事责任;没有经济收入的,由扶养人垫付;垫付有困难的,也可以判决或者调解延期给付。"

在总结二十余年司法实践经验的基础上,《侵权责任法》对监护人责任制度进行了微调。该法第32条规定:"无民事行为能力人、限制民事行为能力人造成他人损害的,由监护人承担侵权责任。监护人尽到监护责任的,可以减轻其侵权责任。""有财产的无民事行为能力人、限制民事行为能力人造成他人损害的,从本人财产中支付赔偿费用。不足部分,由监护人赔偿。"上述规定构成了我国被监护人致害责任制度的基本法律框架。

2.《侵权责任法》与《民法通则》规定的不同

就《侵权责任法》对于此前的监护人责任制度的调整幅度,学者认为,调整较小,甚至是几乎原封不动地延续,"个性十足的《民法通则》第133条虽然曾饱受诟病,但《侵权责任法》(第 32 条)还是几乎原封不动地把它延续下来"①。"《侵权责任法》第 32 条关于监护人对被监护人不法行为责任的规定是延续了《民法通则》第 133 条的规定,尽管其中略有修改,但基本思想并没有发生变化。"②通过对条文进行对比后不难发现,差别还是存在的。此处仅对条文用语上的不同进行简要梳理,而对于立法调整后监护人责任的理解,将在后文加以阐释。

(1)《侵权责任法》第 32 条与《民法通则》第 133 条规定的差别

首先,责任性质界定不同。《侵权责任法》中的监护人责任为"侵权责任",《民法通则》中表述为"民事责任"。其次,监护人责任的减轻是否存在限度不同。《民法通则》第 133 条第 1 款中的"适当减轻",在《侵权责任法》第 32 条第 1 款中表述为"减轻"。再次,《民法通则》第 133 条第 2 款中"不足部分,由监护人适当赔偿",在《侵权责任法》第 32 条第 2 款中代之以"不足部分,由监护人赔偿"。最后,《侵权责任法》取消了《民法通则》第 133 条第 2 款中的但书。

(2) 监护人责任与教唆、帮助无完全民事行为能力人侵权责任的关系

除了《民法通则》第 133 条和《侵权责任法》第 32 条之外,现行立法在教唆、帮助侵权的规定中也涉及被监护人致害的问题。《民通意见》第 148 条第 2 款、第 3 款分别规定:"教唆、帮助无民事行为能力人实施侵权行为的人,为侵权人,应当承担民事责任。""教唆、帮助限制民事行为能力人实施侵权行为的人,为共同侵权人,应当承担主要民事责任。"《侵权责任法》第 9 条第 2 款规定:"教唆、帮助无民事行为能力人、限制民事行为能力人实施侵权行为的,应当承担侵权责任;该无民事行为能力人、限制民事行为能力人的监护人未尽到监护责任的,应当承担相应的责任。"

不难看出,在教唆、帮助无民事行为能力人、限制民事行为能力人实施侵

---

① 朱广新:《被监护人致人损害的侵权责任配置——〈侵权责任法〉第 32 条的体系解释》,《苏州大学学报》,2011 年第 6 期,第 12 页。相似主张还可见高圣平:《中华人民共和国侵权责任法:立法争点、立法例及经典案例》,北京:北京大学出版社 2010 年版,第 402—403 页。

② 李永军:《论监护人对被监护人侵权行为的"替代责任"》,《当代法学》,2013 年第 3 期,第 62 页。

权行为的责任承担问题，新旧立法的规定存在一些不同：首先，《民通意见》在责任承担上区分了无民事行为能力人与限制民事行为能力人；而《侵权责任法》未加区别。其次，《侵权责任法》还明确了此种情形下监护人的过错责任。《侵权责任法》第9条涉及的监护人责任——教唆、帮助侵权中的监护人责任，与该法第32条规定的监护人责任是有区别的。前者中，监护人责任归责原则为过错原则，责任基础在于未尽到监护义务；后者中，监护人责任的基础在于监护关系的存在，与是否尽到了监护义务无关。此外，教唆、帮助侵权中的监护人责任，本质上是按份责任，不与教唆者、帮助者承担连带责任；教唆者、帮助者侵权责任的归责原则，也非过错责任，而是需要根据无民事行为能力人实施的行为性质，根据《侵权责任法》的规定，适用相应的归责原则。

第二节　监护人责任的构成与承担

一、监护人责任的归责原则

（一）监护人责任归责原则的比较法考察

对于监护人责任的归责原则，各国或地区所采用的归责原则较为接近，从其立法条文来看，都以过错推定原则为主。《德国民法典》《意大利民法典》以及我国台湾地区"民法"等都采用了过错推定原则。王泽鉴先生指出，之所以采用推定过错责任，是因为监督是法定代理人与行为人间的内部事项，属于法定代理人支配的领域，应由其就监督并未疏懈负举证责任较为合理，以保护被害人。[①] 当然，在发展趋势上，"是朝着无过错原则的方向发展的"[②]。从《法国民法典》的规定来看，采用过错推定责任原则，但正如张民安博士所言："在实际司法中，法院所采取的法律责任并非是经典意义上的过错责任，而是一种

[①] 王泽鉴：《侵权行为》，北京：北京大学出版社2009年版，第391页。
[②] 王利明：《侵权责任法研究》（下卷），北京：中国人民大学出版社2011年版，第45页。

客观的、直接的责任。"① 自 20 世纪末以来的司法实践中,监护人责任实际上采用的是无过错责任原则。② 法院所确立的原则是,只要未成年子女系受害人所遭受损害的直接原因,其父母即应当承担侵权责任;只有在存在不可抗力和受害人过错时方能免责。显然,这等于修改了《法国民法典》第 1384 条所确立的原则,改为采用无过错原则。

(二)《侵权责任法》规定的归责原则

对于《侵权责任法》所规定的归责原则,我国学者进行了不同的阐释。形成了以下主张:一是过错推定与公平原则二元说。认为,"我国监护人责任适用的归责原则,是过错推定原则,并以公平原则作为补充"③。主要理由在于条文本身虽然没有出现"有过错"的字样,但根据条文规定,"确定监护人的赔偿责任必须以未尽监护责任为必要条件;而未尽监护责任即为有过失。"④ 二是无过错责任与公平原则二元说。⑤ 具体来说,指该法第 32 条第 1 款确立的是无过错责任,而该条第 2 款确立了公平原则。该学者还指出了适用无过错责任的四个理由:强化对受害人的保护;符合"子不教、父之过"这一社会通常观念;有利于预防损害的发生;是出于对我国立法和司法实践经验的总结。⑥ 三是特殊责任说。立法部门的释义认为,监护人的责任,既不是无过错责任,也不是过错推定责任,因为依照第 32 条第 1 款后段之规定,监护人证明尽到必要注意义务时,只能减轻责任,而不能免责。⑦ 四是无过错责任说。无论是《民法通则》还是《侵权责任法》,都将对监护人责任的归责原则定为无过错责任原则。⑧

---

① 张民安:《现代法国侵权责任制度研究》,北京:法律出版社 2007 年版,第 214 页。
② 程啸:《侵权责任法》,北京:法律出版社 2015 年版,第 389 页。
③ 杨立新:《侵权责任法》,北京:法律出版社 2010 年版,第 226 页。
④ 杨立新:《侵权责任法》,北京:法律出版社 2010 年版,第 225—226 页。
⑤ 王利明:《侵权责任法研究》(下卷),北京:中国人民大学出版社 2011 年版,第 46 页。
⑥ 王利明:《侵权责任法研究》(下卷),北京:中国人民大学出版社 2011 年版,第 47—48 页。
⑦ 全国人大常委会法制工作委员会民法室:《〈中华人民共和国侵权责任法〉条文说明、立法理由及相关规定》,北京:北京大学出版社 2010 年版,第 124 页。
⑧ 李永军:《论监护人对被监护人侵权行为的"替代责任"》,《当代法学》,2013 年第 3 期,第 63 页;刘保玉:《监护人责任若干争议问题探析》,《法学论坛》,2012 年第 3 期,第 39 页。

事实上，尽管许多国家或地区都将监护人责任规定为推定过错责任，但从《侵权责任法》条文本身来看，我们倾向于认为是采用了无过错责任原则。至于对监护人责任适用无过错原则，是否能够很好地与侵权责任法的功能和价值追求相吻合，则是有必要加以辨明的。不可否认，适用无过错责任原则，是最有利于救济受害人的。但正如一些批评意见所谈到的，适用无过错责任原则的主要不足有：过分偏向于被侵权人而不利于监护人，利益判断失衡；可能会导致监护人对被监护人进行过于严格的监督和管束，过度限制被监护人的行动自由；与无过错责任原则适用的基础——持有危险物品或从事危险活动而获益——不能吻合。① 这些批评意见是有道理的。相反，前述我国学者所指出的适用无过错责任原则的几个方面的合理性理由，说服力却略显不足。理由是，除了基于新中国监护人责任制度的立法历史延续上的考虑外，学者所指出的其他三个方面的合理性也是适用过错推定原则的理由。此外，适用无过错责任原则，难以与监护人承担责任的基础有机协调。监护人责任的基础根本上还是在于未尽到对被监护人的监督管理义务，而无过错原则的适用，必然存在即便监护履行了监督管理义务，也需要承担责任的后果。《侵权责任法》第 32 条的规定，还与该法第 9 条规定的精神不一致。根据第 9 条规定，在他人教唆、帮助被监护人实施侵权行为的情况下，若监护人尽到了监护义务，则不承担责任；反之，则承担相应的责任。一如前文所言，这里的相应责任，显然是与违反义务相关联的。因而，若承认监护人承担责任的基础在于监督管理义务的违反，则《侵权责任法》第 32 条规定之合理性是值得商榷的。

二、监护人责任的构成要件

基于对《侵权责任法》所规定的监护人责任的归责原则的不同解读，学者们对监护人责任构成要件的阐述也颇为不同。有学者主张："监护人责任适用过错推定责任原则，其责任构成必须具备损害事实、违法行为、因果关系和主观过错这四个要件。"② 另有学者主张，因为我国《侵权责任法》明确规定监护人

---

① 张新宝：《侵权责任法》，北京：中国人民大学出版社 2010 年版，第 144 页。
② 杨立新：《侵权责任法》，北京：法律出版社 2010 年版，第 228 页。

责任是一种无过错责任,因而监护人责任的构成要件只有监护人与被监护人之间存在监护关系和被监护人的不法致害"行为"符合侵权责任的构成要件两个。① 立法释义中虽未明确强调监护人责任的构成要件,但间接指出了对被监护人行为性质的要求,即:监护人不是对被监护人所有的行为都要承担侵权责任,只有当被监护人的行为"构成了侵权",监护人才承担相应责任。② 此外,还有学者认为监护人责任的构成要件有三个,分别是:被监护人造成了他人损害、被监护人没有独立财产以及监护关系的存在。③

事实上,这些主张尽管表述存在明显不同,但均揭示出了一个核心的要求,即监护人责任的构成需要以被监护人实施加害的客观不法性为前提。但这与是否要对被监护人进行归责是不同的。从比较法上来看,欧陆国家中多数均规定了被监护人的责任能力,如德国、法国、意大利等国。这样,在被监护人责任的构成和承担中,被监护人的责任能力状况是一个重要的影响因素。而从我国民事立法的现状来看,在《民法通则》和《侵权责任法》中都仅规定了行为能力,而没有规定责任能力。通说认为,无行为能力和限制行为能力人都不能承担责任。据此,有学者主张,监护人责任的特点在于"将被监护人的不法行为直接等同于监护人的个人行为,直接对监护人归责"④。

我们认为,由于《侵权责任法》规定了监护人的无过错责任,因而,在责任构成方面,不考虑监护人是否存在监督管理过错,也不考虑是否存在不适当履行监督行为,二者只是监护人责任减轻事由,与其责任构成无关。从《侵权责任法》第32条的规定来看,在监护人责任构成中,关键是被监护人造成了他人损害。这里还需要讨论的问题是,对于该种损害的性质是否要加以限制。换言之,是否意味着只要他人遭受了来自被监护人的侵害,监护人都要承担责任呢?对此,我们持否定观点。也就是说,只有在不考虑过错的情况下,被监护人实施的加害也构成侵权时,监护人才应该承担责任。理由有二:一是条文明确规定了监护人承担的责任是"侵权责任"。这样,如果被监护人实施的加害

---

① 张新宝:《侵权责任法》,北京:中国人民大学出版社2010年版,第144页。
② 王胜明:《中华人民共和国侵权责任法解读》,北京:中国法制出版社2010年版,150—151页。
③ 王利明:《侵权责任法研究》(下卷),北京:中国人民大学出版社2011年版,第48—51页。
④ 李永军:《论监护人对被监护人侵权行为的"替代责任"》,《当代法学》,2013年第3期,第66页。

本身不构成侵权，如他人所受之客观损害源自于被监护人的正当防卫等，则监护人所承担之"侵权"责任本不存在；二是如学者所说，若被监护人实施之加害对于具有完全责任能力人而言，也不需要承担侵权责任，那么也就不能令监护人对此种加害承担责任，否则对于监护人来说，也是不公平的。综上，我们以为，监护人责任的构成要件有二：存在监护关系和被监护人实施的不法加害造成了他人损害。

（一）被监护人实施的不法加害造成了他人损害

1. 被监护人实施的加害具有客观违法性

所谓被监护人实施的加害具有客观违法性，是指在不考虑过错要件的情况下，被监护人实施的加害违背了法律的规定，侵害了他人的民事权益。

2. 他人遭受了损害

根据《侵权责任法》第32条的规定，无民事行为能力人、限制民事行为能力人给他人造成损害，是监护人承担侵权责任的前提。换言之，如果没有造成损害，则所谓监护人责任也就不存在。

3. 损害与被监护人的加害之间具有因果关系

他人所受损害与被监护人的加害之间存在因果关系，是"责任自负"的必然要求，在所有侵权责任构成中，均有体现。在具体认定上，此处并无特殊之处。

（二）存在监护关系

监护关系的存在是监护人责任存在的前提。从《侵权责任法》的规定来看，只要存在监护关系，监护人对被监护人造成的他人损害都要承担侵权责任。司法实践中，对于监护关系的认定，应当结合《民法通则》及有关司法解释来进行。同时，不论是自然人作为监护人，还是单位作为监护人，在承担监护人责任上并没有不同。

三、监护人责任的承担

（一）监护人责任是第一序位的责任

《侵权责任法》第32条第1款在确立了监护人的无过错责任之后，在第2款同时规定："有财产的无民事行为能力人、限制民事行为能力人造成他人损害的，从本人财产中支付赔偿费用。不足部分，由监护人赔偿。"基于该种规定，学者们对于监护人责任的性质、序位和范围做出了不同的解读。概括起来，代表性的有两种观点：一是监护人应当后于有财产的被监护人承担责任。如有学者指出，监护人责任是补充责任，即先从被监护人的财产中支付赔偿费用，不足部分再由监护人赔偿，"缺多少补多少"①。监护人责任，"按照《侵权责任法》第32条第2款的规定，是一种补充责任"②。也有学者指出，该责任具有次位性，即监护人的责任处于第二顺位，第一顺位是拥有财产的被监护人自己的责任。同时，该学者还认为，该责任并不是补充责任。③ "根据《侵权责任法》第32条第2款的规定，如果被监护人有个人财产的，则此时监护人的责任是公平责任，只有在被监护人的财产不足以赔偿损失的情况下，监护人才需要承担赔偿责任。"④ 并指出，在被监护人有财产的情况下，不令其承担责任缺少合理性。因为在有财产的情况下，其有能力（至少是部分）承担责任。而且，立法所以令监护人承担"替代责任"，本质上在于被监护人没有独立的财产，换言之，没有承担责任的能力。据此，在监护人责任的承担上，这些学者分别就被监护人有无财产确立了不同的责任承担规则。⑤ 二是无论被监护人有无财产，监护人都应当承担第一序位的责任。此说的论据主要在于将《侵权责任法》第32

---

① 张新宝：《侵权责任法》，北京：中国人民大学出版社2010年版，第140—141页。
② 杨立新：《侵权责任法》，北京：法律出版社2010年版，第234页。
③ 王利明：《侵权责任法研究》（下卷），北京：中国人民大学出版社2011年版，第37页。
④ 王利明：《侵权责任法研究》（下卷），北京：中国人民大学出版社2011年版，第50页。
⑤ 张新宝：《侵权责任法》，北京：中国人民大学出版社2010年版，第147—148页；王利明：《侵权责任法研究》（下卷），北京：中国人民大学出版社2011年版，第53页。

条两款的关系解读为补充关系,而非平行关系。① 我们比较赞同第二种观点,主张监护人责任是第一序位的责任。

(二)监护人责任的减轻

从比较法上来看,许多国家在规定监护人承担特殊侵权责任的同时,都规定了责任减轻事由。我国《侵权责任法》第32条第1款在规定监护人承担无过错责任的同时,也规定了责任减轻事由:"……监护人尽到监护责任的,可以减轻其侵权责任。"责任减轻规则的设置,一方面能够在一定程度上缓解我国不承认被监护人无责任能力的背景下监护人责任的严格性;另一方面,从责任减轻事由本身来看,亦能起到鼓励监护人最大程度地履行监督义务的政策效果。在适用该规则时,监护人需要证明自己已经尽到了监护责任。对此,学者指出,在判定时,应当采用合理的标准来衡量,即要求监护人像一个谨慎的、合理的人那样,积极履行其监护义务,尽可能地防止损害发生。② 这种解释是合理的。而且,在具体判定时,还要考虑被监护人的年龄、精神状况等具体因素。同时,法官在行使自由裁量权时,既要考虑充分救济受害人,同时,也要充分利用该规则,使之充分起到缓解监护人的无过错责任的效果。

---

① 陈邦峰:《论监护人责任》,《中外法学》,2011年第1期,第107页;薛军:《走出监护人"补充责任"的误区》,《华东政法大学学报》,2010年第3期,第120页及以下。

② 王利明:《侵权责任法研究》(下卷),北京:中国人民大学出版社2011年版,第55页。

第二章 用工者责任

第一节 用工者责任概述

一、用工者责任的概念、特征及规范构成

（一）用工者责任的概念与特征

用工者责任，也称作雇主责任、用人者责任、用工责任，是指用工者就被用工者执行职务或提供劳务活动中发生的损害所负的赔偿责任。用工者责任有广义和狭义之分。狭义的用工者责任是指被用工者造成他人损害时，用工者承担的侵权责任。广义的用工者责任还包含了被用工者在完成工作或提供劳务中造成自己损害时，用工者承担的侵权责任。我国《侵权责任法》的规定采用了广义的用工者责任立场。用工者责任是随着现代企业组织形式和社会分工细化逐渐形成和发展的一种侵权责任制度。对于充分救济因提供劳务所发生的损害，合理保护被用工者，具有十分重要的意义。用工者责任具有如下特征：

1. 用工者责任在理论上被称作替代责任，即由用工者对被用工者的侵权行为承担责任。一般认为，用工者责任的正当性在于：致害源于被用工者的职务或业务行为，用工者是业务行为或职务行为的直接受益者，当然也是该行为之全部法律后果的承担者；令用工者承担责任，有利于促使用工者在选任被用工者过程中尽到相当的谨慎和注意义务；相对而言，用工者具有较强的经济能力，

此举还有利于更好地救济受害人。① 这三个方面在理论上依次被学者称作报偿理论、控制力理论以及深口袋理论。②

2. 用工者责任主要是对第三人的责任。用工过程中发生损害的通常有两种情形，一是被用工者执行职务或提供劳务过程中对第三人造成了损害；二是被用工者执行职务或提供劳务过程中造成了自己损害。用工者责任旨在规范前一种情形。后一种情形通常会依照劳动合同、工伤保险等来加以处理。需要注意的是，我国《侵权责任法》第35条在规定个人用工者责任时，还就被用工者自身遭受损害做出了规定。当然，在此情形下，用工者承担的是过错责任；与面向第三人损害的责任存在根本不同。

（二）用工者责任与相近责任的关系

1. 用工者责任与法人侵权责任。"法人侵权责任，是指法人的代表人因执行职务造成他人损害时，法人应当承担的侵权责任。"③ 简言之，法人侵权责任是法人对其机关的侵权行为所负担的责任。严格来说，法人侵权责任与用工者责任是不同的。因法人机关是法人的有机组成部分，因而法人对其机关行为所负担的责任，实际上是法人本身的责任，是自己责任。而法人作为用工者就被用工者承担的责任，是一种替代责任。因而，在一些国家立法上，对法人侵权责任与用工者责任进行了区别对待。例如，德国民法的法人对其机关的责任，适用严格责任，而法人用工者责任，采用过错推定原则。但我国《民法通则》并未明确区分这两类责任，第43条、第121条均将法人（含企业法人和国家机关法人）对其法定代表人与其他工作人员经营活动的责任同等对待。而《最高人民法院关于审理人身损害赔偿案件适用法律若干问题的解释》（法释〔2003〕20号）则对雇主责任做出了单独规定。因而可以说，在《侵权责任法》之前，我国法事实上区分了法人侵权责任与法人用工者责任。《侵权责任法》再次回到了《民法通则》的框架下，不再区分法人机关和法人的其他工作人员，而统一用"用人单位的工作人员"的表述。应该说，这一回归不仅揭示了法人工

---

① 王胜明：《中华人民共和国侵权责任法解读》，北京：中国法制出版社2010年版，第157页；张民安：《现代法国侵权责任制度研究》，北京：法律出版社2007年版，第205页。
② 程啸：《侵权责任法》，北京：法律出版社2015年版，第402—403页。
③ 程啸：《侵权责任法》，北京：法律出版社2015年版，第404页。

人员对外损害的同质性,而且便利了法律适用。

当然,对于《侵权责任法》第34条规定的用工者责任是否包含了法人侵权责任,学界有肯定说和否定说两种主张。一如前文所述,因我国法规定的用工者责任适用无过错责任,因而从结果上看,用工者责任是否包含法人侵权没有明显区别;同时,考虑到《侵权责任法》对此前立法司法实践的扬弃,本书认为,法人侵权责任应当在《侵权责任法》第34条规定的规范之内。

2. 用工者责任与定作人责任。用工者责任与定作人责任不同。按照承揽合同,承揽人负有为他人完成约定工作的义务。但在承揽合同中,承揽人系独立完成定作人委托的工作,因此,承揽人应当对其工作危险承担责任。区分承揽与雇佣的关键在于,人们是否以独立的身份从事行为。雇佣或用工关系中,被用工者是以用工者的名义完成工作;而在承揽关系中,承揽人系以自己的名义完成工作,其与定作人之间并不存在隶属关系。在责任承担方面,定作人原则上无须为承揽人致害负担责任,除非存在指示方面的过失;而用工者须就被用工者之职务行为致害承担无过错责任。

(三) 我国用工者责任的规范构成

《侵权责任法》颁布之前,《民法通则》曾就企业法人和国家机关两类单位的狭义用工者责任问题做出了规定。《民法通则》第43条规定:"企业法人对它的法定代表人和其他工作人员的经营活动,承担民事责任。"第121条规定:"国家机关或者国家机关工作人员在执行职务中,侵犯公民、法人的合法权益造成损害的,应当承担民事责任。"此后,《最高人民法院关于审理人身损害赔偿案件适用法律若干问题的解释》(法释〔2003〕20号)通过多个条文对用工者责任及相关问题进行了详细规定:第8条以《民法通则》第121条为解释基础,将第121条中的用人者扩展到了法人或其他组织,同时,将被用工者实施与职务无关的行为致人损害的自己责任从用工者责任中予以明确排除。由此,在有关法人用工者责任问题上,《民法通则》及法释〔2003〕20号司法解释似乎区分了法人侵权责任与法人用工者责任问题;同时,将法定代表人、负责人的职务侵权行为与其他被用工者的侵权责任进行了同等对待。此外,该条还规定:"属于《国家赔偿法》赔偿事由的,依照《国家赔偿法》的规定处理。"更为重要的是,该解释第9条规定了雇主责任;第10条规定了定作人责任;第11条、

第 12 条规定了广义雇主责任及其与工伤保险的关系；第 13 条、第 14 条规定了提供无偿劳务的帮工责任。可以说，法释〔2003〕20 号司法解释对于用工者责任及相关问题的规定十分细致，可圈可点。

《侵权责任法》沿袭了现有规定的精神实质。该法第 34 条分两款规定了单位用工者的责任；第 35 条规定了个人用工者的责任。当然，在表述上比此前之规定更为精炼。虽然从用工者和被用工者的关系上说，第 34 条和第 35 条在本质上并无不同，但立法所以进行区分，根源于在两种情形下，被用工者在完成工作或提供劳务过程中自己受损时是否能够依据侵权之外的途径获得救济方面存在不同：和单位形成劳动关系者，当可通过工伤保险获得救济；与个人形成劳务关系者，侵权救济乃被用工者自身损害救济的唯一途径。[①] 此外，该法在该类责任的名称表述上做出了创新：将此前立法中涉及的法人及其他组织用工责任、雇主责任、个人用工责任、帮工责任统辖到用工者责任之下。需要提醒的是，对于《侵权责任法》的该规定，应当作何称谓，学界还是存在一定分歧。王利明教授认为，该法采用了"用工责任"的表述；杨立新教授、程啸博士则表述"用人者责任"；本书采用用工者责任，一则表明该类责任的基础在于为他人利益提供了工作或劳务，基础在于工作或劳务关系的存在；二则突出责任的承担者系用工者，而非用工本身。

二、域外用工者责任的立法例

用工者责任问题，乃侵权法上之重要议题，自古以来立法上多有特别规定。在罗马法中，用工者责任虽然未能形成一般原则，但奴隶致害他人是委付诉的事由之一，家长应当负责。至近代民法，用工者责任得到了民法上的特别关注。从所采用的归责原则看，有两种模式：

一是用工者承担无过错责任。此模式为法国及英美国家等所采用。如法国民法典第 1384 条规定："主人或雇主对他们的仆人和雇员在执行职务活动中所导致的损害承担责任。[②] 尽管法国学说上对此责任曾有过错和危险责任之说，但

---

① 程啸：《侵权责任法》，北京：法律出版社 2015 年版，第 402 页。
② 王利明：《侵权责任法研究》（下卷），北京：中国人民大学出版社 2011 年版，第 86—87 页。

现如今大多数都将此责任定性为危险责任，亦即此责任的基础在于雇主应当对其活动所产生的危险负责"①。这一做法为许多欧洲国家所沿用。王泽鉴先生指出，采用无过错责任的共同点在于：均认为使用他人以扩张自己活动者，应当就使用人之所致损害负赔偿责任，"即受其利者，亦须任其害（报偿理论）"②。

二是用工者承担过错推定责任。此模式为德国、奥地利、瑞士、日本立法所采用。如德国民法典第831条第1款规定："为某事务而使用他人的人，对他人在执行事务中不法地给第三人造成的损害，负赔偿义务。使用人在选任被用人并且以使用人须置办机械或者器具或须指挥事务的执行为限，使用人在置办或指挥时尽到了交易中必要的注意，或者即便尽到此种注意损害依然会发生的，赔偿义务即不发生。"采用过错推定的理由是：坚持19世纪德国法学界对过失责任的信念；顾及家庭及小型企业的负担能力；无过错责任的思想与德国人的法律意识相去甚远；推定过错能够兼顾保护受害人和对过错原则的坚守。③

第二节 用工者责任的构成

一、用工者责任的归责原则

自《民法通则》以来，我国均对用工者责任适用无过错责任原则。也就是说，只要被用工者在执行职务或提供劳务过程中构成对他人的侵权，用工者均须负担此侵权责任，无论用工者是否尽到了监督管理职责，也不论用工者选任被用工者过程中是否存在过错。学界普遍认为，我国这一规定非常必要和合理。主要体现在：有利于保护受害人，符合现代侵权法的理念；有利于促使用工者提高技术与管理水平，减少侵权行为发生，从而促进社会生产力发展。相反，对于适用过错推定责任者，学界亦不乏质疑意见。如王泽鉴先生在评述用工者

---

① 张民安：《现代法国侵权责任制度研究》，北京：法律出版社2007年版，第205—206页。
② 王泽鉴：《侵权行为》，北京：北京大学出版社2009年版，第419页。
③ 王泽鉴：《侵权行为》，北京：北京大学出版社2009年版，第420页。

责任的两种归责模式时指出:"衡诸今日的社会经济状况及人民的法律意识,在立法政策上实应采无过失责任。"① 程啸博士亦指出,在现代大公司、大企业生产组织模式下,采用过错推定责任,实属具文。②

二、用工者责任的构成要件

(一)致害行为人系用工者的工作人员或为其提供劳务

这是用工者就被用工者致害负担责任的基础,实际上意味着加害人和责任人之间存在用工关系。此处所言之用工关系,在域外被称作雇佣关系,它的形成和存在,不受是否存在用工合同、是否向被用工者支付酬金以及被用工者享有多大程度上的自主权影响,只要用工者要求被用工者按照自己的命令或指导从事职务或提供劳务,就可认定为存在用工关系。结合《侵权责任法》规定,这种用工关系包括三种情况:

1. 加害人系用人单位的工作人员,即《侵权责任法》第 34 条所规定的情形。尽管用人单位是我国劳动法上的特有概念,但从《侵权责任法》规定的演变过程来看,用人单位的理解,不应局限于劳动法所规定的企业、个体经济组织、民办非企业范围,而应在《侵权责任法》的视野下去理解。结合该法第 35 条规定可知,第 34 条所规定的用人单位,实际上与第 35 条所规定的个人之见形成劳务关系形成了对比,二者结合起来,应当涵盖全部用工关系。故《侵权责任法》用工者责任中的用人单位,泛指除个人之外的一切组织。工作人员的理解,也应做广义解释,无论是否签订合同,无论是临时聘用还是长期在编;也无论是单位的代表人或普通工作人员。

2. 加害人系为个人提供劳务者。此用工关系对应《侵权责任法》第 35 条规定,即"个人之间形成劳务关系"的情形。这里的个人,应当包括自然人、家庭和农村承包经营户。个体工商户、合伙用工关系,应按照用人单位用工去处理。至于劳务关系,则是指自然人与自然人之间形成了劳务法律关系,其认

---

① 王泽鉴:《侵权行为》,北京:北京大学出版社 2009 年版,第 421 页。
② 程啸:《侵权责任法》,北京:法律出版社 2015 年版,第 407 页。

定要以个人之间是否形成了命令与服从关系来加以判定。换言之，若个人之间就完成特定工作或处理一定事项没有形成支配与从属的关系，个人完全按照自己的意愿完成受托工作或事项者，不应当认定为形成了劳务关系。此外，劳务关系的存在，不以有偿为必要。在我国广大农村地区长期以来普遍存在的"帮工"，也应当认定为形成了劳务关系。就此而言，还要注意《侵权责任法》并未沿用法释〔2003〕20号司法解释第13条之规定："为他人无偿提供劳务的帮工人，在从事帮工活动中致人损害的，被帮工人应当承担赔偿责任。被帮工人明确拒绝帮工的，不承担赔偿责任。帮工人存在故意或者重大过失，赔偿权利人请求帮工人和被帮工人承担连带责任的，人民法院应予支持。"

3. 劳务派遣中的用工关系。劳务派遣不同于传统用工方式，它涉及三方主体，即劳务派遣单位、用工单位和被用工者。也就是说，若从用人角度看，劳务派遣中发生了"用人"与"用工"的分离，形成了"有关系没劳动，有劳动没关系"的局面。[①] 在比较法上，劳务派遣问题是雇佣关系的转移：雇佣人将受雇人派遣或临时转移给另一位雇佣人，在后的雇佣人是否就受雇人的致损负担的问题。国外学界有认为，应当优先按照前后两个雇佣人之间的约定决定责任承担者；无约定时，则应当考虑所分配利润、转移的期限等具体情况确定。[②] 与此不同，我国《侵权责任法》的规定着眼于"用工"的角度，较为明了地解决了劳务派遣中的用工者责任问题："被派遣的工作人员因执行工作任务造成他人损害的，由接受劳务派遣的用工单位承担侵权责任。"因此，在劳务派遣中，接受劳务派遣的单位与被用工者之间存在用工关系。

（二）被用工者致人损害且应承担侵权责任

被用工者实施了致害行为是用工者承担责任的前提。需要回答的是，被用工者的加害行为是否要以构成侵权为必要。法国司法判例就认为，只有雇员的过错行为始为致害行为。[③] 对此，我国学界的理解较为一致，普遍认为用人单位

---

① 最高人民法院侵权责任法研究小组：《中华人民共和国侵权责任法条文理解与适用》，北京：人民法院出版社2016年版，第251页。

② 张民安：《现代法国侵权责任制度研究》，北京：法律出版社2007年版，第208页。

③ 张民安：《现代法国侵权责任制度研究》，北京：法律出版社2007年版，第208—209页。

承担侵权责任要以工作人员的行为构成侵权为前提。① 结合《侵权责任法》关于侵权责任构成的其他规定可知,需要根据具体加害类型来判定被用工者是否构成侵权。这里需要考虑的因素包括具体加害行为所适用的归责原则,是否存在法定免责事由两个方面;若不构成侵权,或存在法定免责事由,则用工者自然无须承担侵权责任。

(三)被用工者的致害行为发生在执行职务或提供劳务过程中

用工者并非要对被用工者的所有行为均承担责任,相反,仅需就被用工者在执行职务或向其提供劳务过程中所发生的致害行为负责。因此,致害是否发生在执行职务或提供劳务过程中,就是正确理解和适用用工者责任规定的关键,但这一点往往并不容易判断。

首先,对于"执行工作任务"或执行职务,学界存在三种主张:一是主观说,即需要从用工者或被用工者的主观意思角度认定是否属于执行职务,此说又可进一步分为用工者意思说和被用工者意思说。二是客观说或外观说,即职务行为的判断应当以行为的外观断之,凡被用工者的行为具有执行用工单位职务之外观,哪怕其在实质上超越了权限,也应当认定为执行职务行为。我国学者指出,比较法上一般以外观说为通说,即凡被用工者的行为在外观上可以认定为执行职务的,即为职务行为。② 法国最高法院似乎采用了比较严格的标准,认为,"如果雇主的雇员在其职权范围以外活动,或者其活动没有经过授权和批准,并且是为了其职权以外的目的活动,则雇主可以不对其行为承担法律责任"。张民安博士认为,这意味着要从欠缺授权、追求个人目的和客观超越职权三个条件的同时具备去否定雇主责任。③ 三是折中说。具体又可分为以主观说为主、客观说为辅以及以客观说为主、主观说为辅两种不同主张。我国学者多认为,应当采用外观说或客观说,其合理性理由包括比较法上的经验、我国司法

---

① 最高人民法院侵权责任法研究小组:《中华人民共和国侵权责任法条文理解与适用》,北京:人民法院出版社 2016 年版,第 246—247 页;王利明:《侵权责任法研究》(下卷),北京:中国人民大学出版社 2011 年版,第 95 页;程啸:《侵权责任法》,北京:法律出版社 2015 年版,第 415 页。

② 王利明:《侵权责任法研究》(下卷),北京:中国人民大学出版社 2011 年版,第 99 页。

③ 张民安:《现代法国侵权责任制度研究》,北京:法律出版社 2007 年版,第 211 页。

实务的传统做法等。①

事实上，认定职务行为究竟应采用何种主张，实际上关涉行为自由和权益保护这一对侵权法的基本价值如何协调的问题。客观说者重在权益保护，主观说者重在行为自由保障；折中说则试图兼顾二者。因此，判断职务行为的标准实为政策衡量问题。据此，本书主张，虽然采用客观说总体上并无不妥，但是要特别注重对"执行工作任务"的准确把握，不宜过宽。具体来说，"执行工作任务"的行为应当具备时空、名义、与工作任务的关联性等因素。反过来说，对于工作人员所做出的完全与执行工作任务无关的侵权行为不应由用工者负责。实践中，比较有争议的情形主要有：工作人员上下班途中致人损害的应否由用工者负责；执行工作任务期间出于个人目的故意致人损害的应否由用工者负责。总体上说，我国学界均持肯定观点。

其次，对于个人之间形成劳务关系，基于同样的道理，应当采用客观说，同时，严格把握加害行为与提供劳务本身的关联性。也就是说，不能将提供劳务过程中的全部加害及结果，都令接受劳务的一方负责。典型的如：保姆自行外出游玩期间致人损害的，便不能认定为提供劳务行为。

除了以上三个条件外，有的著作中还要求有他人受损害事实、有损害事实与被用工者行为之间存在因果关系的要件等。本书认为，这两个条件实际上在前述"被用工者致人损害且应承担侵权责任"条件中已经进行了评价。此处所言之用工者责任，实为侵权责任的转承或替代，故不应再重复评价损害以及因果关系要件。

第三节 用工者责任中的其他问题

一、用工者的追偿权问题

尽管《侵权责任法》没有涉及用工者承担无过错责任后能否向被用工者进

---

① 王利明：《侵权责任法研究》（下卷），北京：中国人民大学出版社2011年版，第99—100页。

行追偿的问题，但这并不意味着立法否定了此种追偿权。2009 年 12 月 22 日《全国人民代表大会法律委员会关于〈中华人民共和国侵权责任法（草案）〉审议结果的报告》中就该法未明确规定追偿权问题做出了如下说明："法律委员会经有关部门反复研究认为，在什么情况下可以追偿，情况比较复杂。根据不同行业、不同工种和不同劳动安全条件，其追偿条件应有所不同。哪些因过错、哪些因故意或重大过失可以追偿，本法难以做出一般规定。用人单位与其工作人员之间因个人劳务对追偿问题发生争议的，宜由人民法院在审判实践中根据具体情况处理。"从比较法上看，用工者在承担责任后，在一定条件下可以向被用工者进行追偿。如奥地利、荷兰、比利时法律规定，在雇员存在故意或重大过失时，雇主可以行使追偿权。[①] 从我国司法实践看，法释〔2003〕20 号司法解释第 9 条规定："雇员在从事雇佣活动中致人损害的，雇主应当承担赔偿责任；雇员因故意或者重大过失致人损害的，应当与雇主承担连带赔偿责任。雇主承担连带赔偿责任的，可以向雇员追偿。"应该说，承认用人单位在特定情形下能够向被用工者进行追偿，是平衡被害人救济和用人单位利益的需要；反之，则明显有违公平原则。当然，在追偿依据上，可以是双方之间的约定或订立的合同，在没有约定或约定不明时，用工者可以根据〔法释 2003〕20 号司法解释第 9 条的规定追偿。在具体操作中，一如前述全国人大法律委员会说明中所指出的，人民法院应当根据具体情况认定追偿的条件和数额，以避免用工者将对外责任一律转嫁给工作人员，避免追偿权的行使结果与用工关系双方的过错不相对应。

二、被用工者受损的救济问题

从广义角度看，用工者责任还涉及被用工者在执行工作任务或提供劳务过程中自己受损时的责任承担问题。对此，法释〔2003〕20 号司法解释曾按照两个区分作出规定[②]：一是区分了依法应当参加工伤保险统筹的用人单位的劳动者和其他用工情形。对于前者，按照工伤保险处理；对于后者，由用工者负担赔

[①] 程啸：《侵权责任法》，北京：法律出版社 2015 年版，第 423 页。
[②] 法释〔2003〕20 号司法解释第 11—14 条。

偿责任。二是区分了因第三人致害与其他原因致害。对于因第三人致害的，可以请求第三人负担赔偿责任，同时，除应当适用工伤保险处理的情形外，其他用工者也负有赔偿责任。尽管该规定总体上比较混乱，但令人遗憾的是，《侵权责任法》并没有就该问题做出必要的明确规定：该法第34条在用人单位用工者责任规范中，采纳了狭义的用工责任立场；在第35条个人用工者责任规范中，采用了广义的用工者责任立场，并将此前司法实务中的无过错责任改为过错责任。为此，需要在理论上详加探讨。

（一）关于用人单位工作人员受害的救济

用人单位工作人员在工作过程中受害的，可适用工伤保险，因而，此问题涉及如何协调工伤保险与侵权责任的竞合问题。

1. 第三人致害的救济

第三人是指除用人单位及其工作人员之外的人。有观点认为：因第三人侵权所致的损害，原则上应有第三人负担赔偿责任；构成工伤的，亦可请求工伤赔付。此二者并列存在，不互为条件。[1] 另有观点主张：未来我国应当采用的模式是受害人可就工伤保险赔偿与第三人侵权赔偿进行选择，但二者不能并存。[2] 本书认为，致害第三人就其侵权行为承担赔偿责任，与受害人是否能够通过其他途径获得救济没有关系；同样，工伤赔付的认定条件或标准独立于侵权责任，其构成与致害原因没有关联。因而，第三人致害时，受害人既可以选择寻求工伤保险赔付，也可以向第三人提起侵权赔偿之诉。而且，从充分救济受害人的角度看，无论受害人选择哪一种救济方式，都不会无条件地排除另一种救济方式的适用。换言之，被害人虽不应获得重复赔偿，但亦不能出现赔偿不足；在所选择的一种救济方式难以足额赔偿损害时，还可以选择另一种救济方式。

2. 非因第三人致害的救济

根据前项界定，此处所言之"非因第三人致害"，对应因工作本身的致害和因本单位其他工作人员的致害两种情形。常见的因工作本身的致害包括工作

---

[1] 最高人民法院侵权责任法研究小组：《中华人民共和国侵权责任法条文理解与适用》，北京：人民法院出版社2016年版，第255页。

[2] 程啸：《侵权责任法》，北京：法律出版社2015年版，第429页。

中所使用的物件致害以及工作环境致害。一说认为，此系工作人员因单位原因致害，自然应当适用工伤保险而非侵权责任。①二说认为，若用人单位就损害的发生存在过错，则受害人既可寻求工伤赔付，也可请求单位承担赔偿责任。②本书赞同前一种观点，无论用人单位是否存在过错，均应适用工伤保险处理。

对于因本单位其他工作人员致害的处理，有专家认为，同样应当适用工伤保险赔付，不能要求单位承担《侵权责任法》第 34 条第 1 款规定的侵权责任。③本书认为，此说充分考虑了工伤保险制度的目的，从而否定此情形下用人单位的责任，是合理的。但仍然需要细分加害源于用人单位其他工作人员执行工作任务，还是执行工作任务之外的其他原因。对于前者，自然应当适用工伤保险赔付；而对于后者，则从根本上说，用人单位并不会承担《侵权责任法》第 34 条第 1 款规定的用工者责任，因而，应当按照一般第三人的致害去处理：受害人可以选择工伤保险赔付，也可以要求致害者承担侵权责任。

（二）关于个人劳务关系中提供劳务一方受害的救济

与前述情形不同，个人劳务关系中并不牵涉工伤保险赔付问题，《侵权责任法》对此还进行了明确规定："提供劳务一方因劳务自己受到损害的，根据双方各自的过错承担相应的责任。"但实际上，这里同样存在因第三人致害和因接受劳务一方致害两种情形。对于第三人致害，应由第三人承担侵权责任。而对于因劳务致使提供劳务者受害的，因《侵权责任法》改变了法释〔2003〕20 号司法解释的规定，因而首先应当明确的是，司法实务中该问题的处理，应当适用过错原则。

尽管如此，《侵权责任法》第 35 条之规定尚有进一步明确或检讨的空间。如程啸博士认为："采用过错原则不利于保护提供劳务一方的合法权益；按照报偿理论，应当适用无过错原则；排除第三人致害时接受不劳务一方的责任也非常不公平。"④而另有观点则认为，个人之间形成劳务的，不宜采用无过错原

---

① 王胜明：《中华人民共和国侵权责任法解读》，北京：中国法制出版社 2010 年版，第 167 页。
② 最高人民法院侵权责任法研究小组：《中华人民共和国侵权责任法条文理解与适用》，北京：人民法院出版社 2016 年版，第 256 页。
③ 程啸：《侵权责任法》，北京：法律出版社 2015 年版，第 426 页。
④ 程啸：《侵权责任法》，北京：法律出版社 2015 年版，第 431—432 页。

则，要求接受劳务一方无条件地承担赔偿责任。① 本书原则上赞同后一种观点，主要理由是，采用无过错责任的不利方面主要是，可能会对个人用工关系的繁荣造成一定抑制。同时，为兼顾公平和体现受益者担责，在无偿提供劳务或者提供劳务一方受到严重损害的情形下，若接受劳务一方并无过错，也应当给予一定补偿。

此外，《侵权责任法》第 35 条过错原则的适用，应严格限制在"因劳务"受损，对于在提供劳务过程中因接受劳务一方所有或管领的其他物件（品）致害的，当适用《侵权责任法》相应的物件致害规定。

三、劳务派遣单位的补充责任问题

《侵权责任法》第 34 条第 2 款规定，劳务派遣单位对于被派遣工作人员执行工作致害有过错的，承担补充责任。一如前文所述，该规定体现了《侵权责任法》着眼于用工者而非用人者承担责任的一致思路，值得肯定。该规定要求派遣单位承担过错责任的合理性在于，从被派遣的工作人员执行工作任务角度看，实际上已经脱离了派遣单位，因而，不能令其承担无过错责任，影响实践中用工的灵活性；同时，从用工角度看，派遣单位实际上承担了被派遣单位在选人方面的义务，且从实践来看，派遣单位也从劳务派遣中获得了相应的收益，因而，从权责一致角度看，派遣单位应当就其选人（或用工选人）方面的过错负责。这样，能够促使派遣单位能够尽到忠实、谨慎义务。此外，派遣单位承担的是补充责任。按照最高人民法院侵权责任法研究小组的解读，该补充责任既包括实体意义上的补充，也包括程序意义上的补充。② 程序上说，在受害者向被派遣单位请求赔偿之前，不能要求派遣单位承担损害。实体上看，派遣单位承担的责任大小只与其过错程度有关，而与受害人是否能够最终获得足额赔偿无关；反之，当受害人已从被派遣单位获得了足额赔偿，即便派遣单位存在过错，依法也不应承担补充责任。

---

① 参将王胜明：《中华人民共和国侵权责任法解读》，北京：中国法制出版社 2010 年版，第 168 页。

② 最高人民法院侵权责任法研究小组：《中华人民共和国侵权责任法条文理解与适用》，北京：人民法院出版社 2016 年版，第 253 页。

第三章 网络服务提供者侵权责任

第一节 互联网上的侵权概述

一、互联网带来民事立法新问题

（一）互联网发展与民事权益保护

数字技术无疑是20世纪人类最伟大的发明之一。计算机及网络技术的普遍推广极大地改变了人类的生产、生活方式。如今，网络已经是人们完成日常交易、交流和获取各类信息的便捷渠道，一个与传统的物质世界相对应且紧密联系的"网络世界"已经形成。与此同时，正如在传统的物质世界中会发生各类侵害民事权益的行为一样，在网络世界中，侵犯民事权益的行为也是多有发生。涉及个人私生活安全和尊严的信息可在互联网传播和扩散；未经许可而在互联网上传播他人受著作权法保护的作品以及其他音像制品的行为不断发生；经营者在网络上可以便利地通过搭他人商誉之便车而不当转移他人商业机会，同时还损害了消费者的利益等等。更为重要的是，一旦在互联网上发生侵害民事权益的行为，由于网络世界的虚拟性、普遍的非实名制、加害人众多以及不受地域限制等特点，受害人追究实际加害人的侵权责任往往不大可能。可见，互联网在便捷人们的工作生活的同时也"便利"了侵害民事权益行为的发生，为民事权益的保护带来了新的挑战和要求。因而需要设定一定的条件，在恰当保护民事权益的同时为技术的发展和运用留下必要的余地。体现在立法上，主要就是要对网络服务提供者适用何种程度的责任的问题。

（二）意见自由与公民合法权益保护

所谓意见自由，即表达意见的自由，它是人类最珍贵的自由之一，意见自由的保障程度反映了政治生活的民主高度。学者指出，国家之所以必须承认个人享有这种自由，无非因为可以给人民以交换知识与思想的机会，并可以促进人民智识与道德的发育。"近代文化可以说是完全建筑在意见自由之上。"[1] 意见自由与公民的合法权益，特别是人身权利保护之间可能产生冲突，维持二者之间的平衡是现代国家立法和司法的一项恒久的、艰巨的重要任务。然而，网络技术的普及，改变了人们表达意见的方式，一个拥有"肉身"的人可通过同时拥有一个以上的"非肉身"身份行使"绝对的意见自由"，"网络暴力"频现、行为模式失范，过度挤压了公民人身权利的保护空间，隐私、名誉以及各种知识产权常常受到严重侵犯。[2] 互联网的发展也大大提升了公民行使知情权、监督权等权利的能力，但同时，当网民不断充当网络警察时，其关注热点已不限于社会政治生活领域，而是不断延伸到了公众人物的私人生活领域，这样，公众人物人身权利保护的难度进一步加大。为此，人们开始尝试限制互联网上的"非肉身"身份，试图采纳网络实名制，以拴住在网络空间中脱缰的意见自由。

二、互联网上的侵权行为的界定

本章所称的互联网上的侵权行为，被绝大多数学者称作网络侵权行为，它并不是侵权行为的一个独特类型，也不是在构成要件方面具有某种特殊性的特殊侵权行为。多数学者认为，它是指发生在互联网上的各种侵害他人民事权益的行为。[3] 应该说，这种界定基本上是可以达意的。每一台计算机、每一个存储

---

[1] 王世杰、钱端升：《比较宪法》，北京：中国政法大学出版社1998年版，第83页。

[2] 如近年屡现的"人肉搜索"事件、各类所谓的"门事件"中，往往严重侵犯了公民的合法权益。

[3] 王胜明：《中华人民共和国侵权责任法解读》，北京：中国法制出版社2010年版，第169页；张新宝、任鸿雁：《互联网上的侵权责任：〈侵权责任法〉第36条解读》，《中国人民大学学报》，2010年第4期，第17页。

终端或接收终端，只要通过有线或无线的方式实现相互间或单项的信息传输，就都是互联网的组成部分。因而将网络侵权界定为"发生在互联网上"是有道理的。相比较单纯发生在传统时空中的侵权行为而言，互联网上的侵权行为有如下特征。

（一）责任主体的特殊性

网络是互联和开放的，网络用户是不特定的多数人，加之网络的非实名制，因而即便是发生了通过互联网实施的侵害民事权益的行为，也不似传统物理世界中一样容易确定直接侵权的责任主体。为了得到救济，受害人往往倾向于要求网络服务提供者承担相应的替代责任。同时，因网络服务者的类型不同、所提供的服务有别，侵权责任的构成条件也有所不同。可见，通过互联网实施侵权行为，也适用自己责任原则，即实施侵权行为的网络用户和网络服务者要对自己的侵权行为造成的损害承担责任。同样，就网络用户实施的侵权行为而言，网络服务提供者如果没有相应的免责事由，或者未采取必要措施及时制止侵权行为，则须依法承担相应的连带侵权责任。

（二）侵害的民事权益的有限性

数字技术成就了互联网，同时也赋予其鲜明的规定性——虚拟性。因而，具备物质性客体的民事权益，如物权等一般不可能在互联网上或者通过互联网受到有形的妨害。换言之，在互联网上能够受到侵害的民事权益通常是客体具有非物质属性的那些民事权益。如著作权、商标权等知识产权，姓名权、隐私权、名誉权等传统人身权以及网络虚拟财产等。对此，有著作从客体的角度进行了归类，指出互联网上侵权行为的客体有三种类型：一是传统领域中存在的，行为人仅仅是通过网络手段实施侵权行为的，如名誉权等；二是在网络领域内得到拓展的传统权利客体，如网络作品著作权；三是网络领域新产生的，如网络虚拟财产等。[①]

[①] 王胜明：《中华人民共和国侵权责任法解读》，北京：中国法制出版社2010年版，第170页。

（三）损害后果的不确定性

互联网能够实现全球的即时通信，这种传播方面的特殊性，使得具有非物质形态客体的民事权益在遭受侵害后，所产生的损害后果往往是不可控制的。以著作权侵权为例，若作品未经许可被上传至互联网且只要在传播过程中存在一份复制件可以不受任何限制地被网络用户接触，则理论上该作品就可以在任何时间内、由任何人在世界任何地方进行任意使用，其对著作权人造成的最终损害后果显然不是不法上传者所能控制的。同时，因为互联网上的侵权行为所针对的主要是非物质客体的权益，受害人遭受的损害除了经济损失外，往往还有精神损害，因而，其损害结果也是难以计量的。

（四）法律适用的不确定性

互联网是开放的和不受地域限制的，通过互联网实施的侵权行为及其后果的产生也是不受地域限制的，但法律规范的效力范围一般要受到主权地域范围的限制。因此，受害人要全面地实现权益的恢复，还要遭遇法律适用的不确定性难题。在选定了诉讼管辖地后，还要面临证据的收集、责任构成的证明等诸多诉讼技术方面的难题。例如：互联网的信息存在方式比较特殊，可以实现瞬时消灭，因而在侵权证据保全方面有特殊要求；互联网上的传播不受地域限制，加害行为以及因其而导致的损害结果的确定都会有一定的困难等。

综上，互联网上的侵权行为的特殊性给其预防和救济提出了新的要求。在设计法律制度时，需要同时顾及侵权法的一般原理，更要结合这些方面的特殊性进行制度创新，以更好地平衡当事人的权利义务。

三、《侵权责任法》中规定网络侵权的必要性

（一）规定网络侵权是互联网环境下充分保护民事权益的需要

作为 20 世纪最伟大的发明之一，计算机和互联网技术的发展和广泛运用，极大地改变了人类的生产生活方式。网络的无纸化、交互性、不受地域和主权的限制等特点给人类的交往和信息传播、获取带来了极大的便利；它存储量大，

即时传播，成本低廉，也不受有形载体限制，只要拥有必要的接入终端，任何人均可以参与到网络中，实现信息的同时分享。与此同时，互联网也对成型于工业革命时代的现代法律制度提出了前所未有的挑战，特别是一些重要的民事权益在互联网上遭受侵害的现象越来越普遍。一旦发生侵权行为，所造成的后果往往难以控制。因此，为了更好地保护民事权益，制裁和遏制网络侵权行为，同时维护互联网的正常秩序，保障互联网产业的发展，"趋利避害"，立法应当对此问题做出回应。《侵权责任法》作为我国未来民法典中的重要组成部分，承担着统辖各类侵权责任的使命，在该法的制定中对互联网上的侵权行为做出原则性规定是必要的。

（二）网络侵权纳入《侵权责任法》是克服现行立法不足的需要

在《侵权责任法》之前，我国关于互联网上的侵权行为的规范主要由行政法规和有关的司法解释组成。其主要不足在于：一是立法分散，且效力位阶不高；二是所保护的民事权益过于单一，仅涉及著作权，而对于其他民事权益在网络上遭受侵害，并未给予相应关注；三是立法模式与我国民事立法的传统模式不一致，特别是《信息网络传播权保护条例》，几乎照搬了美国《数字千年版权法》（Digital Millennium Copyright Act，以下简称DMCA），在内容的设置上，未考虑其与我国民事法律规定之间的衔接，造成了适用上的不便。因而，在《侵权责任法》中，设立互联网专条，也是克服立法不足的需要。

第二节　互联网上侵权责任的比较法考察

目前，各主要国家和地区都对通过互联网实施的侵权责任做出了一些特殊的规定。尽管具体体制不同、规范所在的法律部门有别，但基于所规范对象的相同属性，这些立法呈现出了一定程度的趋同。考察这些立法，能够为准确理解我国的对应规定提供智识借鉴。

一、美　国

（一）立法概览

在与互联网有关的侵权责任立法中，美国立法上探索较早，其有关规定也成为许多国家和地区立法的重要参考。鉴于此，本节拟多着一些笔墨。美国国会和法院在过去二十年里，逐步确定了网络媒体不应对他人通过其系统发布或传送的广泛内容负损害赔偿责任。该豁免背后的原因是无懈可击的：如果网络媒体为他人在网络上发布有问题的内容而负责，则承担责任的威胁和取得权利人许可（rights clearance）的努力将削弱互联网。[1] 截至目前，美国法针对所保护的权益类型的不同对网络媒体提供了不同程度的责任豁免制度。

1996 年美国国会通过的《通讯内容端正法》（Communications Decency Act，以下简称 CDA）所规定的相关内容，是迄今为止力度最强和适用范围最广的安全港规则。[2] 根据该法第 230 条规定，交互式计算机服务的提供者或使用者不应被当成是由另外的信息内容提供者所提供的任何信息的出版者或代言人……不得依据与本条规定不一致的任何联邦或地方立法提起诉讼或科处责任。据此，国会回应了这样一种关注：网络服务提供者应当竭力过滤不当言论，否则将令其像出版商一样为诽谤行为负责。尽管 CDA 很快因违宪问题被废除，但第 230 条却保留了下来，并通过扩大解释为适用于任何形式的网络媒体，包括不提供网络接入服务的单位或其他公司，甚至是向他人传递了内容的个人。许多裁判一致认为，该规定创立了任何人不对非己所作之争议内容承担责任的绝对豁免规则，包括了即便是其已经意识到了非法内容的存在的情形，甚至是其未能成功移除或拒绝移除该内容的情形。其结果是网络媒体不需要担忧他人通过其系统公布或传送的内容的合法性。必须说明的是，不适用于知识产权诉讼是该条的一个重要的例外。

---

[1] Mark A. Lemley, "Rationalizing Internet Safe Harbors", 6 *J. On Telecomm. & High Tech. L.* 101, 101—102（2007）.

[2] 本章对该法案相关内容的介绍，参阅了美国学者 Mark A. Lemley 在 "Rationalizing Internet Safe Harbors" 一文的论述，特此说明。

CDA 第 230 条将知识产权排除在外造就了网络媒体责任豁免规则的一个敞开的数字漏洞。另外两部立法在某种程度上弥补了这个缺陷。第一个就是 DMCA 规定的版权安全港规则，该法对他国的相关立法产生了重要影响。另一个则是关注较少的《蓝哈姆法》第 32 条之（2）规定，它创立了一个出版商对商标侵权的安全港规则，并将该出版商的定义扩大至内容源自他人的在线提供者。根据该条第（2）款（B）项的规定，报纸、杂志、其他定期刊物或依美国法典第 18 章第 2510 条（12）项所定义之电子传播媒体上之有偿广告部分有或包含侵害情事时，被害权利人或依本法第 43 条（a）项提起诉讼之人仅得请求该报纸、杂志、其他定期刊物或电子传播媒体出版人、发行人于今后发行之报纸、杂志、其他定期刊物或电子传播媒体未来之传送上禁止登载或传送该广告。但上述限制仅适用于不知情之侵害人。同时，该款（C）项规定，因限制定期刊物或电子传播媒体中含有侵害事项或违法事项内容的某一版本的传播将致该定期刊物之正常发行及散布或电子传播媒体之传送时期发生迟延者，则因登载侵害事项之报纸、杂志、其他类似定期刊物或电子传播媒体之传送发行而使权利遭受侵害者或依本法第 43 条（a）项提起诉讼者不能适用禁令救济。所谓迟延应指在正常商业习惯中依通常方法处理定期刊物出版与散布或电子传播媒体之传送而有所迟延者而言，并非指任何借此作为逃避或避免执行限制侵害事项之禁令之手段所致迟延而言。该项例外至少豁免了一些网络媒体——无辜侵权者的损害赔偿责任，同时，还包括了一定情形之下不适用禁令责任。然而，法院仅在极少数情形下适用了《蓝哈姆法》规定的该项例外，而且该条似乎也不为许多商标法律师所知。① 在将该规定适用于网络之上的瀚瑞森诉亿贝（Hendrickson v. eBay）一案中，法院将该责任豁免解释得比较广。在该案中，原告寻求禁令以禁止未来用户在亿贝（eBay）的网站上发布包含任意错误的或虚假广告的内容，不论它们是否是该案的基础以及是否被原告所认知。法院认为，无权支持原告的立场。的确，这样的禁令将有效地要求亿贝（eBay）去监控每天在其网站上发布的数以百万计的广告并自行决定其中的哪些侵犯了原告依据《蓝哈姆法》的权利。一如该院之前所指出的："现行立法没有为类似于亿贝

---

① Mark A. Lemley, "Rationalizing Internet Safe Harbors", 6 *J. On Telecomm. & High Tech. L.* 101, 106 (2007).

(eBay) 这样的公司科以积极义务去从事这种监控。"

清楚的是, 这两部立法只是分别涉及版权和商标权, 而对于发布、传送或链接的内容被控侵犯其他类型知识产权的网络服务提供者而言, 并没有明确的法定安全港规则。据此, 对于网络媒体而言, 即便对其他人所发布的构成侵权的内容不知晓, 仍然面临着被控侵犯专利权的责任。

(二) DMCA 的形成及其主要规定

在 DMCA 之前, 美国法院就网络服务提供者对网络用户实施的侵权行为应当承担何种责任的判决并不一致。在花花公子公司诉乔治·福瑞纳(Playboy Enterprises v. George Frena) 一案中, 法院的判决表明, 只要信息存储空间中存在侵权作品, 提供信息存储空间的行为本身就构成侵权, 而无须查明该侵权作品是否由服务提供者自己上传。[①] 而宗教技术中心诉网通在线通信服务公司(Religious Technology Center v. Netcom On - Line Communication Services) 一案法院认为, 网通公司(Netcom) 设计和运营一个自动对所有经其传递的信息进行临时复制的系统, 与一个复印机的所有人让公众使用复印机进行复制并无二致。虽然有人会使用复印机直接侵犯版权, 但法院是从帮助侵权的角度来分析复印机所有人的责任的, 而不是将其归于直接侵权……根据原告的理论, 即使服务只是在没有任何人工干预的情况下向其他服务器转发牧师发布的信息, 经营者也要承担责任。这将导致在向其他计算机传送信息过程中涉及的每一台服务器都要承担责任……不能将版权法解释为使所有这些服务器经营者都成为侵权者。虽然版权法规定了严格责任, 但在本案中, 被告的系统只是被第三方用于制作复制件, 意志要件和因果关系要件并未得到满足。[②] 由此, 王迁教授指出, 该案法院正确地认定, 网络服务提供者在没有基于自己的意志实施复制、发行、展示等行为的情况下, 不可能构成直接侵权, 只可能在知晓侵权内容而不及时删除时构成帮助侵权。为统一法律的适用, 1998 年美国国会通过了 DMCA, 其中第二部分 "网络版权侵权责任限制" 新增了美国著作权法第 512 条。学者指出,

---

① 王迁:《〈信息网络传播权保护条例〉中"避风港"规则的效力》,《法学》, 2010 年第 6 期, 第 130 页。

② 王迁:《〈信息网络传播权保护条例〉中"避风港"规则的效力》,《法学》, 2010 年第 6 期, 第 130 页。

这些规定并未推翻之前的判决,而只是提供了避免受这些判决约束的途径。据此,符合免责条件的服务提供者将不承担责任,而不论其行为在这些判例中原本会有怎样的定性。①

1. 适用 DMCA 的门槛②

网络服务提供者要想适用 DMCA 规定的责任限制,首先需要符合该法第(i)款的规定:采取适当措施并通知用户,对反复侵权人采取停止服务的措施;采用而且不干涉标准技术性措施。

2. 提供临时性数字网络传输服务的网络服务提供者的免责条件

网络服务提供者因为通过其网络对材料进行传输、提供路由或连接,或在传输、提供路由或连接的过程中对材料进行过渡性的和临时性的存储而侵犯著作权时,在符合下列规定的条件时免责:(1)对材料的传输是由第三人发起的或按照其指示进行的。(2)传输、提供路由或者连接、存储是自动进行的,网络服务提供者对材料不进行选择。(3)除对他人指令的自动回应以外,网络服务提供者对材料的接受者不进行选择。(4)对于过渡性或临时性存储形成的复制件,预期接受者以外的任何人不能获得,而且存放的时间不超过传输、提供路由或接入所需要的合理时间。(5)材料在传输过程中内容没有发生改变。

3. 提供系统缓存的网络服务提供者的免责条件

网络服务提供者因为通过其网络对材料进行过渡性的和临时性的存储而侵犯著作权时,在符合下列规定的条件时免责:(1)材料是由他人置于网上的。(2)材料是依第三人之指示通过网络传输给第三人的。(3)存储是自动进行的,目的是为了在材料传输给第三人之后,网络用户能够再次获取该材料。(4)该材料的内容没有发生改动。(5)没有干扰与材料有关的返回信息的技术能力。(6)如果材料提供者对访问其材料设置了先决条件,如付费或输入密码或其他信息,网络服务提供者仅可向满足先决条件的用户,并按照这些条件提供对其存储材料的主要内容的访问。(7)如果材料提供者未经著作权人许可将

---

① 王迁:《〈信息网络传播权保护条例〉中"避风港"规则的效力》,《法学》,2010 年第 6 期,第 133 页。

② 王胜明:《中华人民共和国侵权责任法解读》,北京:中国法制出版社 2010 年版,第 171—173 页。

材料置于网上，服务提供者在接到侵权通知后，在满足下列两个条件时，应当迅速删除或屏蔽：一是材料已经从原始网站上删除或屏蔽，或法院已经命令从原始网站上删除或屏蔽；二是权利人在通知中声明，确认材料已经从原始网站上删除或屏蔽，或确认法院已经命令从原始网站上删除或屏蔽。

4. 提供信息存储服务的网络服务提供者的免责条件

网络服务提供者因为根据用户的指令将存放在其网络中的材料加以存储而侵犯著作权时，在符合下列规定的条件时免责：（1）实际上不知道该材料或者使用该材料的行为是侵权的；在实际上不知道的情况下，没有意识到能明显推出侵权行为的事实或情况；在知道或意识到（侵权行为）之后，迅速删除或屏蔽。（2）在网络服务提供者具有控制侵权行为的权利和能力的情况下，没有从侵权行为中直接获得经济利益。（3）在接到侵权通知后，对被指称侵权的材料或者作为侵权行为主题的材料，迅速删除或屏蔽。

5. 提供信息定位工具服务的网络服务提供者的免责条件

网络服务提供者因为通过使用信息定位工具，包括目录、索引、指南、指示或超文本链接，将用户指引或链接至一个包含侵权材料或侵权行为的网站而侵犯著作权时，在符合下列规定的条件下免责：（1）实际上不知道该材料或使用该材料的行为是侵权的；在实际上不知道的情况下，没有意识到能明显推出侵权行为的事实或情况；在知道或意识到（侵权行为）之后，迅速删除或屏蔽。（2）在网络服务提供者具有控制侵权行为的权利和能力的情况下，没有从侵权行为中直接获得经济利益。（3）在接到侵权通知后，对被指称侵权的材料或者作为侵权行为主题的材料，迅速删除或屏蔽。

（三）评价

美国关于网络媒体承担侵权责任的规则被分置于不同的立法之中，其所设置的责任豁免规范涉及的权益涵盖了除专利权、公开权、商业秘密权等一些知识产权之外的常见民事权益类型。这些规则的诞生和运用，成为美国网络相关产业发达的原因之一。然而，这些规则除了涵盖的权益类型不够全面之外，还存在一个主要的问题，即分置于不同立法中的安全港规则的适用条件并不统一。如：DMCA 安全港规则不能阻止禁令救济，但 CDA 第 230 条却可以；制订于

1998 年的 DMCA 由于规定了网络服务提供者的类型，因而难以应对新的技术发展的需要；《蓝哈姆法》并未对其所规定的免责条件——"无辜侵权者"的含义做出界定，等等。因而，美国法下网络服务提供者责任规则有待统一。

二、日 本

为了明确网络服务提供者承担责任的标准，2001 年 11 月 30 日，日本政府颁布了《关于特定电信服务提供者的损害赔偿责任限制及向服务提供者请求提供传输者信息的法律》，于 2002 年 5 月 27 日实施。[①] 该法在规定网络服务提供者赔偿责任限制的时候并未区分用户侵害了什么权利。该法规定的对象是特定电信，指以非特定人接收信息为目的的电信传输，不包括公众直接接收信息的电信传输。所谓广播、有线广播等广义的传播，是指提供者不仅可以是网络服务提供商，也可以是以特定电气电信方式，为他人提供通信中介服务的组织或者个人。例如向用户提供服务器、运营电子公告板、提供搜索工具等的企业、大学、机关等等。不管收不收钱，个人爱好运营电子公告板等的私人或团体也是提供者。在日本对于侵害著作权，不论有无过错，权利者可以要求停止侵害，但是对于损害赔偿责任，按照日本《民法》第 709 条要举证有过错。该法第 3 条第 1 项规定，网络服务提供者在技术上能够阻止传输，而且知道或者应该知道侵权的情况下，应当承担损害赔偿责任。换言之，如果服务提供者是善意，无过错的，则不承担损害赔偿责任。

三、欧 盟

为确保成员国之间信息社会服务的自由流动，以促成欧盟内部市场的正常运行，欧盟于 2000 年 6 月 8 日通过了《欧盟电子商务指令》（下称《指令》）。《指令》将在实现其所设定的目标所需的程度内，协调和统一成员国有关信息社会服务的国内法规，包括内部市场、服务提供者的创建、商业通讯、电子合

[①] 〔日〕原有里：《网络服务提供者的损害赔偿责任——以日本法为中心》，《科技与法律》，2004 年第 2 期。

同、中间服务提供者的责任、行为准则、庭外纠纷解决机制、法院诉讼以及成员国间的合作方面的相关规定。《指令》的许多条款都是源自 DMCA。[①]《指令》在第二章第四节规定了成员国应当履行的确保网络服务提供者不承担责任的情形。

(一) 纯粹传输服务

根据《指令》第 12 条第 1 款规定,在通信网络中传输由服务接受者提供的信息,或者为通信网络提供接入服务的网络服务提供者在满足以下条件时,不对所传输的信息承担责任:1. 不是首先进行传输的一方;2. 对传输的接受者不做选择;3. 对传输的信息不做选择或更改。同时,这里的传输和提供接入的行为包括对所传输信息的自动、中间性和短暂的存储,前提是此种行为仅仅是为了在通信网络中传输信息,而且信息的存储时间不得超过进行传输所必需的合理时间。

(二) 缓存

《指令》第 13 条规定,在通信网络中传输由服务接受者提供的信息,只要对信息的存储是为了使根据其他服务接受者的要求而上传的信息能够被更加有效地传输给他们,在满足以下条件时,服务提供者不因对信息的自动、中间性和暂时的存储而承担责任:1. 提供者没有更改信息;2. 提供者遵守了获得信息的条件;3. 提供者遵守了更新信息的规则,该规则以一种被产业界广泛认可和使用的方式确定;4. 提供者不干预为获得有关信息使用的数据而对得到产业界广泛认可和使用的技术的合法使用;5. 提供者在得知处于原始传输来源的信息已在网络上被移除,或者获得该信息的途径已被阻止,或者法院或行政机关已下令进行上述移除或阻止获得的行为的事实后,迅速地移除或阻止他人获得其存储的信息。

(三) 宿主服务

《指令》第 14 条规定,存储由服务接受者提供的信息的网络服务提供者在

[①] Pablo Asbo Baistrocchi, "Liability of Intermediary Service Providers in the EU Directive on Electronic Commerce", 19 *Computer & High Technology Law Journal* 111, 112 (2002).

满足下列条件时不因根据接受服务者的要求存储信息而承担责任：1. 提供者对违法活动或违法信息不知情，并且就损害赔偿而言，提供者对显然存在违法活动或违法信息的事实或者情况毫不知情；2. 提供者一旦获得或者知晓相关信息，就马上移除了信息或者阻止他人获得此种信息。但网络服务提供者是在提供者的授权或控制之下进行活动时除外。

此外，《指令》第15条第1款还规定，在服务提供者提供以上三种服务时，不承担监督其传输和存储的信息的一般性义务，也不承担主动收集表明违法活动的事实或情况的一般性义务。同时，与DMCA一样，《指令》所豁免的也只是损害赔偿责任，禁令救济仍是可以适用的。

学者认为，《指令》尚有不足。最重要的是缺乏"通知取下"程序，因而会危及表达自由；现行体制实际上可能会引发某些情形下的不正当竞争。没有"通知取下"程序，可能会导致网络服务提供者为避免承担责任而变成某种程度上的审查官。只要取法保护用户不受无端诉讼自扰之制度，这就会妨害表达自由。当企业卷入网络空间的商战时所可能伴随的针对其竞争者网站内容提起恶意诉讼会促发不正当竞争。因而，该学者建议应当参照DMCA进行针对性完善。①

四、我国台湾地区

我国台湾地区著作权法（2009年）在借鉴其他国家法律规定的基础上，设专章规定了网络服务提供者之民事免责事由。归结起来，主要规定如下。

（一）网络服务提供者的概念

根据该法规定：网络服务提供者，是指提供下列服务者：（1）连线服务提供者：透过所控制或营运之系统或网络，以有线或无线方式，提供信息传输、发送、接收，或于前开过程中之中介及短暂储存服务者。（2）快速存取服务提供者：应使用者之要求传输资讯后，透过所控制或营运之系统或网络，将该资

---

① Pablo Asbo Baistrocchi, "Liability of Intermediary Service Providers in the EU Directive on Electronic Commerce", 19 *Computer & High Technology Law Journal* 111, 130 (2002).

讯为中介及暂时储存，以供其后要求传输该资讯之使用者加速进入该资讯之服务者。（3）资讯储存服务提供者：透过所控制或营运之系统或网络，应使用者之要求提供资讯储存之服务者。（4）搜寻服务提供者：提供使用者有关网络资讯之索引、参考或连结之搜寻或连结之服务者。[1]

（二）网络服务提供者适用避风港的门槛

根据该法规定[2]，网络服务提供者在符合下列规定时，适用该法规定的免除民事赔偿责任条款：（1）以契约、电子传输、自动侦测系统或其他方式，告知使用者其著作权或制版权保护措施，并确实履行该保护措施。（2）以契约、电子传输、自动侦测系统或其他方式，告知使用者若有三次涉有侵权情事，应终止全部或部分服务。（3）公告接收通知文件之联系窗口资讯。（4）执行第三项之通用辨识或保护技术措施。

连线服务提供者于接获著作权人或制版权人就其使用者所为涉有侵权行为之通知后，将该通知以电子邮件转送该使用者，视为符合前项第一款规定。

著作权人或制版权人已提供为保护著作权或制版权之通用辨识或保护技术措施，经主管机关核可者，网络服务提供者应配合执行之。

（三）连线服务提供者不负赔偿责任的条件

该法规定[3]，连线服务提供者对其使用者侵害他人著作权或制版权之行为，在符合下列情形时不负赔偿责任：（1）所传输资讯，系由使用者所发动或请求。（2）资讯传输、发送、连结或储存，系经由自动化技术予以执行，且连线服务提供者未就传输之资讯为任何选择或修改。

（四）快速存取服务提供者不负赔偿责任的条件[4]

快速存取服务提供者对其使用者侵害他人著作权或制版权之行为，在满足下列情形时，不负赔偿责任：（1）未改变存取之资讯。（2）于资讯提供者就该

---

[1] 台湾地区"著作权法"第三条之十九。
[2] 台湾地区"著作权法"第九十条之四。
[3] 台湾地区"著作权法"第九十条之五。
[4] 台湾地区"著作权法"九十六条之六。

自动存取之原始资讯为修改、删除或阻断时，透过自动化技术为相同之处理。(3) 经著作权人或制版权人通知其使用者涉有侵权行为后，立即移除或使他人无法进入该涉有侵权之内容或相关资讯。

(五) 资讯储存服务提供者不承担损害赔偿责任的条件①

资讯储存服务提供者对其使用者侵害他人著作权或制版权之行为，有下列情形时，不负赔偿责任：(1) 对使用者涉有侵权行为不知情。(2) 未直接自使用者之侵权行为获有财产上之利益。(3) 经著作权人或制版权人通知其使用者涉有侵权行为后，立即移除或使他人无法进入该涉有侵权之内容或相关资讯。

(六) 搜寻服务提供者不负赔偿责任的条件②

搜寻服务提供者对其使用者侵害他人著作权或制版权之行为，有下列情形时，不负赔偿责任：(1) 对所搜寻或连结之资讯涉有侵权不知情。(2) 未直接自使用者之侵权行为获有财产上之利益。(3) 经著作权人或制版权人通知其使用者涉有侵权行为后，立即移除或使他人无法进入该涉有侵权之内容或相关资讯。

此外，该法第九十条之十还规定，有下列情形之一者，网络服务提供者对涉有侵权之使用者，不负赔偿责任：(1) 依第九十条之六至第九十条之八之规定，移除或使他人无法进入该涉有侵权之内容或相关资讯。(2) 知悉使用者所为涉有侵权情事后，善意移除或使他人无法进入该涉有侵权之内容或相关资讯。

五、我国大陆地区

(一)《侵权责任法》之前的规定

在《侵权责任法》之前，我国关于互联网上的侵权行为的规范主要由行政法规和有关的司法解释组成。21 世纪初，为了遏制通过互联网实施的侵犯著作

---

① 台湾地区"著作权法"九十条之七。
② 台湾地区"著作权法"九十条之八。

权问题，最高人民法院于 2000 年制定了《关于审理涉及计算机网络著作权纠纷案件适用法律若干问题的解释》（以下简称《计算机网络著作权纠纷解释》），并于 2003 年、2006 年进行过两次修改。在 2001 年《著作权法》增设信息网络传播权之后，国务院依据该法的授权，于 2006 年通过了《信息网络传播权保护条例》。

1. 《计算机网络著作权纠纷解释》的主要内容

（1）网络服务提供者的单独侵权责任。《计算机网络著作权纠纷解释》第 6 条规定，网络服务提供者明知专门用于故意避开或者破坏他人著作权技术保护措施的方法、设备或者材料，而上载、传播、提供的，人民法院应当根据当事人的诉讼请求和具体案情，依照著作权法的有关规定，追究网络服务提供者的民事侵权责任。

（2）网络服务提供者的共同侵权责任。依据《计算机网络著作权纠纷解释》，网络服务提供者应承担共同侵权责任的情形有：A. 网络服务提供者通过网络参与他人侵犯著作权行为，或者通过网络教唆、帮助他人实施侵犯著作权行为的；B. 提供内容服务的网络服务提供者，明知网络用户通过网络实施侵犯他人著作权的行为，或者经著作权人提出确有证据的警告，但仍不采取移除侵权内容等措施以消除侵权后果的。这两种情形下，因对网络传播负有控制能力的网络服务提供者明知侵权而参与或容忍，故而要求其承担相应的共同侵权责任。C. 《计算机网络著作权纠纷解释》还规定了网络服务提供者的另一类侵权责任，即提供内容服务的网络服务提供者，对著作权人要求其提供侵权行为人在网络的注册资料以追究行为人的侵权责任，无正当理由拒绝提供的，人民法院应当根据《民法通则》第 106 条的规定，追究其相应的侵权责任。对此，有关人士解释到：提供内容服务的网络服务提供者此时负有提供该注册资料的协助义务，因而其无正当理由拒绝提供的，违反了上述义务，主观上负有过错，客观上实施了不作为的侵权行为，故而应当承担相应的侵权责任。①

虽然《计算机网络著作权纠纷解释》的主导思想是尽量明确网络服务提供者对著作权侵权的过错责任，不使其轻易承担过重的责任，以保护和促进新兴

---

① 蒋志培、张辉：《依法加强对网络环境下著作权的司法保护》，《人民司法》，2001 年第 2 期，第 11 页。

的网络产业的健康发展；同时也对其行为做出约束，明确在何种情况下应当承担侵权责任，以促使网络服务提供者进行自我约束和自我保护，维护著作权人的合法权益。[①] 但不难发现，《计算机网络著作权纠纷解释》还是存在一些问题。如上文最后一种网络服务提供者的责任形态使其承担的责任较为严格，甚至这种情形的正当性还是值得推敲的，特别是其中所谓"无正当理由"的限定可能会使网络服务提供者面临"腹背受敌"的可能：若不提供，就要承担侵权责任；若提供，且最终确定并不侵权，则可能会受到服务对象的责难。同时，在后两种情形下，网络服务提供者要承担多大的侵权责任也没有做出限定，似乎也是有违责任自负。

2. 《信息网络传播权保护条例》按不同的网络服务方式，规定了网络服务提供者不承担侵犯著作权的损害赔偿责任的条件

（1）提供接入的网络服务者损害赔偿责任的豁免。《信息网络传播权保护条例》第20条规定，网络服务提供者根据服务对象的指令提供网络自动接入服务，或者对服务对象提供的作品、表演、录音录像制品提供自动传输服务，并具备下列条件的，不承担赔偿责任：A. 未选择并且未改变所传输的作品、表演、录音录像制品；B. 向指定的服务对象提供该作品、表演、录音录像制品，并防止指定的服务对象以外的其他人获得。

（2）提供缓存服务的网络提供者损害赔偿责任的豁免。《信息网络传播权保护条例》第21条规定，网络服务提供者为提高网络传输效率，自动存储从其他网络服务提供者获得的作品、表演、录音录像制品，根据技术安排自动向服务对象提供，并具备下列条件的，不承担赔偿责任：A. 未改变自动存储的作品、表演、录音录像制品；B. 不影响提供作品、表演、录音录像制品的原网络服务提供者掌握服务对象获取该作品、表演、录音录像制品的情况；C. 在原网络服务提供者修改、删除或者屏蔽该作品、表演、录音录像制品时，根据技术安排自动予以修改、删除或者屏蔽。

（3）提供信息存储空间服务的网络提供者损害赔偿责任的豁免。《信息网络传播权保护条例》第22条规定，网络服务提供者为服务对象提供信息存储空

[①] 蒋志培、张辉：《依法加强对网络环境下著作权的司法保护》，《人民司法》，2001年第2期，第10页。

间，供服务对象通过信息网络向公众提供作品、表演、录音录像制品，并具备下列条件的，不承担赔偿责任：A. 明确标示该信息存储空间是为服务对象所提供，并公开网络服务提供者的名称、联系人、网络地址；B. 未改变服务对象所提供的作品、表演、录音录像制品；C. 不知道也没有合理的理由应当知道服务对象提供的作品、表演、录音录像制品侵权；D. 未从服务对象提供作品、表演、录音录像制品中直接获得经济利益；E. 在接到权利人的通知书后，根据本条例规定删除权利人认为侵权的作品、表演、录音录像制品。

（4）提供搜索或链接服务的网络服务者损害赔偿责任的豁免。《信息网络传播权保护条例》第23条规定，网络服务提供者为服务对象提供搜索或者链接服务，在接到权利人的通知书后，根据本条例规定断开与侵权的作品、表演、录音录像制品的链接的，不承担赔偿责任；但是，明知或者应知所链接的作品、表演、录音录像制品侵权的，应当承担共同侵权责任。

（二）《侵权责任法》互联网专条的形成过程及其内容

在《侵权责任法》的制订过程中，从有关学者的建议稿到提交审议的草案，都就网络侵权的问题做出了规定。"一审稿"第63条规定："网站经营者明知网络用户通过该网站实施侵权行为，或者经权利人提出警告，仍不采取删除侵权内容等措施消除侵权后果的，网站经营者与该网络用户承担连带责任。"到"二审稿"第34条，则分两款进行规定，分别是："网络服务提供者明知网络用户利用其网络服务实施侵权行为，未采取必要措施的，与该网络用户承担连带责任。""网络用户利用网络服务实施侵权行为的，受害人有权向网络服务提供者发出要求删除、屏蔽侵权内容的通知。网络服务提供者得到通知后未及时采取必要措施的，对损失的扩大部分与该网络用户承担连带责任。""三审稿"第36条保持了两款的规定，修改了部分表述，依次是："网络服务提供者知道网络用户利用其网络服务侵害他人民事权益，未采取必要措施的，与该网络用户承担连带责任。""网络用户利用网络服务实施侵权行为的，被侵权人有权通知网络服务提供者采取删除、屏蔽、断开链接等必要措施。网络服务提供者接到通知后未及时采取必要措施的，对损害的扩大部分与该网络用户承担连带责任。"《侵权责任法》第36条则新增第1款："网络用户、网络服务提供者利用网络侵害他人民事权益的，应当承担侵权责任。"原二款调整位序后分列二三款，具体表述未变。

　　以上罗列清楚地表明了《侵权责任法》关于互联网上的侵权行为法律规范的形成过程。在我们看来，现行规定与之前各草案的最大区别就在于新增了一款个人责任的规定，即第36条第1款。对于增加个人侵权责任规定理由，有学者进行了说明：一方面是为了保持体系的完整性。网络侵权的立法规则不但要对借助于网络服务提供者实施的侵权行为做出规定，还应对网络服务提供者直接进行侵权的行为做出规定。另一方面是为了与网络服务提供者的间接侵权责任衔接和协调。网络服务提供者的间接侵权责任是以网络用户的单独侵权责任为基础和前提。在法律上规定网络用户的单独侵权责任，就为网络服务提供者的间接责任的规定确定了逻辑前提。该学者还指出，网络用户和网络服务提供者是利用网络实施的侵权，在侵权方式上具有特殊性，且属于现代社会中的新型侵权。在实践中，直接侵害他人权益也是网络中最常见、最严重的侵权类型。据此，做出这样的规定，体现了《侵权责任法》对社会需要的回应，也可以起到规范人们行为的作用。① 然而，即便该解释是体现立法意图和真相的②，即便存在有如学者所列举的许多合理性，我们还是认为，《侵权责任法》该条新增的第1款不但不是绝对必要，而且还有损《侵权责任法》自身的严密逻辑，与该法整体上的高超的立法技术是有些不相符合的。理由有二：一是对于承担直接侵权责任的网络用户和网络服务提供者而言，其侵权责任的构成和承担均属于侵权责任的一般形态，并没有类似于产品责任等的特殊之处，自然没有单独规定的必要，因为在这个意义上，互联网并无多少特别之处，所谓特殊只是表现形式而已，并无本质不同。二是本条规定被放置在《侵权责任法》第4章"关于责任主体的特殊规定"之中，本条第1款显然并未表现出与该章应有起码的契合性。因为第1款的责任形态中，不存在行为主体与责任主体的分离，没有特殊主体的问题。因此，可以说，增加的第1款是画蛇添足。当然，如果说

---

① 王利明：《侵权责任法研究》（下卷），北京：中国人民大学出版社2011年版，第132页。
② 据权威解读，该款的增订背景是："在《侵权责任法》起草过程中，有的意见提出，对于网络用户、网络服务提供者利用网络侵害他人民事权益的行为，尽管可以通过本法一般侵权以及著作权等规定予以解决，但针对网络侵权行为日益增多这一突出问题，而且网络侵权也有其特殊性，做出专条规定很有必要。正是出于这样的考虑，在草案第二次审议稿的基础上增加了这一款的规定。"参见王胜明：《中华人民共和国侵权责任法解读》，北京：中国法制出版社2010年版，第179页。

本条款还有一点意义的话，那么可如有学者所言，其积极作用在于，明确了网络环境中的侵权行为与责任同样适用《侵权责任法》。① 本条第2、3款所规定的网络服务提供者的责任总体上还是值得肯定的，它将这一责任形态上升至我国侵权责任基本法律之中，体现了我国对民事权益的较高保护水平。比较之前的草案，该二款之间位序调整后，第2款体现了在立法者看来，信息网络传播技术本身是中立的，应当为技术的运用和发展保留恰当的空间，这是我国《侵权责任法》确立互联网上的侵权责任的重要一笔。第3款应当是第2款原则性规定的例外，是对网络服务提供者设定的注意义务。对于《侵权责任法》该条的规定，下文还将详述。

以上对各主要国家和地区有关网络服务提供者（或称"网络媒体"）承担侵权责任的立法考察可以看出，欧盟、日本的立法没有区分所保护的权益类型，进行了统一规定；美国采用分开立法的模式，区分商标、版权和其他非知识产权类民事权益设定了不同的规则；而我国台湾地区则在著作权法中规定了网络服务提供者不承担著作权侵权责任的具体事由。同时，除日本和我国大陆地区的《侵权责任法》外，这些立法都采用了区分不同类型的网络服务而设定责任规则的规定模式，而且，在立法模式上，都采用了DMCA的免责模式。

第三节　网络服务提供者侵权责任的理解与适用

一、网络服务提供者侵权责任的类型与构成

《侵权责任法》第36条规定了两种承担侵权责任的形态：网络用户、网络服务提供者就自己所实施的侵权行为承担的个人责任（第36条第1款）和网络服务提供者就网络用户实施的侵权行为承担的连带责任（第36条第2款、第3款）。

---

① 王竹：《侵权责任法疑难问题专题研究》，北京：中国人民大学出版社2012年版，第35页。

(一) 网络用户、网络服务提供者独立侵权责任的构成

就网络用户、网络服务提供者所承担的个人责任而言，一如上文所述并无多少特别之处。如果没有本款的规定，对于一般性的网络侵权行为，则适用第6条第1款的规定，即"行为人因过错侵害他人民事权益，应当承担侵权责任"①。但《侵权责任法》的单独明示及本款规定的用语还是在某种意义上增添了学理上进行解释的必要性。其中，主要的问题是对于该种责任应当适用何种归责原则，因为本条与《侵权责任法》上的其他条款相比较所具有一个显著特征就是没有明确规定这种侵权责任的归责原则。因而也导致学界对此问题的不同解读。

1. 归责原则

权威解读以及多数学者均认为，应当适用过错原则，指出《侵权责任法》第36条第1款"只对网络用户、网络服务提供者侵犯他人民事权益应当承担侵权责任做出了原则性规定。对于网络用户、网络服务提供者的行为是否构成侵权行为，是否应当承担侵权责任，还需要根据本法第6条以及著作权法的有关规定来判断"②。"网络侵权责任是指网络用户、网络服务提供者因过错在网络上侵害他人民事权益所应承担的责任。"③ 也有学者持不同观点，主张可以对《侵权责任法》上的网络框架性条款（即第36条第1款）与高度危险作业一般条款（即第69条）进行综合运用：在《侵权责任法》第36条第1款网络侵权框架性条款规范的范围内，将网络侵权行为区分为一般网络侵权行为和高度危险网络侵权行为。对于通过一般性的网络运用方式侵害他人人身、财产等民事权益的行为（即一般网络侵权行为），适用《侵权责任法》第6条第1款规定的过错责任原则；对于通过高度危险的网络运用方式，如适用黑客工具、传播网络病毒或挂马等行为导致受害人受害的网络侵权行为，不适用《侵权责

---

① 张新宝、任鸿雁：《互联网上的侵权责任：〈侵权责任法〉第36条解读》，《中国人民大学学报》，2010年第4期，第21页。

② 王胜明：《中华人民共和国侵权责任法解读》，北京：中国法制出版社2010年版，第180页；张新宝、任鸿雁：《互联网上的侵权责任：〈侵权责任法〉第36条解读》，《中国人民大学学报》，2010年第4期，第21页。

③ 王利明：《侵权责任法研究》（下卷），北京：中国人民大学出版社2011年版，第123页。

法》第 6 条第 1 款规定的过错责任原则，而应适用第 69 条规定的高度危险作业一般条款关于无过错责任原则的规定。受害人只需要举证证明侵权人的致害行为与受害人的损害事实有因果关系即可，不需要证明侵权人对于损害的发生有主观过错，就可以请求法院判决侵权人承担侵权责任。①

我们赞同多数学者的意见，主张网络用户、网络服务提供者承担个人责任的归责原则是过错责任，即只有网络用户、网络服务提供者存在过错的时候才承担侵权责任。主要原因是：（1）互联网并未改变受保护的民事权益的性质，也未在本质上改变侵权行为的方式。因此，就同样的客体、同样的侵权行为而言，不能仅因为侵权行为是通过互联网实施或者发生在互联网上就适用与发生在传统领域的侵权行为不同的归责原则。换言之，对于一般侵权行为而言，无论是否发生在互联网之上，侵权人在损害赔偿责任的承担上，均适用过错责任原则。一如王利明教授在界定网络侵权的概念和特征时所指出的："网络侵权是一种新型的侵权形态，这并非意味着其在归责原则、构成要件、责任承担等方面存在特殊性，而主要是指其是发生在互联网上的侵权。"②（2）承担过错责任是条文的应有之义。条文虽然没有明确规定过错，但从其所使用的用语来看，暗含了适用过错原则的要求。条文中所使用之"利用"一词，通常具有主动、故意的内容，同时，因适用无过错责任需要法律的明确规定，而本条又未明确规定，因此，可以说，就网络用户、网络服务提供者所承担的个人责任适用过错原则是该条的应有之义。（3）网络活动并非适用无过错责任的类似事由。我国学者所称的无过错责任，相当于大陆法系国家的危险责任。危险责任是大工业时代的产物，它的确立是为了解决诸如环境污染、工业灾难等一些由社会发展所必要的生产活动所引起的事故中受害人的救助问题。这些为社会发展所必要的生产活动具有的不可避免的自身危险性是适用危险责任的要旨。与过错责任原则不同，适用危险责任原则承担事故责任的当事人并不一定同时具有道德上的可非难性，更为常见的原因是因其对危险来源具有某种控制能力或者因管理和使用导致危险的生产装置而获得了利益。比较而言，网络活动虽然也是源于技术进步的一种为社会发展所必要的活动，但并不具有和高速运输、核子辐

---

① 王竹：《侵权责任法疑难问题专题研究》，北京：中国人民大学出版社 2012 年版，第 37 页。
② 王利明：《侵权责任法研究》（下卷），北京：中国人民大学出版社 2011 年版，第 123 页。

射等一样的自身危险性,因而,适用无过错责任不具有法理上的正当性。不能因为在网络环境下侵权行为更容易发生、损害后果具有不可控性等原因而贸然改变。

2. 构成要件

依据侵权责任构成的一般原理,网络用户、网络服务提供者依据本款承担侵权责任,需要满足如下条件:(1)利用网络实施了侵权行为。如未经许可且无法定事由,在互联网上传播他人受著作权法的保护的作品,或传播他人隐私等。(2)在实施侵权行为时有过错。即网络用户、网络服务提供者在利用网络实施侵犯他人权利的行为时具有故意或过失的主观心理态度。即:明知自己的行为会发生侵害他人权益的后果,并且希望或放任侵权行为的发生;或者因没有尽到足够的注意义务、未能预见到自己行为的结果或者已经预见到损害结果的发生但轻信能够避免而致损害发生。(3)他人民事权益遭受了损害。一般而言,损害是指行为对受害人造成不利后果,此种不利后果既包括行为人实际给受害人造成的现实损害,也包括有可能给受害人造成的危险,即未来可能发生的损害。它既可以表现为财产损害,也可以表现为非财产损害。(4)网络用户、网络服务提供者实施的侵权行为与他人所遭受的损害之间存在因果关系。侵权行为与损害之间具有因果关系是侵权人承担民事责任的正当性基础,在互联网上的侵权中,自然也不能例外。

需要说明的是,网络用户、网络服务提供者应当承担何种具体的侵权责任,还要结合所侵害的民事权益类型等因素并结合其他法律法规的规定进行个案确定。

(二)网络服务提供者连带责任的构成

《侵权责任法》互联网专条的核心部分,就是第2、3款所规定的网络服务提供者在一定条件下应与实施侵权的网络用户一起承担连带侵权责任。

1. 归责原则

较之自己责任的规定而言,可以说《侵权责任法》在规定网络服务提供者承担的连带责任时更为明确地体现了所应适用的归责原则——过错原则。对此,有学者指出,第2款明确规定了服务提供者对侵权通知未及时处理的仅对损害的扩大部分承担责任,说明立法者明确区分了通知发送前后服务提供者的过错状态,服务提供者仅在其过错范围内对损害扩大的部分承担共同侵权责任。第3款中,服务提供者对用户利用其服务侵权明确知晓而不作为,存在明显的过错,理应与用户就所有损害后果承担连带赔偿责任。① 该规定是科学的,因为承担无过错责任将不利于互联网的发展和应用。从技术的角度,网络服务提供者很难对经由自己提供服务的用户所发布的内容进行逐一的审查。网络服务提供者毕竟不同于传统媒体的发行者,要求网络服务提供商对海量信息进行事先审查是极不现实的,要求对上传到互联网上的信息内容进行事先审查也是与网络的快速与便捷的目的相悖的。讨论网络服务提供者责任承担的原则,并不是单纯地为了处罚某种侵权行为,而是为了规范上网行为,平衡网络用户、网络服务提供者以及社会公众各方的利益。因此,如果对于网络服务提供者适用无过错责任,无疑将使其背负过于严苛的注意义务,其结果也必将成为影响互联网产业发展的桎梏。也正因为如此,目前世界上各主要国家和地区的立法都是对网络服务提供者采取过错责任原则。其中,作为这一领域立法的引领者,美国拒绝将网络服务提供者责任严格化的立法历程能够清晰地表明过错责任原则的确立。只有这样,网络服务提供者才能将更多的精力投入发展服务类型,提高服务质量上来。

2. 网络服务提供者连带责任的构成条件

(1) 网络用户利用网络实施了侵权行为。这是网络服务提供者承担替代责任的前提。如果网络用户利用网络所实施的行为不构成侵权,网络服务提供者自然无需承担侵权责任;同时,如果侵权行为不是网络用户所实施,而是由网络服务提供者所直接实施的,网络服务提供者同样要承担侵权责任,但该种责任是自己责任,而非替代责任。

(2) 网络服务提供者存在主观过错。即网络服务提供者对于网络用户利用其所提供的网络服务实施侵害他人民事权益的行为以及其不及时采取必要措施将导致的后果是知道的,能够采取必要措施避免损害的扩大或发生,却不采取措施。根据《侵权责任法》的规定,这里的知道包括两种情况:一是网络服务

---

① 司晓、范露琼:《评我国〈侵权责任法〉互联网专条——以版权侵权制度为视角》,《知识产权》,2011年第1期,第86页。

提供者本来并不知道网络用户利用网络实施了侵权行为,但受害人在得知权益受到侵害之后通过适当方式将这一事实通知了网络服务提供者,因而便明知侵权行为的存在;二是网络用户利用网络实施的侵权行为是十分明显的,因而网络服务提供者知道该种侵权行为的存在。需要注意的是,在后一种情况下,为了避免对网络服务提供者苛以过重的注意义务从而妨碍技术的发展和运用,在认定因侵权十分明显所以网络服务提供者知道时,应当采纳较为严格的标准。我们以为,只有在网络服务提供者已经进行了人工干预的那些内容中涉及明显的侵权事实,方可考虑推定网络服务提供者是知道的,而对于经由技术装置自动实现,而不是必须通过人工加以拣选的内容,或者侵权事实并不明显时,都不宜推定网络服务提供者对侵权的存在是知道的。

(3) 网络服务提供者未履行法定义务。根据《侵权责任法》的规定,网络服务提供者对于网络用户利用网络实施侵犯他人权利的行为负有采取必要措施加以制止的法定义务,网络服务提供者若不适当履行这一法定义务,就要与网络用户一道承担侵权责任。[①] 必要措施包括删除、屏蔽、断开链接等。删除是直接将所涉侵权内容从存储空间删除,使其不能再在网页上显示或通过其他途径进行传播。屏蔽一般只是遮挡、遮蔽,《侵权责任法》第 36 条所指的屏蔽可以理解为采用技术手段使得侵权内容不能再在有关的网络终端上进行显示或在各个终端之间进行传播。断开链接是指切断网页与其所指向的目标之间的连接关系,因为在这种情况下,表现形式为另一个网页、图片、电子邮件地址、文件或者是应用程序等的目标所含的内容涉嫌侵权。比较而言,删除更适用于内容服务提供者,而屏蔽和断开链接则更适用于提供信息定位服务和接入服务的网络服务提供者。需要注意,条文对于可能采取的措施的列举是非穷尽式的,网络服务提供者不但有选择这三种措施的自由[②],而且还能在此之外,采用足以制止侵权扩大的其他措施。当然,无论网络服务提供者最终采取哪种措施,其适当性的判断却不能以该措施事实上是否确实制止了侵权的扩大为唯一标准,而

---

① 事实上,在《侵权责任法》之前的立法和司法解释中,也已明确规定了网络服务提供者在该种情形下的作为义务。参见《信息网络传播权保护条例》第 15 条、第 25 条;《计算机网络著作权纠纷解释》第 7 条第 2 款。

② 学界对于网络服务提供者是否可自己决定采取何种措施存有争议。参见杨立新:《〈侵权责任法〉规定的网络侵权责任的理解与解释》,《国家检察官学院学报》,2010 年第 2 期,第 7 页。

是要结合具体情形来判定。只要网络服务提供者所采取的措施是及时的,也是当时条件下相关技术领域中人们通常所采用的措施,哪怕最终仍未能有效阻止损害的扩大,也不能要求其对此承担责任。

此外,对于《侵权责任法》第36条第2款所规定的"及时"的要求,是指网络服务提供者在接到利害关系人的通知后,应当在合理的期限内采取恰当的措施,以防止损害后果的不当扩大。目前看来,网络服务提供者自接到侵权通知到采取必要措施之间所经历的期限是否合理应根据网络服务的种类、采取措施的难易程度等因素来进行认定。

(4) 网络服务提供者未履行法定义务与造成他人损害之间有因果关系。一如上文所述,侵权行为与损害之间存在因果关系是侵权人承担责任的正当性基础。不过此处的因果关系存在于未尽积极的作为义务与不应发生的损害之间,要满足因果关系的要求,受害人应证明如果网络服务提供者依据《侵权责任法》的规定及时采取了必要措施就不会发生损害的不当扩大。

二、网络服务提供者连带责任的体系解释

《侵权责任法》重新设计了数人侵权责任规则体系,同时首次在法律层面设专条规定了网络服务提供者承担连带责任的情形。① 因这两者在理论上素来富有争议,加上新的规定又与此前我国立法和司法实务的做法不完全一致,造成了学界对该法有关网络侵权的规定看法不一。多数学者持肯定态度,认为该规定适应了社会对网络侵权的广泛关注,为网络侵权案件处理提供了法律依据,完善了《侵权责任法》的体系②,但在理解和适用上仍存在很多模糊地带。③ 也有学者认为,《侵权责任法》第36条第2、3款规定与《信息网络传播权保护条例》的规定相冲突,致使后者的合理规定无法适用,提出或在《侵权责任

---

① 尽管《侵权责任法》多处规定了侵权人承担连带责任的情形,但在当前研究中,"网络服务提供者连带责任"一语已经基本对应《侵权责任法》第36条第2款、第3款规定。

② 梁慧星:《中国侵权责任法解说》,《北方法学》,2011年第1期,第16页;王利明:《侵权责任法研究》(上卷),北京:中国人民大学出版社2010年版,第124页。

③ 张新宝、任鸿雁:《互联网上的侵权责任:〈侵权责任法〉第36条解读》,《中国人民大学学报》,2010年第4期,第17页。

法》中新辟专章移植《信息网络传播权保护条例》现有内容，或删除互联网专条。① 学界关于互联网专条的解释，又与数人侵权规则理解中的争议相互交织，分歧较大。譬如，网络服务提供者连带责任的法理基础是共同侵权、帮助侵权抑或其他？互联网专条中的"知道"是否相当于"明知"、是否包含"应知"？该条的规定究竟是免责条款还是责任归咎依据？这些分歧的解决，不能仅仅局限于该条规定本身，而是需要将其规定置于《侵权责任法》整体体系之中加以探讨。换言之，只有对网络服务提供者连带责任进行体系解释，才能准确揭示互联网专条立法原意、确保《侵权责任法》的内在一致，并能为未来的立法提供一些必要的借鉴。

（一）网络服务提供者连带责任的理论争议

1. 网络服务提供者承担连带责任的法理依据

（1）共同侵权说。以共同侵权和帮助侵权作为网络服务提供者承担连带责任的依据②，得到学理与实务界的普遍认同。学者认为，网络服务提供者就网络用户侵权承担的责任"应做出共同侵权责任的解释"，网络服务提供者在网络侵权中与网络用户的关系是侵权行为实行人与帮助人之间的"共同关系"。③ "网络服务提供者和网络用户之间的关系仅是帮助者和侵权者关系中的一种类型而已，适用同样的法理。"④ 司法实务中普遍持有相同认识。如《最高人民法院关于审理涉及计算机网络著作权纠纷案件适用法律若干问题的解释》的决定（二）（法释〔2006〕11号）第4条规定："提供内容服务的网络服务提供者，明知网络用户通过网络实施侵犯他人著作权的行为，或者经著作权人提出确有证据的警告，但仍不采取移除侵权内容等措施以消除侵权后果的，人民法院应

---

① 邓社民：《网络服务提供者侵权责任限制问题探析》，《甘肃政法学院学报》，2011年第3期，第117页。

② 通说认为，教唆、帮助侵权责任系"视为共同侵权责任"，且本书探讨主题并非在共同侵权责任与教唆、帮助侵权责任之间的辨别，故为行文便利，除单独列明、并列表述或引用他人文献原文表述外，本节后文所言之共同侵权包含了教唆、帮助侵权。

③ 吴汉东：《侵权责任法视野下的网络侵权责任解析》，《法商研究》，2010年第6期，第29—30页。

④ 冯术杰：《网络服务提供者的商标侵权责任认定——兼论〈侵权责任法〉第36条及其适用》，《知识产权》，2015年第5期，第15页。

当根据民法通则第一百三十条的规定,追究其与该网络用户的共同侵权责任。"①《最高人民法院关于审理侵害信息网络传播权民事纠纷案件适用法律若干问题的规定》(法释〔2012〕20号)第7条第3款规定:"网络服务提供者明知或者应知网络用户利用网络服务侵害信息网络传播权,未采取删除、屏蔽、断开链接等必要措施,或者提供技术支持等帮助行为的,人民法院应当认定其构成帮助侵权行为。"最高人民法院王艳芳法官指出:"侵权责任法第九条、第三十六条是本司法解释关于网络服务提供者因其教唆、帮助行为而承担侵权责任的法律基础。"② 在我们查阅到的自2005年至今49份涉及网络服务提供者商标侵权责任的裁判中,有45件判决以共同侵权作为裁判或说理依据。此外,《条例》第23条规定还使得网络服务提供者承担连带责任的共同侵权基础具有了明确的立法依据。

(2)公共政策说。杨立新教授主张,网络服务提供者的连带责任并非基于共同侵权,"而是基于公共政策考量而规定的连带责任"。主张在性质上虽类似于第三人侵权时违反安全保障义务者的行为,但因实施侵权的网络用户的隐匿性,为便利被侵权人合法权益保护,才给网络服务提供者苛加了一个较为严重的责任。③

(3)行为关联的共同侵权说。学者主张"行为关联的共同侵权是网络服务提供者连带责任的法理基础"④。其中,"行为关联共同"是该学者对学界共同侵权之"主观共同"和"客观共同"的折中,通过扬弃主观说和客观说,使其成为"解释我国共同侵权制度的最佳方案"。按照该说,在网络服务提供者不构成教唆、帮助侵权而又符合互联网专条要件时,"则是因为其与网络用户的行为在主客观要素上的关联性而构成无意思联络的共同侵权,则以第8条(《侵权责任法》第8条——引者注)共同侵权的一般规定作为其承担连带责任的法理

---

① 该条规定源于《最高人民法院关于审理涉及计算机网络著作权纠纷案件适用法律若干问题的解释》(法释〔2000〕48号),且在其后的两次修订中,该条规定均保持未变。
② 王艳芳:《〈最高人民法院关于审理侵害信息网络传播权民事纠纷案件适用法律若干问题的规定〉理解与适用》,《中国版权》,2013年第1期,第19页。
③ 杨立新:《〈侵权责任法〉规定的网络侵权责任的理解与解释》,《国家检察官学院学报》,2010年第2期,第9页。
④ 邓勇、蔡睿:《网络服务提供者连带责任的解释论基础》,《党政干部学刊》,2015年第1期,第29页。

基础"[①]。

2. 网络服务提供者承担连带责任的性质

就网络服务提供者连带责任的性质，存在自己行为责任与他人行为责任两种主张，其中，后者为当前学界主流认识。所谓自己行为责任，是指因自己的行为致人损害承担的责任；他人行为责任则是指责任人虽未直接实施侵权行为，但依法对他人侵权损害承担的责任。[②] 主张他人行为责任者主要以间接侵权理论为依据，认为互联网专条规定的是网络服务提供者的间接侵权责任承担问题[③]，原因是网络服务提供者实施了间接侵权行为，而非直接侵权[④]。主张自己责任者认为，网络服务提供者承担侵权责任的对应行为是"不作为"的自己加害行为，与网络用户的侵权责任相互独立。[⑤] "网络服务提供者是对自己的行为承担责任，这是与第三人侵权下违反安全保障义务的人的责任性质不同的地方。"[⑥]

3. 互联网专条规定的性质及其文义

学界就互联网专条规定理解中的争议，集中在两个方面：一是该二款规定的性质究竟是免责条款还是归责条款；二是该条第 3 款规定中的"知道"应做何种解释。

（1）互联网专条规定的性质

有学者认为，互联网专条规定的是归责条款，不是免责条款。[⑦] 在前述 49

---

① 邓勇、蔡睿：《网络服务提供者连带责任的解释论基础》，《党政干部学刊》，2015 年第 1 期，第 28—29 页。

② 王利明：《侵权责任法研究》（上卷），北京：中国人民大学出版社 2010 年版，第 38—39 页。

③ 蔡唱：《网络服务提供者侵权责任规则的反思与重构》，《法商研究》，2013 年第 2 期，第 113 页。

④ 杨立新：《〈侵权责任法〉规定的网络侵权责任的理解与解释》，《国家检察官学院学报》，2010 年第 2 期，第 9 页；吴汉东：《论网络服务提供者的著作权侵权责任》，《中国法学》，2011 年第 2 期，第 38—39 页；刘晓海：《〈侵权责任法〉"互联网专条"对网络服务提供者侵犯著作权责任的影响》，《知识产权》，2011 年第 9 期，第 15 页。

⑤ 徐伟：《网络服务提供者连带责任之质疑》，《法学》，2012 年第 5 期，第 89 页。

⑥ 邓勇、蔡睿：《网络服务提供者连带责任的解释论基础》，《党政干部学刊》，2015 年第 1 期，第 26 页。

⑦ 蔡唱：《网络服务提供者侵权责任规则的反思与重构》，《法商研究》，2013 年第 2 期，第 116 页。

件涉及网络服务提供者商标侵权责任的裁判中，有4件仅以互联网专条为裁判依据，未明确援引共同侵权或帮助侵权规则。① 另有学者主张，互联网专条虽然均规定了网络服务提供者不采取必要措施时的连带责任，但此二连带责任不可等量齐观。理解第2款规定应重点强调它的免责功能，而非归责功能。第3款规定的解读要点是安全港规则，即只要网络服务提供者能够证明自己主观不具有过错，即可免除损害赔偿责任；必要措施不应再理解为移除义务（第2款应当理解为符合免责条件的应当履行的作为义务），可以援引一般侵权法的规范将其解释为符合免责规定的其他措施。②

（2）"知道"的理解

在《侵权责任法》第一、二次审议稿中，所规定的主观要件都是"明知"，后来改为"知道"。由此，学者们在解释"知道"的含义时产生了分歧。归结起来，主要有四种观点：一是认为，互联网专条中的"知道"包括"明知"和"应知"两种主观状态。学者指出，毫无疑问，网络服务提供者主观认知的过错，应包括"明知"和"应知"两种状态。③ 主要理由是：第一，要求被侵权人证明网络服务提供者具有"明知"的主观状态，难度太大，可能使得网络服务提供者逃脱责任。第二，有些侵权信息是可以通过技术措施进行控制，且这样做不会给网络服务提供者在经济上造成过重的负担。第三，很多网络服务提供者对为社会所公知的侵权事实视而不见，不利于网络行业的正常发展。第四，符合其他国家和地区的发展趋势以及国际惯例，并没有给我国网络服务提供者加以过重的义务。④ 法释〔2012〕20号司法解释第8条也有相同主张。二是认为，"知道"应当是"已知"，不包含"应知"在内；主要理由包括：法律规定包括应知的时候，通常须明确规定；若解释为包括"应知"，会要求网络服务提供者负有对网络行为的事先审查义务，是不正确的，也是做不到的。"知道"

---

① 杭州市余杭区人民法院民事判决书（2014）杭余知初字第220号；杭州市滨江区人民法院民事判决书（2014）杭滨知初字第470号；上海市徐汇区人民法院民事判决书（2013）徐民三（知）初字第314号；浙江省杭州市中级人民法院民事判决书（2013）浙杭知终字第59号。

② 鲁春雅：《网络服务提供者侵权责任的类型化解读》，《政治与法律》，2011年第4期，第125—126页。

③ 吴汉东：《侵权责任法视野下的网络侵权责任解析》，《法商研究》，2010年第6期，第30页。

④ 王胜明：《中华人民共和国侵权责任法解读》，北京：中国法制出版社2010年版，第185页。

虽接近于"明知",但又与"明知"有别,前者系有证据证明行为人对侵权行为已经知道的主观状态,但并非要求行为人执意而为侵权行为。① 三是认为,"知道"包括实际知道和推定的知道或很可能知道,后者是前者在证据法上的一种类型;"知道"要么指"明知",要么是不包括"应当知道"的"知道"。② 四是认为,"知道"应当理解为"明知",不包括应知。主要理由涉及网络服务提供者将会承担过重的审查义务,从而不利于互联网的发展。③ 我国民事法律体系中,凡是包括"应当知道"的情形以及涉及"应当知道"承担连带责任的情形,立法均予以明确,而本款并未明确。④

(二)网络服务提供者连带责任的基础通常不是共同侵权

1. 共同侵权责任的主观要件

(1)《侵权责任法》第8条共同侵权责任的主观要件

《侵权责任法》第8条规定:"二人以上共同实施侵权行为,造成他人损害的,应当承担连带责任。"对于该条规定系"共同加害行为"或"狭义的共同侵权行为",学界没有异议,分歧主要在于该条中共同侵权人的主观要件理解方面。一说认为,其所要求的主观共同是指各侵权人具有致人损害的共同故意或共同过失,此为当前学界主流认识。⑤ 二说认为,该条中的"共同"仅指共同故意,即二人以上"明知且意欲协力导致损害结果的发生"⑥。"共同侵权行为似乎应当仅仅解释为有意思联络的共同侵权行为,而不包括无意思联络的数人

---

① 杨立新:《〈侵权责任法〉规定的网络侵权责任的理解与解释》,《国家检察官学院学报》,2010年第2期,第9页。
② 冯术杰:《网络服务提供者的商标侵权责任认定——兼论〈侵权责任法〉第36条及其适用》,《知识产权》,2015年第5期,第14页。
③ 张新宝、任鸿雁:《互联网上的侵权责任:〈侵权责任法〉第36条解读》,《中国人民大学学报》,2010年第4期,第25页。
④ 王竹:《侵权责任法疑难问题专题研究》,北京:中国人民大学出版社2012年版,第44—45页。
⑤ 王利明:《侵权责任法研究》(上卷),北京:中国人民大学出版社2010年版,第510页;王胜明:《中华人民共和国侵权责任法解读》,北京:中国法制出版社2010年版,第42页。
⑥ 程啸:《侵权责任法》,北京:法律出版社2015年版,第348页。

实施的侵权行为。"① 按照该说，共同加害行为以行为人之间具有"意思联络"为必要。其中，意思联络是指各行为人具有共同的故意或进行恶意的串通，通常要求行为人对加害行为存在"必要的共谋"。

显然，联系到《侵权责任法》之前我国共同侵权的立法和司法实务，单从《侵权责任法》第 8 条规定本身无法评说以上两说孰更合理，需要将其置于《侵权责任法》的数人侵权规则体系之中加以分析。《侵权责任法》出台之前，数人侵权责任规则由《民法通则》第 130 条、《最高人民法院关于贯彻执行〈中华人民共和国民法通则〉若干问题的意见（试行）》第 148 条、《最高人民法院关于审理人身损害赔偿案件适用法律若干问题的解释》（法释〔2012〕19 号）第 3、4 条构成。《侵权责任法》第 8 至 12 条在这些规则的基础上重新设计了数人侵权责任规则。对照观察两种规则体系的不同，是准确理解《侵权责任法》第 8 条规定内涵的必要。根据法释〔2012〕19 号司法解释第 3 条第 1 款，《民法通则》第 130 条的共同侵权实际上包括"主客观共同"，而根据法释〔2012〕19 号司法解释第 4 条，《民法通则》第 130 条的共同侵权又涵盖了共同危险行为。由此，说《侵权责任法》之前共同侵权人的主观过错包括共同故意和共同过失显属恰当。但在《侵权责任法》中，其第 8 条表述为"共同实施侵权行为"；第 10 条对应法释〔2012〕19 号司法解释第 4 条，为共同危险责任；第 11 条规定了无意思联络的多数人侵权连带责任，基本对应法释〔2012〕19 号司法解释第 3 条第 1 款中的二人以上"虽无共同故意、共同过失，但其侵害行为直接结合发生同一损害后果的"侵权责任；第 12 条为无意思联络的多数人侵权按份责任，基本对应法释〔2012〕19 号司法解释第 3 条第 2 款。整体观之，《侵权责任法》第 8 条显然无意继续涵盖"共同过失"。所谓共同过失侵权，当依《侵权责任法》第 11 条、第 12 条加以处理。反之，会造成《侵权责任法》第 8 条与第 10 条的规范内容继续重复此前的交叉现象，则该法更改此前的规定便无必要。又，《侵权责任法》第 11 条、第 12 条均规定"同一损害"的要求表明，该法本欲在单个人侵权责任与数人侵权责任之间彻底划清界限。质言之，若二人以上并无意思联络，且所造成损害又非同一，则当属单个人侵

---

① 马新彦、姜昕：《网络服务提供者共同侵权连带责任之反思——兼论未来民法典的理性定位》，《吉林大学社会科学学报》，2016 年第 1 期，第 75 页。

权责任,无须也不应继续纳入数人侵权责任规范之中。

除前引程啸博士的主张外,还有一些专家在分析《侵权责任法》第8—12条规定之后也表达了相同的认识。如:"立法者对审判实务中扩大连带责任适用范围的倾向持谨慎态度,其价值取向更注重责任承担与主观过错的统一,因而对共同侵权的共同性采取了严格立场,只认可有意思联络的主观共同侵权,而不认可行为关联共同的客观共同侵权。"①"我们可以将该法第8条和第12条理解为:各加害人实施侵权行为具有意思联络的,成立共同侵权,各加害人承担连带责任;各加害人实施侵权行为无意思联络的,属于分别实施侵权行为,即各加害行为属于单独侵权行为,各加害人承担按份责任。""将我国《侵权责任法》所理解的共同侵权的标准解读为意思联络之共同似符合该法的体系和本意。"②

(2)教唆、帮助侵权责任的构成要件

相比较共同侵权责任,学说对于教唆、帮助侵权责任构成要件的理解,分歧不大。通说认为,教唆者、帮助者为非实行行为人,之所以要视其为共同加害人,源于唆使实行行为人侵害了他人合法权益,或者明知他人欲实施或正在实施侵权行为而故意给予物理上的协力。也就是说,与共同加害侵权责任的构成一样,构成教唆、帮助侵权责任通常须以教唆者、帮助者与加害人具有共同故意为必要。当然,在行为方式上,教唆、帮助又不完全一样:"教唆、帮助通常为积极作为,但就帮助而言,若有行为义务而故意不作为以协助他人侵权的,也可构成。"③

2. 网络服务提供者具有与网络用户构成共同侵权的理论可能

从行为表现看,在网络用户实施侵权过程中,网络服务提供者客观上不可避免地参与其中,甚至根据日常观念和当前普遍认识,正是网络服务提供者与网络用户行为的结合导致他人合法权益受损。因而,只要符合共同故意的主观要件,网络服务提供者就与网络用户构成了共同侵权。换言之,决定网络服务

---

① 陈现杰:《共同侵权的立法规制与审判实务》,《人民司法·应用》,2010年第3期,第18页。

② 刘海安:《共同侵权之"共同"标准:反思与重构》,《西南政法大学学报》,2010年第3期,第53页。

③ 叶金强:《解释论视野下的共同侵权》,《交大法学》,2014年第1期,第143页。

提供者能否与网络用户构成共同侵权,关键在其是否存在共同故意。

显然,理论上不能排除这种可能性。从共同侵权的构成要件上看,只要网络服务提供者与网络用户共谋侵权或故意为其侵权提供帮助,均应依照共同侵权规则承担连带责任。详言之,网络服务提供者与网络用户构成共同加害侵权时,二者均系实行行为人,当属《侵权责任法》第8条的规制对象。在行为方式上,网络服务提供者和网络用户都可以表现为积极的作为形式。二者可以是存在明显分工合作,如网络服务提供者提供侵权场所,网络用户利用该场所具体实施侵权;也可以是不存在明显分工,如网络服务提供者不仅提供侵权场所,还与网络用户一起,组织、发布侵权数据信息,共同实施侵权。该种情形下,网络服务提供者所提供的场所往往可以被理解为具有个别性,而不具有通用性、普遍性,甚至可以认为是专为共同实施侵权而提供的;网络服务提供者提供侵权场所的行为始终是整个共同加害行为的有机组成部分。当然,二者的行为也可能表现为作为与不作为的结合,如网络服务提供者与网络用户共谋实施侵权,纵容网络用户利用所提供的网络服务平台发布侵权信息。此时,网络服务提供者同样为实行行为人,其加害方式是"当为而不为"。于此情形下,网络服务提供者提供的场所可以不具备个别性,也就是说,所提供的网络服务具有普遍性或通用性,也可被其他符合设定条件的网络用户实施不侵权活动。与此类似,在帮助侵权规则之下,若网络服务提供者明知网络用户正欲实施侵权,又为其提供了帮助——侵权场所,则与网络用户一起应被视为共同加害人。

3. 网络服务提供者与网络用户共同侵权的案件比较少见

实务表明,以上所推演情形在绝大多数案件中并未成为现实。以网络商标侵权纠纷案件为例,在前述49起涉及网络商标侵权责任的裁判中,只有1件判决判令网络服务提供者承担连带责任[①];另有4件案件中,被侵权人只起诉了一个被告且该被告未被法院认定为网络服务提供者,而是被判令作为侵权货物的销售者承担侵权责任[②]。除去在诉讼中原告放弃或撤回对网络服务提供者追究侵

---

① 上海市第一中级人民法院民事判决书(2011)沪一中民五(知)终字第40号。
② 北京市朝阳区人民法院民事判决书(2014)朝民初字第04714号;北京市房山区人民法院民事判决书(2014)房民初字第03642号;广东省深圳市福田区人民法院民事判决书(2015)深福法知民初字第35号;浙江省杭州市滨江区人民法院民事判决书(2014)杭滨知初字第749号。

权责任的 5 起裁判外，其余 39 件案件法院均以网络服务提供者既不存在侵权的故意和过失，也不存在知晓网络用户侵权后未及时采取必要措施的情形，未判令网络服务提供者与网络用户承担连带责任。这说明实务中网络服务提供者与网络用户构成前文所述的共同侵权的案件十分少见。

在唯一一起判令网络服务提供者就商标侵权承担连带责任的案件中，两审法院均认为，本案中某宝公司对被侵权人多次投诉的解决表明，知道网络用户杜某某存在侵权行为，在此情形下，某宝公司只是被动响应侵权通知，而未采取必要措施制止，继续为其提供网络服务，是对杜某某继续实施侵权行为的放任、纵容，构成共同侵权，应当承担连带责任。二审法院还指出："如果网络服务提供者明知或者应当知道网络用户利用其所提供的网络服务实施侵权行为，而仍然为侵权行为人提供网络服务或者没有采取适当的避免侵权行为发生的措施的，则应当与网络用户承担共同侵权责任。"① 结合该案判决书所援引的裁判依据可知，该案是网络服务提供者与网络用户一起构成共同侵权的典型案例。当然，该案的说理也紧密结合了《侵权责任法》第 36 条第 3 款的规定。

4. 网络服务提供者不易与网络用户成立共同侵权的原因

技术中立和网络服务商业模式本身决定了网络服务提供者与网络用户构成共同侵权的情形比较少见。

商业模式的通用性、普遍性是网络服务产业的重要价值和意义所在。以网络商品交易平台为例，比较商场柜台出租商业模式的优越性在于大大减少了设置实体交易场所以及平台提供者与商品销售者的谈判等方面的成本。网络商品交易平台提供者通常并不与商品销售者进行面对面谈判，而仅仅为商品的交易双方提供虚拟的在线接触机会，因而也不会参与到买卖双方的交易之中。这些特征决定了网络商品交易平台提供者往往不会与作为商品销售者的网络用户之间就销售何种商品、发布何种具体信息进行沟通。因而，即便在网络用户利用网络平台发布侵权商品信息时，也不易认定网络服务提供者与网络用户之间进行了共谋或存在意思联络。由此，网络服务提供者通常不会与实施侵权的网络用户构成共同侵权。

除了网络服务商业模式本身的特性外，技术中立原则也能够较为充分地回

---

① 上海市第一中级人民法院民事判决书（2011）沪一中民五（知）终字第 40 号。

答为什么网络服务提供者较少与网络用户构成共同侵权。尽管技术中立成名于知识产权保护，但技术中立的思想事实上早就在法律上有所体现。譬如，人们日常生产、生活所用的刀具、鼠药等物品，既可被用来便利人们的正常生活，也是常见的侵害他人生命、健康、财产的工具。而按照刑法和侵权法原理，只有这些物品的提供者（制造者或销售者）明知他人欲将此物品做犯罪或侵权之用而提供时，方可认定提供者为共同加害人而承担法律责任。从常见的提供网络商品交易平台服务来看，属于典型的对中立的技术进行中立使用，因而通常不会发生与网络用户共谋而侵害他人合法权益的现象。

客观地说，网络服务提供者虽不一定对网络侵权行为的发生都起到了"显然"的"推波助澜"的作用[1]，却也脱不了干系。于是即便是在美国早期针对著作权的司法和有关官方文件中，也都曾出现过将网络服务提供者等同于传统媒体的主张，要求对其适用严格责任：只要著作权通过网络受到侵害，网络的控制者或提供者就要承担侵权责任。如在1995年美国政府"信息基础设施专门工作组"下属的知识产权工作组公布的题为《知识产权和国家信息基础设施》的报告中，就明确反对以网络服务提供者知晓侵权行为和具有制止侵权行为的能力作为其承担侵权责任的前提。[2] 在花花公子公司诉乔治·福瑞纳（Playboy Enterprises v. George Frena）一案中，美国法院的判决表明，只要信息存储空间中存在侵权作品，提供信息存储空间的行为本身就构成侵权，而无需查明该侵权作品是否由服务提供者自己上传。[3] 这样做自然可以有效保护民事权益，但同时又会妨碍网络技术的运用，窒息网络产业的发展，因为严格责任下的网络服务提供者势必须耗费更多的资源去过滤自认为侵权的内容或者去获得权利人的许可，从而避免承担侵权责任。而当成本高于收益时，必然会遏制面向网络产业的投资。同时，此等严格责任的适用还会妨碍公众在网络空间中享有的表达自由，因为为避免承担侵权责任，网络服务提供者势必会产生"宁可错杀一

---

[1] 张新宝、任鸿雁：《互联网上的侵权责任：〈侵权责任法〉第36条解读》，《中国人民大学学报》，2010年第4期，第20页。

[2] 王迁：《〈信息网络传播权保护条例〉中"避风港"规则的效力》，《法学》，2010年第6期，第130页。

[3] 王迁：《〈信息网络传播权保护条例〉中"避风港"规则的效力》，《法学》，2010年第6期，第130页。

千"的动力。为此,就需要设定一定的条件,以在恰当保护民事权益的同时为技术的发展和运用留下必要的余地。而对于该问题,知识产权法制中已经确立的技术中立的思想又一次发挥了调和的作用。

在知识产权法上,技术中立的思想源自于美国《专利法》对帮助侵权者责任的限制。该法在第271条(c)款规定了"普通商品原则",即在美国许诺销售或销售,或由外国进口,属方法专利重要部分之机器构件、制品组合物或化合物,或实施方法专利权所使用之材料或装置,且明知其是为侵犯该项专利权而特别制作或特别应用的,当上述情形并非作为主要或属不具实体侵害作用之商业上物品时,应负帮助侵权者之责。据此,若许诺销售、销售或进口的构件或商品能被用于侵权的同时还具有合法的用途,则不构成帮助侵权。索尼案中,美国联邦最高法院在著作权领域中运用了这一思想。指出:足够的专有权保护可以要求法院不仅要考虑装置或出版物的实际复制,更要考虑使这种复制成为可能的产品或活动。因而,出售复制设备与出售其他商品一样,如果该产品被广泛用于合法、无争议的目的,那么销售复制装置不构成间接侵权行为。[①] 尽管学者们对索尼案的这一"创举"褒贬不一[②],且该案规则在洛克斯特(Grokster)案中被重新阐释,但技术中立原则是解决因新传播技术的运用所带来的著作权人与社会公众之间的利益紧张关系的有力工具这一基本点并未有任何动摇。若令非仅能用于侵权之技术的提供者承担因他人不当使用该技术而带来的法律后果,就会阻碍新技术的推广运用,制约著作权人的利益向新技术领域扩张,妨碍新技术发展对公共福祉的改善,从而背离知识产权法律制度的要旨;同时,若因向使用该技术从事侵权的特定人提供非仅能用于侵权的技术或向不特定人提供仅能用于侵权的技术,而令提供者承担相应的责任,不但有利于权利的保护,也不会在实质上妨碍新技术的推广。在互联网环境下,当著作权人难以有效控制作品的传播,从而危及其利益时,它们开始归咎新传播技术

---

① 〔美〕墨杰斯等:《新技术时代的知识产权法》,齐筠等译,北京:中国政法大学出版社2003年版,第393页。

② 如张今教授认为索尼案运用专利法上的规则处理著作权间接侵权是有失误的,参见张今:《著作权法上"技术中立"的反思与评析》,《知识产权》,2008年第1期,第75页;王迁教授也指出,从文字表述上看,"实质性非侵权用途"标准是有缺陷的,参见王迁:《P2P软件提供者的帮助侵权责任——美国最高法院Grokster案判决评析》,《电子知识产权》,2005年第9期,第54页。

的提供者——网络服务提供者。而网络服务提供者则多诉诸技术中立原则,"从 Napster 案到 Grokster 案,站在被告席上的网络服务提供者都积极地以索尼案确立的原则为自己辩护,试图免于著作权责任"①。尽管在许多案件中,被告单纯以技术中立进行抗辩最终并未得到法院的支持,但在网络服务提供者承担著作权侵权责任规则的生成过程中,技术中立的原则再一次适时地发挥了限制该责任的作用。如在宗教技术中心诉网通在线通信服务公司(Religious Technology Center v. Netcom On – Line Communication Services)一案中法院就指出:"根据原告的理论,即时服务只是在没有任何人工干预的情况下向其他服务器转发牧师发布的信息,其经营者也要承担责任。这将导致在向其他计算机传送信息过程中涉及的每一台服务器都要承担责任……不能将著作权法解释为使所有这些服务器经营者都成为侵权者。虽然著作权法规定了严格责任,但在本案中,被告的系统只是被第三方用于制作复制件,意志要件和因果关系要件并未得到满足"②。由此,王迁教授指出,该案法院正确地认定,网络服务提供者在没有基于自己的意志实施复制、发行、展示等行为的情况下,不可能构成直接侵权,只可能在知晓侵权内容而不及时删除时构成帮助侵权。

如今,在各主要国家或地区的立法上,都要求网络服务提供者须具备一定的主观意志因素才会承担侵权损害赔偿责任。③ 如日本《关于特定电信服务提供者的损害赔偿责任限制及向服务提供者请求提供传输者信息的法律》(2002年5月27日实施)第3条第1项规定,网络服务提供者在技术上能够阻止传输,而且知道或者应该知道侵权的情况下,应当承担损害赔偿责任。④ 应该说,技术中立原则所发挥的限制作用使得要求网络服务提供者承担侵权责任的做法在保护民事权益的同时为技术的发展留下了空间,迎合了人类社会发展进步的需要。

---

① 张今:《著作权法上"技术中立"的反思与评析》,《知识产权》,2008 年第 1 期,第 72 页。
② 参见王迁:《〈信息网络传播权保护条例〉中"避风港"规则的效力》,《法学》,2010 年第 6 期,第 130 页。
③ 如《侵权责任法》第 36 条第 2、3 款;《条例》第 23 条;我国台湾地区《著作权法》(2009)第 90 条之 5、6、7;《欧盟电子商务指令》第 12 条—14 条;美国著作权法第 512 条等。
④ 〔日〕原有里:《网络服务提供者的损害赔偿责任——以日本法为中心》,《科技与法律》,2004 年第 2 期。

5. 网络服务提供者不具有构成"共同过失侵权"的可能

退一步说，根据学者对共同过失的一般界定，即便认为共同侵权主观要件包含共同过失，也难以成为网络服务提供者连带责任的归咎依据。"所谓共同过失，就是指数人共同实施某种侵权行为时，各行为人对其行为所造成的共同损害结果应当预见或认识，但因为疏忽大意或不注意而致使损害后果的发生。"[①]共同过失要求各行为人对损害结果具有共同的可预见性[②]，这实际上不仅意味着各行为人对自己行为与他人行为相结合的预见或认识，同时更意味着对其他共同行为者主观过失的预见或认识。就后者而言，还意味着对共同侵权事实的具体预见或认识，而非概括预见或认识到有可能发生侵权，这使得共同过失的理解变得很难。而从共同过失侵权责任的行为方面看，十分倚重于实行行为的单一性和唯一性，这样方能归入共同侵权之"一因一果"范畴，而非落入"多因一果"之中。这一点也是认可共同过失者所列举的为数不多的例证的共同之处：如在王利明教授、曹险峰教授所列相约飙车致人损害例中，尽管各行为人分别实施了飙车，但单个人的驾驶行为难以认定为飙车，因而多人相约飙车应当认定为同一行为。在王利明教授所列的二人共抬物件坠落致人损害例[③]、叶金强教授所列之二人共抬一长木穿越马路转过急弯致人损害例中[④]，行为的单一性体现得更为明显。也就是说，认可共同过失侵权者都以各侵权人的"协力行为"为事实基础，若无协力，损害结果不可能发生[⑤]，也只有行为的"协力性"方能对应加害人共同的注意义务。叶金强教授还指出："在共同过失的情形下，数人也是基于一致的意思而为一定的行为，该行为具有导致损害发生的可能性，而行为人却没有能够预见或者没有能够避免该损害的发生。"[⑥]

根据上述界定，要求网络服务提供者就网络用户利用网络实施的侵权事实

---

① 王利明：《侵权责任法研究》（上卷），北京：中国人民大学出版社2010年版，第527—528页。
② 王利明：《侵权责任法研究》（上卷），北京：中国人民大学出版社2010年版，第528页。
③ 曹险峰：《数人侵权的体系构成——对侵权责任法第8条至第12条的解释》，《法学研究》，2011年第5期，第58页；王利明：《侵权责任法研究》（上卷），北京：中国人民大学出版社2010年版，第528页。
④ 叶金强：《共同侵权的类型要素及法律效果》，《中国法学》，2010年第1期，第69页。
⑤ 曹险峰：《数人侵权的体系构成——对侵权责任法第8条至第12条的解释》，《法学研究》，2011年第5期，第58页。
⑥ 叶金强：《共同侵权的类型要素及法律效果》，《中国法学》，2010年第1期，第69页。

有具体预见或认识，或者要使网络服务提供者与网络用户具有侵权的"一致的意思"，实际上等同于为网络服务提供者课加了事前审查义务，而这与当前各界共识并不相符。同样，从行为的单一性来看，基于技术中立原则，在网络用户利用网络实施侵权中，网络用户的作为与网络服务提供者的不作为在性质上明显有别，若将其认为是"协力"而为，则等同于彻底抛弃了技术中立原则，而是将提供网络服务的普遍行为等同于具体侵权行为的一部分。这不仅不符合鼓励网络服务产业发展的立法初衷，也不符合网络服务产业存在的现状。事实上，从叶金强教授排除共同过失覆盖案的类型中，更容易找到网络侵权的定位。叶金强教授排除在共同过失之外的类型包括："基于一致意思而分别实施的场合，与一致意思无关的行为以及与一致意思相关但却属于独立选择而做出的行为之中发生的过失。"① 从网络服务商业模式的普遍性、通用性来看，无论网络服务提供者对网络用户利用网络实施的侵权行为是否有预见或认识，不作为的行为都应当理解为与网络用户分别实施的不同行为。叶金强教授还指出："共同过失的存在需要一个结合点，在那个点上数人共同引发了风险，同时均可以避免而未避免风险的实现。"② 先不论该种情形如何与共同危险行为相区别，单就此结合点而言，往往具有突然性和质变属性，在此结合点出现前后，行为的法律属性呈现出不侵权和侵权两个明显相异的状态。而在网络用户利用网络实施侵权中，并不存在类似的一个结合点，无论网络服务提供者是否已经预见或认识到网络侵权的存在，网络用户的侵权行为都处于连续状态，并不会出现导致网络用户的行为从不侵权状态质变为侵权状态的时空分界点。

（三）网络服务提供者连带责任的基础应是无意思联络的数人侵权

1. 网络侵权符合无意思联络的数人侵权责任的构成要件

从网络侵权的实际和无意思联络的数人侵权责任构成要件来看，网络服务提供者连带责任的法理基础应是无意思联络的数人侵权连带责任。所谓无意思联络的数人侵权，是指二人以上分别实施侵权行为造成同一损害的情形。《侵权责任法》将无意思联络的数人侵权与共同侵权并列规定，既是该法重新构造共

---

① 叶金强：《共同侵权的类型要素及法律效果》，《中国法学》，2010年第1期，第69页。
② 叶金强：《共同侵权的类型要素及法律效果》，《中国法学》，2010年第1期，第69页。

同侵权制度的需要，也是系统设计数人侵权责任的结果。与共同侵权相比，无意思联络的数人侵权责任的特殊性有三：数个侵权人之间没有共同故意；数人侵权造成了同一损害；各侵权人行为之"分别实施"，也有别于《侵权责任法》第8条中的"共同实施"："系指行为人之间不存在任何共同的行为安排，而系各自独立做出自己的行为。"① 结合前文叙述可知，无意思联络的数人侵权连带责任与网络侵权契合的核心在于如何理解网络服务提供者与网络用户侵权行为之"分别实施"。至于没有共同故意，前文已有分析，而对"同一损害"，则显而易见，无须赘言。

准确理解行为之"分别实施"，需要注意到网络侵权发生过程中的阶段性特征。互联网专条规定中"利用网络"一语表达了网络侵权的要害：绝大多数的网络侵权，都是指网络用户在互联网上实施侵害他人民事权益的行为。尽管从事实或观念上来看，在整个网络侵权发生过程中，都有网络服务提供者的参与，但参与并不必然意味着构成侵权。在网络服务提供者不构成侵权的情况下，网络侵权之责任主体便是唯一的，即网络用户；反之，方有数人侵权之说。因而，网络侵权实际上分为两个明显不同的阶段：网络服务提供者不构成侵权的阶段和构成侵权的阶段。只有在后一阶段，才会涉及网络服务提供者承担何种侵权责任的问题。对网络侵权这一阶段性特征的忽视，事实上也是普遍将共同侵权作为网络服务提供者连带责任依据的重要原因。在网络服务提供者构成侵权的阶段中，其与网络用户的行为在法律上也是独立的。这一独立性一方面源于网络用户侵权行为的连续性，不因网络服务提供者是否构成侵权而发生任何变化；另一方面源于网络服务提供者的普遍民事主体地位，即它和其他任何民事主体一样，都负有不侵犯他人合法权益的普遍法定义务。反之，因过错而侵害他人合法民事权益者，应负侵权责任。详言之，若其事前疏于提醒、告知、警示，或在知道其所经营管理的网络空间中存在侵权信息后不履行排除义务，则依法应当承担过错责任。更为重要的是，就其违反法定义务而言，这一"当为而不为"的侵权行为的实施，与网络用户之作为侵权并无法律上的必然关联。一句话，网络侵权中网络用户与网络服务提供者的侵权行为系分别实施。

---

① 叶金强：《解释论视野下的共同侵权》，《交大法学》，2014年第1期，第145页。

2. 网络服务提供者责任不是按份责任

无意思联络的数人侵权还存在按份责任问题，有学者也曾主张网络服务提供者责任应采按份责任。"即网络服务提供者仅需要对自己的行为造成的后果承担自己责任，其责任与网络用户的责任分离。"① 该学者认为，在立法政策上，对网络服务提供者课以连带责任显得过重。应该说，该理由的确充分顾及网络服务产业的发展需要，也较好地顾及网络用户在网络服务产业发展中的"历史创造者"地位。但是，影响法律规范设计的立法政策有许多方面，除了顾及网络产业发展外，还需要兼顾私权保护；为网络服务产业发展留下必要空间，除了归责依据的设计外，尚有避风港规则等特别免责事由。

从侵权法原理上看，则在很大程度上并不支持无意思联络的按份责任主张。无意思联络的数人侵权中，区分按份责任和连带责任的关键是因果关系的类型②，也即是否各侵权行为都足以造成全部损害。尽管学界和实务界对此的理解也不完全一致，但其核心均是每一个行为单独出现均可能造成全部损害；相反的情形是，只有数人行为的结合才能导致全部损害的发生。由此，决定网络服务提供者责任是按份责任还是连带责任，取决于如何理解网络服务提供者在网络用户侵权损害发生的原因力。由上文叙述可知，在判断和分析网络服务提供者对网络侵权损害发生的原因力大小时，同样仅应着眼于网络服务提供者构成侵权的阶段。在该阶段中，不论是网络用户的不作为，还是网络服务提供者的作为，都能够有效终止全部损害的发生；换言之，不论是网络用户的作为，还是网络服务提供者的不作为，都足以导致全部网络侵权损害结果的发生。因此，网络服务提供者的责任，不能是按份责任，而应当是连带责任。

需要强调的是，若从网络侵权损害的发生顺序来看，侵权的发生源于网络用户，网络服务提供者仅仅为其提供了场所，似乎网络服务提供者仅仅起到了部分作用，而非全部。但这种理解很值得商榷。侵权责任虽起因于侵权人的不当行为，但责任追究的落脚点却始终在于被侵权人合法权益的保护。网络服务提供者与其他任何人一样，都负有不侵犯他人合法权益的义务。因提供了网络服务，在技术上具有将具体侵权信息彻底排除出所提供的场所的能力，在其知

---

① 徐伟：《网络服务提供者连带责任之质疑》，《法学》，2012 年第 5 期，第 88 页。
② 程啸：《侵权责任法》，北京：法律出版社 2015 年版，第 381 页。

晓具体侵权信息存在时，有义务将该侵权信息加以排除。而正是网络服务提供者有能力履行而未履行此法定义务，构成了其承担侵权责任的基础。反之，将网络侵权的前述两个阶段混在一起，实质上意味着将单个人侵权责任与数人侵权责任混在了一起，则难免会得出网络服务提供者的行为与侵权损害发生仅具有部分因果关系。

（四）无意思联络的数人侵权规则契合网络侵权立法和司法实际

1. 无意思联络的数人侵权责任更契合司法实务的说理路径

在涉及网络商品交易平台提供者商标侵权责任的绝大多数案件中，无论是原被告诉辩主张，还是法院的认定，都遵循了"三步骤判断法"：首先，网络商品交易平台提供者是否存在与网络用户一起侵犯商标权的共同故意；其次，网络商品交易平台提供者就网络用户商标侵权在事先审查义务方面是否存在主观过失；最后，根据互联网专条，网络商品交易平台提供者在知道网络用户商标侵权后是否及时采取了必要措施。① 这一方面再次表明实务界认为共同侵权的主观要件不仅包括故意，还包括过失；另一方面表明，实务界认为网络服务提供者在过失的情形下应当承担网络侵权责任。需要强调的是，这两个方面并非同一块硬币的两面：根据《侵权责任法》规定，网络服务提供者承担连带责任的法律依据并非仅限于共同侵权；而根据前文对《侵权责任法》数人侵权规则体系的沿革解释，共同侵权的构成须以"共同故意"为必要。也就是说，绝大多数案件表明，司法实务中判断网络服务提供者是否承担连带责任的思路、做法又与《侵权责任法》关于共同侵权的规定难以吻合。

若按照无意思联络的数人侵权规则处理，则上述问题可迎刃而解。数侵权人是否按照无意思联络的数人侵权责任规则承担责任，前提依照《侵权责任法》第6条以及其他有关特殊侵权责任构成的规则判定各行为人是否构成了侵权。因网络侵权属于一般侵权责任，当以《侵权责任法》第6条加以判定。如

---

① 广东省揭阳市中级人民法院民事判决书（2013）揭中法民三初字第31号、广东省深圳市龙岗区人民法院（2013）深龙法知民初字第8号、山东省济南市中级人民法院民事判决书（2013）济民三初字第36号、上海市浦东新区人民法院民事判决书（2013）浦民三（知）初字第629号以及上海市徐汇区人民法院民事判决书（2013）徐民三（知）初字第314号等判决。

此，过错认定不仅包括了网络服务提供者是否就网络侵权存在主观故意，还包括主观过失。至于损害的同一性则在网络侵权中是显而易见的。而从网络服务提供者与网络用户的行为方面看，尽管在观念上似乎具有协力性，但在法律上更宜理解为分别实施：网络用户的侵权虽利用了网络服务，但所利用的网络服务并非仅有协力侵权用途，相反，其基本功能是网络商品服务交易双方沟通、接触、谈判的中介，网络用户将网络服务用作侵权渠道，并没有改变网络服务这一基本属性。正如立法不能仅因某人向实施商标侵权的他人提供了棉花等原材料而判定该人协力完成商标侵权一样，也不能仅因为网络服务被他人用作侵权用途而认定网络侵权系由网络服务提供者协力完成。一句话，在与网络服务提供者没有沟通、共谋的情形下，网络用户的侵权行为系独立而作。在网络服务提供者就网络侵权的发生存在主观过错时，所实施的侵权行为同样具有独立性。这一独立性的根源在于，任何人均负有使他人绝对权不受侵害的法定义务。"此种义务是针对所有人而设定的，其无时不在、无所不在。没有合法的依据或法律上的权利而侵害他人财产或人身，都违反了侵权法所设定的义务。"[①] 提供网络服务者与其他生产要素供给者一样，都负有不侵害他人合法权益的法定义务，若其未尽到合理注意义务，进而在有能力排除网络平台上侵权信息的前提下而未排除，当构成不作为侵权。由是观之，当前司法实务中认定网络服务提供者侵权责任时既要判定其是否存在故意，也要判定其是否存在过失显属必要。

2. 采用无意思联络的数人侵权责任是彰显互联网专条制度价值的必然选择

首先，根据无意思联络的数人侵权规则解决网络服务提供者连带责任问题有助于合理解释互联网专条存在的必要性。尽管从实践来看，网络服务提供者与网络用户在共谋、分工的基础上共同实施侵权行为并非网络侵权的主流，但在网络服务提供者存在与网络用户构成共同侵权时，当然可以而且应当依据共同侵权规则处理。这一裁判依据从《民法通则》至今都是通畅的，更何况，《商标法》已就此予以明确。这样，如果把互联网专条规定的基础和立法初衷还要建立在共同侵权规则之上，则该条规定显属重复立法，浪费司法资源。因而，只有做出如下理解，方能避免出现此不合理结论：互联网专条规定旨在解决网络侵权中网络服务提供者没有帮助的故意，或者说其与网络用户之间没有

---

① 王利明：《侵权概念之研究》，《法学家》，2003年第3期，第70页。

意思联络的侵权责任问题。

其次，根据无意思联络的数人侵权规则解决网络服务提供者连带责任问题可以合理解释避风港规则的性质。自避风港规则被引入我国以来，特别是《侵权责任法》对其做出了原则性规定以来，有关避风港规则究竟属于归责条款还是属于免责条款的争论始终存在。采用无意思联络的数人侵权规则，能够在一定程度上化解这一争论。因无意思联络的数人侵权规则并非独立的请求权基础，各侵权人的侵权责任成立与否，当依《侵权责任法》的责任成立规范确定。[①]具体到网络侵权中，不论是网络用户的侵权责任构成，还是网络服务提供者的侵权责任构成，均应依照《侵权责任法》第6条规定加以认定。换言之，互联网专条规定在网络服务提供者责任成立评价中不应被考虑。在依照责任成立规范认定责任成立后，网络服务提供者还可以其符合《侵权责任法》第36条第2款规定而主张不承担连带责任：并不知道网络侵权存在或者在知道后及时采取了必要措施。反之，若将互联网专条规定作为归责条款适用，则将导致网络服务提供者侵权责任构成要件过于烦琐，被侵权人的举证责任过重，彻底割裂网络侵权与一般侵权的天然联系，架空甚至是根本上否定避风港规则为网络产业发展保留额外自由的创设初衷。

再次，根据无意思联络的数人侵权规则解决网络服务提供者连带责任问题能够对于《侵权责任法》第36条第3款规定中"知道"做出合理解释，充分彰显本条规定的应有价值。从该条规定的演变过程来看，"知道"不能等同于"明知"。若将该条规定理解为归责条款，则因网络侵权都属于一般侵权，便只能将"知道"解释为等同于"过错"。这样，"知道"不仅意味着"明知"，也应包含"应知"，前者对应故意，后者对应过失。但这种理解始终是不能令人满意的：与《侵权责任法》的先进立法技术难以协调，也不太可能符合当前我国的整体立法水平，"《侵权责任法》第36条第3款规定的措辞是非常有分寸的"[②]——也就是说，既然此"知道"就是指"明知和应知"，既然我国采用"明知和应知"的相关立法和司法解释已经存在了十余年，《侵权责任法》完全

[①] 程啸：《侵权责任法》，北京：法律出版社2015年版，第377页。

[②] 杨立新：《〈侵权责任法〉规定的网络侵权责任的理解与解释》，《国家检察官学院学报》，2010年第2期，第9页。

没有理由如此规定以"故意"制造混乱。因而，唯一合理的解释是："知道"就是"知道"，不是归责意义上的"过错"，与"明知""应知"的内涵原本就不相同。也只有这样，互联网专条才有存在的必要性，才能体现出立法者设计这一条文的特殊性。上文将互联网专条归位为免责条款，就具备了将"知道"独立于"过错"的必要前提，顺理成章的做法便是从为何应设定这一免责条款的意义上去探寻"知道"的含义。国内外学界就此均已有过详细探讨。如孔祥俊教授指出："避风港制度的主要目的是以明确规定免责条件的方式，为网络服务提供者拓展行为空间，增强其行为的可预见性，而不是一般性地免除其过错责任。"① 在此共识和立法初衷下，"知道"一词承载了过错之外的重要使命：兼顾网络空间民事权益保护与鼓励网络产业发展。如此，"知道"首先意味着不包含"应知"，同时又要比明知的程度要高。作为过错构成要素的"明知"，是指行为人对其行为侵害他人民事权益的后果要有所认识，但不要求行为人对损害的对象、损害的特定后果有准确认识。质言之，"明知"的内容重在行为发生损害的可能性。免责条件中"知道"内涵的界定，重在否定网络服务提供者"确定、具体知晓"情形下责任的免除。若非如此，难以实现前述立法目的。详言之，一方面，立法及司法实务中已经普遍认可了网络服务提供商不具有事先的信息审查义务。这意味着一般性否定了网络服务提供者就网络侵权存在主观过失，从而也就为网络服务产业发展拓展了行为空间；另一方面，网络服务提供者却不能因此而对网络侵权熟视无睹，导致网络空间成为法外之地，而是要对其知晓的具体的、确定的侵权负担排除的作为义务，亦即知道侵权时，不能免责。如此，方能同时兼顾保护他人合法民事权益的需要。

此外，沿循同样的思路，也能够对《侵权责任法》第36条第2款规定的"通知移除规则"的适用做出合理解释。尽管该款未对"通知"设定条件或门槛，但从网络商标侵权司法实践来看，法院并未一般性地认为，只要被侵权人一经通知，网络服务提供者即负担作为义务，而是从"通知"的内容是否具体、确定等方面来认定网络服务提供者的作为义务。对此，学界也是普遍认可的，但解释的路径又普遍位于该条整体规定之外，无法令人满意。例如：杨立

---

① 孔祥俊：《网络著作权保护法律理念与裁判方法》，北京：中国法制出版社2015年版，第197页。

新教授指出，这主要是为了避免网络服务提供者陷入要么向被侵权人承担侵权责任、要么向被控侵权的网络用户承担侵权责任的两难。① 而若从"知道"的内涵在于"具体知情"出发，则是因为若非"通知"的内容具体、确定，便达不到令网络服务提供者"知道"的要求，当然应当免于承担赔偿责任。这样，互联网专条的规定便具有了统一的基础，逻辑上更为顺畅、连贯。

三、《侵权责任法》网络服务提供者连带责任之检讨

（一）关于网络服务提供者的类型的区分

学者指出，《侵权责任法》第36条的不足之一是未按照提供服务的不同类型对网络服务者进行区分规定，只是笼统地表述为网络服务提供者。"我国《侵权责任法》第36条未区分技术服务提供者与内容服务提供者，而对各类网络服务提供者统一适用相同的规则，显然在逻辑上是不严密的，这也给司法带来了不便，不利于纠纷的解决。……为了更好地发挥法的规范作用，应该借鉴美国、欧盟等外国立法经验"，将网络服务提供者进行具体区分。② "无视网络服务提供者服务的类型，一刀切地规定网络服务提供者承担连带责任，势必加大网络服务提供者的责任，打击网络服务的积极性，损害互联网行业的发展，阻碍信息的传播，从而影响我国文化产业的发展。"③ 我们以为，首先，学者主张应借鉴的国外"先进"立法形成于20世纪末，其分网络服务提供者的不同类型进行立法的模式曾经是优点所在，然而，随着点对点等网络技术的出现，该立法模式曾经的这个优点已经过时④，而且难以适用于这些新的网络产业商业模式。其次，互联网技术的发展变化日新月异，服务形态也在不断丰富，要在提

---

① 杨立新：《〈侵权责任法〉规定的网络侵权责任的理解与解释》，《国家检察官学院学报》，2010年第2期，第7页。

② 刘颖、黄琼：《论〈侵权责任法〉中网络服务提供者的责任》，《暨南学报（哲学社会科学版）》，2010年第3期，第58页。

③ 邓社民：《严厉的法律，举步维艰的网络产业——对〈侵权责任法〉第36条的质疑》，《时代法学》，2011年第4期，第64页。

④ Mark A. Lemley, "Rationalizing Internet Safe Harbors", 6 J. on Telecomm. & High Tech. L. 101, 113 (2007).

供技术服务和内容服务等之间划出清晰的界限已经变得越来越难,"而且随着网络技术的飞速发展和行业服务的不断细化,网络服务提供者的分类也会越来越多,法律也很难预见和全面规定所有的网络服务提供者的行为"①。因此,《侵权责任法》选择不从对服务提供者的类型进行区分的角度而统一从过错的角度出发来规定网络侵权的做法是值得肯定的。

(二) 关于"通知"的形式

《侵权责任法》比较原则地规定了受害人享有"通知"网络服务提供者的权利,但对于"通知"应当具备的形式和通知内容,都未做要求。从私权的观念看,既然法律没有做出特别要求,就应当认为通知是不要式的,权利人可采用的形式包括口头、书面以及电子格式等。当然,正如学者所指出的,因为口头形式的通知不利于证据的保存,也容易事后发生争议,所以,还是应该更多地采用书面和电子形式。

同时,虽然条文对于"通知"的内容也未作要求,但从"通知"所具有的法律后果——对网络服务提供者带来作为义务——上看,应当包括一些必备要素,以便利网络服务提供者义务的履行。学者研究也表明,"在比较法上,大多对通知的内容未作出明确的要求"②。在实践中,可以遵循或类推适用《信息网络传播权保护条例》等的相关规定。《信息网络传播权保护条例》第14条第1款规定,侵犯网络传播权时权利人的通知书应当包含下列内容:权利人的姓名(名称)、联系方式和地址;要求删除或者断开链接的侵权作品、表演、录音录像制品的名称和网络地址;构成侵权的初步证明材料。《计算机网络著作权纠纷解释》第7条第1款规定,著作权人发现侵权信息向网络服务提供者提出警告或者索要侵权行为人网络注册资料时,不能出示身份证明、著作权权属证明及侵权情况证明的,视为未提出警告或者未提出索要请求。据此并结合《侵权责任法》的规定,我们以为,通知书应当包含以下信息:一是受害人的信息,包括姓名或名称、住所、联系方式等;二是构成侵权的初步证据,包括所侵犯的

---

① 张新宝、任鸿雁:《互联网上的侵权责任:〈侵权责任法〉第36条解读》,《中国人民大学学报》,2010年第4期,第19页。

② 王利明:《侵权责任法研究》(下卷),北京:中国人民大学出版社2011年版,第142页。

权利类型及内容、侵权事实存在的证据。除了这两个方面外，有学者还认为应当包括要求采取措施的内容等，否则，将被认为受害人并没有发出有效的通知。① 应该说，该项内容要求有些多余，并可能会对受害人带来不当负担，或产生新的争议，如关于网络服务提供者是否实施了受害人所要求的特定措施的问题等；而且，更为重要的是，《侵权责任法》对网络服务提供者作为义务的内容已经通过列举加概括的方式做出了明确要求。这些措施的衡量标准也是清晰的，即是否防止了损害的扩大，因而，不可强制性要求通知书的内容应当包括希望采取的措施。

（三）关于错误"通知"与"反通知"

根据《侵权责任法》的规定，"通知"具有引起网络服务提供者作为义务的法律效力，网络服务提供者在收到权利人的通知后，就产生了采取必要措施以制止侵权的法定义务，若其不履行，就要与网络用户一道承担连带责任。然而，权利人的"通知"之"侵权"的最终确定尚需日后有权机关的裁决。其中，难免会出现这样的情形：一方面网络服务提供者在收到"通知"后通过"取下"中断了有关网络服务；另一方面，该行为所依据之侵权事实经过有权机关裁决最终认定本不存在。创立"通知取下"程序的美国的一项研究就表明，在被取下的内容中，至少有30%在法律上是值得怀疑的。② 更为重要的是，在后一种情形下，网络服务提供者需要就其行为对网络用户造成的损害承担相应赔偿责任，而"通知"者却无须承担任何责任，这一结果明显是不公正的。因此，为确保通常的网络服务和信息流动不受不当干扰，确保权利义务对等，立法需要对"通知"者设定相应的伴随义务，即其应当对"通知"的真实性负责。对此，《侵权责任法》没有规定，在实务中，可参照其他立法加以完善。《信息网络传播权保护条例》第14条第2款规定了权利人应当对通知书的真实性负责，第24条规定了权利人通知错误时应承担的责任，即因权利人的通知导致网络服务提供者错误删除作品、表演、录音录像制品，或者错误断开与作品、

---

① 王利明：《侵权责任法研究》（下卷），北京：中国人民大学出版社2011年版，第142页。
② Jennifer M. Urban & Laura Quilter, Efficient Process or "Chilling Effects"? Takedown Notices Under Section 512 of the Digital Millennium Copyright Act, 22 *Santa Clara Computer&High Tech. L. J.* 621（2006）.

表演、录音录像制品的链接,给服务对象造成损失的,权利人应当承担赔偿责任。《计算机网络著作权纠纷解释》第8条规定:网络服务提供者经著作权人提出确有证据的警告而采取移除被控侵权内容等措施,被控侵权人要求网络服务提供者承担违约责任的,人民法院不予支持。著作权人指控侵权不实,被控侵权人因网络服务提供者采取措施遭受损失而请求赔偿的,人民法院应当判令由提出警告的人承担赔偿责任。我国台湾地区《著作权法》第90条之11规定:"因故意或过失,向网络服务提供者提出不实通知或回复通知,致使用者、著作权人、制版权人或网络服务提供者受有损害者,负损害赔偿责任。同时,对于其他义务主体,也可设定对应的权利。在此方面,《信息网络传播权保护条例》规定网络服务对象享有反通知权利的做法值得肯定[①],它将诉争交给了"侵权人"和"被侵权人"去解决,从而保障了正当的网络经营,有学者将其称为"反提示规则"[②]。另外,立法还可规定网络服务提供者享有要求"通知者"提供财产担保的权利,"当接到通知的网络服务提供者难以认定通知事项是否构成侵权而担心承担违约责任时,有权要求通知发出人提供相应的担保,以便要求其承担因错误通知而导致的赔偿责任"[③]。

综上,我国《侵权责任法》下的网络服务提供者责任制度尚有一些需要完善之处,从而构建起比较理想的避风港规则。

[①] 《信息网络传播权保护条例》(2006年)第16条。
[②] 王竹:《侵权责任法疑难问题专题研究》,北京:中国人民大学出版社2012年版,第42页。
[③] 张新宝、任鸿雁:《互联网上的侵权责任:〈侵权责任法〉第36条解读》,《中国人民大学学报》,2010年第4期,第22—23页;另有学者对该权利作出了较为详细的解读,参见王竹:《侵权责任法疑难问题专题研究》,北京:中国人民大学出版社2012年版,第43页。

第四章 违反安全保障义务的责任

第一节 违反安全保障义务概述

一、违反安全保障义务责任的概念与特征

安全保障义务,是指宾馆、商场、银行、车站、娱乐场所等公共场所的管理人或者群众性活动的组织者所负有的保障他人人身和财产安全的注意义务。[①] 由此,所谓违反安全保障义务的责任,就是指上述公共场所的管理人或群众性活动的组织者违背安全保障义务造成损害应承担的责任。法释〔2003〕20号司法解释第6条最早规定了我国法上的安全保障义务:"从事住宿、餐饮、娱乐等经营活动或者其他社会活动的自然人、法人、其他组织,未尽合理限度范围内的安全保障义务致使他人遭受人身损害,赔偿权利人请求其承担相应赔偿责任的,人民法院应予支持。"在此基础上,《侵权责任法》首次在我国法律上明确了安全保障义务。与法释〔2003〕20号司法解释规定相比,《侵权责任法》第37条规定的不同之处在于:严格限制了负担安全保障义务的情形,即仅限于宾馆等公共场所的管理人和群众性活动的组织者;简化了责任判定标准,使得过错进一步客观化;扩大了损害范围,将财产损害纳入了违反安全保障义务责任的负担范围之内。很明显,《侵权责任法》对于我国法上的安全保障义务做出了重新规定,替代了法释〔2003〕20号司法解释第6条,后者不再适用。

违反安全保障义务责任具有如下特点:首先,它是典型的不作为侵权责任。

[①] 程啸:《侵权责任法》,北京:法律出版社2015年版,第458页。

即责任人负有公共场所安全保障义务，有能力履行而未履行。需要说明的是，此安全保障义务的性质如何、源自何处，学界存在不同看法。有附随义务说、法定义务说等不同主张。前者认为，安全保障义务是合同法上的附随义务；后者主张该义务是特定场所经营者或活动组织者负有的法定义务，其中又有侵权责任法层面的法定义务说。[①] 另有观点主张该两说均不足以全面解释安全保障义务的性质，它是一个需要根据具体情形加以研判的问题。[②] 本书认为，尽管安全保障义务的履行可能针对特定的关系人或交易关系的一方当事人，但其本质上就是一种法定义务；至于其可能与合同附随义务发生的竞合，不会影响到此义务的法定性。将此义务界定为法定义务，也是《侵权责任法》在合同法及民法一般原理之外再行规定违反安全保障义务责任的必要性所在。其次，它是一种特殊身份侵权责任。换言之，只有法律明确规定的特殊主体，方能构成此项责任。上文已述，这里的特殊主体或特殊身份者即为法定公共场所的管理人和群众性活动的组织者。

二、违反安全保障义务责任的立法例

从比较法上看，各主要国家法律中对于安全保障义务都未做出一般性规定。所谓安全保障义务，源于法院判例。一般认为，安全保障义务来自德国法上的"交往安全义务"。《德国民法典》施行之初，德国法院就确立了交往安全义务，认为它是一种开启或维持特定危险状态者所负担的、保障第三人免受损害的义务。起初，它只针对对保护措施的不作为，后来发展为针对作为的责任。德国学者认为，作为该种义务标志的"交往"，实际上来源于德国旧刑法关于轻微违法行为之构成要件。"交往"与特定场所有关，且可能产生危险。[③] 法国也是经由判例确立了类似的"保安义务"。最初，该义务只适用于合同法领域，后来，法院又将其拓展到了侵权法领域，即受害人可直接向负有保安义务者提出

[①] 最高人民法院侵权责任法研究小组：《中华人民共和国侵权责任法条文理解与适用》，北京：人民法院出版社 2016 年版，第 271 页。

[②] 程啸：《侵权责任法》，北京：法律出版社 2015 年版，第 460 页。

[③] 〔德〕埃尔温·多伊奇、汉斯－于尔根·阿伦斯：《德国侵权法》，北京：中国人民大学出版社 2016 年版，第 119 页。

赔偿请求。日本法的对应制度是该国最高裁判所 1975 年所创立的"安全照顾义务",与法国的情况类似,该制度也是经由合同法领域逐步扩张到侵权法领域。①

由此可以说,我国《侵权责任法》的规定在立法形式上具有一定开创性。

第二节 违反安全保障义务责任的构成

一、违反安全保障义务责任的归责原则

根据《侵权责任法》第 37 条规定,违反安全保障义务责任应当适用过错原则。然而,对此过错的认定,学界略有分歧。杨立新教授主张:"对于违反安全保障义务侵权责任的过错认定,应当采用过错推定原则。"② 王利明教授主张,它是一种特殊的过错责任:"违反安全保障义务责任的认定采客观标准,即以安全保障义务的违反来认定过错。"③ 应该说,两说的差异不仅是表述上的,不同的主张在适用中会给受害人带来明显不同的影响。采用推定过错的方法,实际上意味着举证责任的倒置,有利于受害人;采用客观过错认定方法,意味着受害人需要证明责任人的安全保障义务内容及其未适当履行的情况。本书认为,在《侵权责任法》第 37 条过错客观化的事实基础上,采用推定的方法认定过错,有利于保护受害人合法权益,同时,也不会给安全保障义务负担者带来明显不同的负担。因为无论哪种情况下,安全保障义务负担者均有证明已经适当履行了安全保障义务以免责的需要。

---

① 王胜明:《中华人民共和国侵权责任法解读》,北京:中国法制出版社 2010 年版,第 189—190 页;王利明:《侵权责任法研究》(下卷),北京:中国人民大学出版社 2011 年版,第 164—166 页。
② 杨立新:《侵权责任法》,北京:法律出版社 2010 年版,第 275 页。
③ 王利明:《侵权责任法研究》(下卷),北京:中国人民大学出版社 2011 年版,第 158 页。

二、违反安全保障义务责任的构成要件

（一）公共场所管理人或群众性活动组织者未尽到安全保障义务

从《侵权责任法》的规定看，这一点既是行为要求，同时也意味着责任人存在过错。在具体判定时，需要明确安全保障义务人的范围、安全保障义务的内容两个基本内容，唯有如此，方能进一步判断是否尽到了安全保障义务。

首先，安全保障义务人的范围。尽管在立法过程中存在不同意见，但从立法条文来看，包括两类人：一是宾馆、商场、银行、车站、娱乐场所等公共场所的管理人。在认定时，需要注意条文中的列举不具有穷尽性，还应当包括与上述公共场所性质相似的公园、餐厅等以公众为服务对象或允许不特定公众进入的场所的管理人。二是群众性活动的组织者。典型的如体育比赛、演唱会、展销会等活动的组织者，在认定时，同样应当注意其面向公众性或开放性，是否为公众进入设置了条件在所不问。

其次，安全保障义务的内容。有观点指出，安全保障义务主要是要求义务人必须采取一定的行为来维护他人的人身或财产免受损害。[①] 另有观点指出，包括"物"的方面的安全保障义务和"人"的方面的安全保障义务，前者是义务人对其所能控制的物件的安全性所负有的义务；后者是义务人应当配备人员为保障参与者安全。[②] 还有观点从场所责任和组织者责任两个方面进行了分析。[③] 以上主张从不同角度阐释了安全保障义务，并无本质不同。本书认为，无论依照上述哪种主张，在确定安全保障义务内容时，都要以管理者或组织者所开展活动的场所的公共性、开放性特征来把握。也就是说，凡是允许公众进入的场所，管理者或组织者都负有保障其人身或财产免受损害的义务。至于损害的发生源于物的固有危险性，还是因环境变化临时具有的危险性，甚至是场所的公

---

① 王胜明：《中华人民共和国侵权责任法解读》，北京：中国法制出版社2010年版，第192页。
② 最高人民法院侵权责任法研究小组：《中华人民共和国侵权责任法条文理解与适用》，北京：人民法院出版社2016年版，第271页。
③ 详见王利明：《侵权责任法研究》（下卷），北京：中国人民大学出版社2011年版，第181—188页。

众性所形成的危险,都无关紧要。

最后,管理人或组织者未尽到安全保障义务的判断。因立法并未明确安全保障义务是否尽到的判断标准,因而需要结合具体情况加以判定。从当前主要研究来看,形成了法定标准、理性人(善良管理人)标准、针对未成年人的特别标准等综合性衡量标准。① 应该说,这种做法实际上结合了义务来源,或者说主要从义务来源来判定是否违反安全保障义务,具有相当的合理性和广泛的灵活性。但是,义务来源毕竟不同于义务的违反,是否尽到了安全保障义务,可以结合场所的特征和服务对象采用合理信赖标准,只要进入场所者可以合理地期待管理者或组织者应采取必要的防范措施保护其人身和财产安全而未采取者,即可认定未尽到安全保障义务。此外,对于突发性或临时性危险造成的损害,要考虑管理者或组织者已经尽到的防范措施,不能采取结果判定。

(二) 对相对人造成了损害

违反安全保障义务责任的构成,需要对相对人造成了人身或财产损害。这里的损失,应当是现实的损害,不包括期待利益损失。另外,这里的相对人是相对于公共场所的管理人或群众性活动的组织者而言的。对此,主流观点均认为,他们之间应当存在某种关系:"安全保障义务所保护的对象与安全保障义务人之间应存在某种关系……实践中哪些人属于保护对象应根据具体情况判断。"② 也有论著指出,义务人与相对人之间常常存在较为紧密的关系,包括缔约磋商关系、合同法律关系、存在已经履行完毕的合同关系以及"义务人因其先行的行为而与受保护人进入其他的较为密切的关系"③。"他人"指安全保障义务人及其工作人员之外的人,不以存在合同关系为限。④ 本书认为,尽管常见的"他人"是与安全保障义务人存在或建立法律关系之人,但从立法精神以及

---

① 杨立新:《侵权责任法》,北京:法律出版社 2010 年版,第 276—277 页;最高人民法院侵权责任法研究小组:《中华人民共和国侵权责任法条文理解与适用》,北京:人民法院出版社 2016 年版,第 273 页;王利明:《侵权责任法研究》(下卷),北京:中国人民大学出版社 2011 年版,第 175—178 页。
② 王胜明:《中华人民共和国侵权责任法解读》,北京:中国法制出版社 2010 年版,第 192 页。
③ 最高人民法院侵权责任法研究小组:《中华人民共和国侵权责任法条文理解与适用》,北京:人民法院出版社 2016 年版,第 273 页。
④ 程啸:《侵权责任法》,北京:法律出版社 2015 年版,第 466 页。

安全保障义务的来源看，相对人的范围应做广义解释，包含了凡是进入上述场所或活动现场内的一切人。此外，立法之所以没有对他人的范围做出规定，是因为实践中此类情况较为复杂，争议很大，如不以订立合同为目的进入商场或以违法犯罪行为为目的进入公共场所者是否为《侵权责任法》第37条规定的"他人"等。① 而事实上，安全保障义务是法定义务，设置该义务的法理基础在于危险控制；就公共场所或群众性活动所应控制的风险而言，将"他人"限定为具有"某种关系"的人并没有多少道理，而且，实践中也不易区分，反而容易造成法律适用上的不统一。

（三）损害与未尽到安全管理义务存在因果关系

损害与违反安全保障义务之间存在因果关系是该责任成立的另一个要件，但就此因果关系的判断，学界上提出了不同的标准。杨立新教授主张，对于人身损害事实，适用相当因果关系说；对于财产损失事实，适用直接因果关系说。② 王利明教授主张，应区分是否存在直接侵权人（第三人侵权——笔者注）而使用不同标准：没有直接侵权人时，直接认定因果关系存在；存在直接侵权人时，只要义务人违反义务的行为对结果的发生起到了一定的作用，就认定有因果关系存在。本书认为，这里因果关系判断，如果说有特殊性，只在于该侵权是典型的不作为侵权，因而在判断方法上有一定的特殊性，但在判断标准上，没有特殊性。

第三节 违反安全保障义务责任的承担

一、责任主体

违反安全保障义务责任的主体是宾馆、商场、银行、车站、娱乐场所等公共场所的管理者和群众性活动的组织者。对其认定，前文已有叙述，此处不再赘述。

---

① 王胜明：《中华人民共和国侵权责任法解读》，北京：中国法制出版社2010年版，第192页。
② 杨立新：《侵权责任法》，北京：法律出版社2010年版，第279页。

二、责任范围

关于责任范围,主要涉及第三人侵权时会在多大程度上影响到违反安全保障义务者的责任问题。而在没有第三人侵权时,则违反安全保障义务者的责任范围以他人所受损害为准。当然,在受害人对于损害的发生也有过错时,得相应地减轻违反安全保障义务者的责任。鉴于此,下文主要就第三人侵权时安全保障义务人的责任范围略作说明。

《侵权责任法》第37条第2款规定:"因第三人的行为造成他人损害的,由第三人承担侵权责任;管理人或者组织者未尽到安全保障义务的,承担相应的补充责任。"第三人侵权时,管理人或组织者是否要承担责任,应当以其是否尽到安全保障义务为依据,而且,所承担的只是补充责任。这一点非常类似于劳务派遣中派遣单位所承担的责任。也就是说,这里的补充责任,既具有程序上的意义,也具有实体上的意义:程序上以要求侵权第三人承担责任为必要;实体上以其所安全保障义务的违反为限度。

第五章 教育机构学生损害责任

第一节 教育机构学生损害责任概述

一、教育机构学生损害责任的概念与特征

（一）概念与规范构成

所谓教育机构学生损害责任，是指无民事行为能力人和限制民事行为能力人在幼儿园、学校和其他教育机构学习、生活期间遭受人身损害时，教育机构依法应当承担的赔偿责任。

《侵权责任法》之前，我国规范教育机构学生损害责任的规定主要有：《民通意见》第160条（受损害者为"无民事行为能力人"）、法释〔2003〕20号司法解释第7条（受损害者为"未成年人"）。在此基础上，《侵权责任法》通过第38条、第39条、第40条三个条文对教育机构学生损害责任做出了明确规定。首先应当明确的是，《侵权责任法》的这些规定取代了此前立法和司法解释的规定。同时，在理解和适用新的规定时，要注意明确新规定的变动之处。典型的是：对无民事行为能力人和限制民事行为能力人的损害责任进行了分别规定，设置了不同的归责原则；在损害因第三人侵权所致时，减轻了教育机构的责任；在损害非因第三人所致时，加重了教育机构的责任。对此，下文在责任构成部分将详述。

（二）特征

教育机构学生损害责任具有如下特征：

1. **责任主体的特殊性。**该类责任的主体限于幼儿园、学校或其他教育机构。其中,其他教育机构的认定范围较广,以对无民事行为能力人或限制民事行为能力人提供教育服务为评价依据,包括特殊教育机构、培训机构等。同时,教育机构作为责任主体的特殊性还表现在其性质具有公益性。尽管有些民办教育机构不排除盈利的性质,但就未成年人教育成长而言,也具有公益性的一面。公益性的特点决定了不宜让教育机构就学生损害承担过重的责任。①

2. **责任对象的特殊性。**该类责任的承担对象为在教育机构学习、生活的无民事行为能力人和限制民事行为能力人。而对于具有完全民事行为能力人在教育机构受到损害的救济,则不适用教育机构学生损害责任的规定。

3. **它是一种特殊的安全保障义务责任。**尽管具有公益属性,但教育机构负有监督、管理、教育在校学生的法定义务,负有防止在校学生遭受第三人不法侵害的法定义务。由此,教育机构是控制学生校园损害危险发生的适当主体。因而,它是一种特殊的安全保障义务责任。言其特殊,是在于提供服务内容的特殊性及由此决定的机构性质的特殊性,不同于娱乐场所等其他公共场所。

二、教育机构学生损害责任与其他相关责任

无民事行为能力人和限制民事行为能力人在教育机构学习、生活期间遭受人身损害的发生原因多种多样,既可能源于教育机构工作人员执行工作任务,也可能源于同一教育机构内其他学生行为,还可能源于教育机构占有、使用、管理的物件损害。因而,在教育机构学生损害责任的认定中,可能会牵涉到其与用工者责任、监护人责任以及高度危险责任、物件损害责任等其他类型责任的交叉,需要根据具体情况分析。

---

① 张新宝:《侵权责任法原理》,北京:中国人民大学出版社 2005 年版,第 314 页。

(一) 与用工者责任

教育机构学生损害责任与用工者责任存在明显不同,主要是:归责原则不同;责任对象不同;责任的基础不同等。① 但实践中,也可能发生竞合。在学生的损害是由教育机构的教职人员或其他工作人员执行工作任务中所引起时,教育机构作为用工者理应承担《侵权责任法》第34条规定的用工者责任。同时,学生的损害发生在学习和生活中,教育机构依法可能也需要承担《侵权责任法》第38条、第39条规定的责任。本书认为,该种情况下受害人具有选择权,既可以要求教育机构承担用工者责任,也可以要求其承担教育机构学生损害责任。

(二) 与物件损害责任

教育机构学生损害责任与物件损害责任的不同主要表现在:归责原则不同;责任主体不同;保护的权益范围不同等方面。② 但实践中,当学生遭受的人身损害系由教育机构占有、管理或使用的危险性物品或物件所致时,就会发生二者的竞合。与前述思路一样,在竞合时,受害人也具有选择权,既可以要求教育机构承担相应高度危险责任或物件损害责任,也可以要求其承担教育机构学生损害责任。

(三) 与监护人责任

教育机构学生损害责任与监护人责任的主要区别是:归责原则不同(过错责任为主/无过错责任);保护对象不同(未成年人/遭受未成年人侵害的他人);责任性质不同(自己责任/替代责任);责任发生的时空受限不同(受限/不受限)等方面。③ 但实践中学生遭受人身损害系由同一教育机构的其他学生所引起时,就会涉及教育机构学生损害责任与监护人责任如何适用的问题。此时,遭受损害的学生有权同时要求加害人的监护人以及教育机构分别依照《侵权责任法》的对应规定承担责任。同时起诉的,二者应当依法承担按份责任。

---

① 王利明:《侵权责任法研究》(下卷),北京:中国人民大学出版社2011年版,第206页。
② 王利明:《侵权责任法研究》(下卷),北京:中国人民大学出版社2011年版,第207页。
③ 王利明:《侵权责任法研究》(下卷),北京:中国人民大学出版社2011年版,第204—205页。

程啸博士的实证研究表明,法院通常会要求教育机构承担更大比例的责任。[①] 应该说,实践中的这种做法在一定程度上弥补了未成年人在校学习、生活期间监护人事实上不能完全履行监护义务、教育机构依法又不承担监护义务之间的现实情况,是值得赞许和肯定的。

第二节 教育机构学生损害责任的构成

一、教育机构学生损害责任的归责原则

总体上说,教育机构学生损害责任适用过错原则,但《侵权责任法》针对受损害学生的民事行为能力不同、是否存在第三人侵权进行了区别对待。从民事行为能力区别的角度看:当受害人是无民事行为能力人时,教育机构承担过错推定责任,即只要学生受到了损害,即推定教育机构未尽到教育、管理职责;而在受害人是限制民事行为能力人时,则适用一般的过错原则,受害人只有证明教育机构存在教育、管理职责履行方面的过错时,方能要求教育机构承担责任。应该说,这种区别对待较好地吻合了教育机构应当对无民事行为能力人尽到较高管理、教育义务的现实需要,也很好地兼顾了无民事行为能力人受害时基于其年龄、心智等方面原因而难以举证的实际。

从第三人侵权的角度看,只要存在第三人侵权,立法均不再区分受害人是无民事行为能力人还是限制民事行为能力人,只要求教育机构承担过错责任,而且是补充责任。同时,在过错认定上,只评价教育机构是否尽到了管理职责,不再考虑是否尽到了教育职责。应该说,这一区分很契合实际:学生在校学习、生活期间受到第三人侵权时,只可能与教育机构的管理职责有关,而与教育职责是否尽到并无关联。实践中,此管理职责的认定,不仅面向受害学生,而且面向教育机构这个特殊场所。不难看出,这和《侵权责任法》第37条规定第三人侵权时安全保障义务人所承担的责任十分相似。

---

① 程啸:《侵权责任法》,北京:法律出版社2015年版,第472页。

二、教育机构学生损害责任的构成要件

（一）无民事行为能力人或限制行为能力人在教育机构学习、生活期间受到了人身损害

在认定该项要件时，需要注意如下方面：首先，受损害者不仅包含了未成年人，也包括因精神健康状况而不具有完全民事行为能力的成年人。其次，此处的损害仅限于人身损害，不包含财产损失。再次，损害应当发生在其在教育机构学习、生活期间。其中，教育机构的认定前文已有叙述。"学习、生活期间"应做广义理解，范围上以教育机构实际教育、管理期间为准。从场所上看，不仅包含教育机构固有场所，还应涵盖教育机构为履行教育职责而在时空上的延伸场所，如游览、参加社会实践的整个过程中。当然，学生脱离教育机构的上下学途中，一般不应认定为在此处的学习、生活期间。

（二）教育机构未尽到教育、管理职责

该项条件，既涉及行为要件，也等同于过错要件。准确认定该项条件，取决于如何把握教育、管理职责。就教育职责而言，通常包括不得采取法律所禁止或违背常理的教育惩戒方法以及向学生就日常安全进行教育的义务。就管理职责而言，涉及的内容比较繁杂，除了学生活动的日常管理外，还包括教学设施安全、危险教学用品或器材规范管理、饮食安全、安保制度及突发事件的应急制度等。在实践中，还应结合《未成年人保护法》《教育法》等法律法规的规定加以认定。

三、第三人侵权时教育机构的学生损害责任

（一）第三人侵权的构成要件

根据《侵权责任法》第 40 条之规定，第三人构成侵权，需要具备如下条件：（1）加害人为教育机构以外的人员。一般是指与教育机构不存在用工关系

的人员。实践中，可能涉及家长及其他人员。需要注意，无论第三人进入教育机构是否经过了许可，都不能改变其不属于教育机构人员的性质。（2）存在加害行为。这是第三人侵权构成的行为要件，既可以是作为形式，也可以是不作为形式。前者容易理解，如积极的加害行为；后者则主要涉及进入教育机构的其他人员未尽到物件管理职责而导致损害发生。（3）第三人就其加害依法应当承担侵权责任。具体认定时，要根据第三人侵权行为的性质和类型，按照《侵权责任法》的相关规定加以判定：若其加害属于一般侵权行为，则意味着其需要就其加害存在过错；若其加害属于物件损害等特殊侵权行为，则意味着其在不具备法定免责事由时即需要承担侵权责任。（4）学生受到损害。这里的损害，不仅包含人身损害，也包含财产损失。（5）学生所受损害与第三人加害行为之间存在因果关系。

（二）第三人侵权时教育机构的责任构成与承担

尽管《侵权责任法》第40条规定第三人侵权时应由其承担侵权责任，但在教育机构未尽到管理职责时，需要承担相应的补充责任。由此，第三人侵权时教育机构的责任成立需要具备如下要件：（1）第三人构成侵权。（2）教育机构因未尽到管理职责而存在过错。（3）教育机构未尽到管理职责的行为与学生损害之间存在因果关系。

在教育机构责任成立时，其依法仅应当承担与其过错相应的补充责任。对此，前文已有叙述，此处不再赘述。

第六章 产品责任

第一节 产品责任概述

一、产品责任的概念和特征

自人类进入工业社会后,各种各样的产品成了除自然意义上的食品之外人类生活、生存维系的重要依托。因生产、销售、使用产品造成的损害及其救济问题相应的也成了侵权责任制度中不可或缺的一部分。

立法上看,《民法通则》第122条首次规定了我国的产品责任。此后,《产品质量法》对产品责任进行了详细的规定。在此基础上,《侵权责任法》第五章对产品责任进行了专门规定。这些法律规范构成了当前我国产品责任的基本法律框架。学界在《侵权责任法》之前,关于产品责任,有"产品质量责任""产品质量不合格致害责任"以及"产品侵权行为"等不同称谓。对其定义,学说上也略有分歧,主要有:"产品责任是指产品生产者、销售者因生产、销售缺陷产品致使他人遭受人身伤害、财产损失或有致使他人遭受人身、财产损害之虞而应承担的赔偿损失、消除危险、停止侵害等责任的特殊侵权责任。"[1]"产品责任,是指因产品有缺陷造成他人财产、人身损害,产品制造者、销售者所应承担的民事责任。"[2] 所谓产品责任,"是指因产品缺陷造成他人的财产或人身损害,产品的生产者和销售者对受害人承担的严格责任"[3]。"产品责任,

---

[1] 杨立新:《侵权责任法》,北京:法律出版社2010年版,第298页。
[2] 张新宝:《侵权责任法》,北京:中国人民大学出版社2010年版,第244页。
[3] 王利明:《侵权责任法研究》(下卷),北京:中国人民大学出版社2011年版,第225页。

是指缺陷产品造成他人损害时，该缺陷产品的生产者、销售者应当承担的侵权责任。"① 本书认为，最后一种定义简明扼要，更为可取。产品责任具有如下特征：

（一）产品责任是产品缺陷的致害责任

《侵权责任法》中的产品责任，不是泛指所有因产品购买、使用而导致的法律责任的总和，而是特指因产品存在缺陷造成他人损害时依法应承担的侵权责任。致害的根本原因在于产品存在缺陷，不包括因产品质量不符合约定的要求或难以满足购买者的合理期待所引起的责任，或将产品作为违法行为的实施工具而致他人损害时所应承担的责任。

正确理解产品责任，需要将其与产品（物）的瑕疵担保责任、产品质量责任区别开来。一般认为，产品的瑕疵担保责任是违反合同的民事责任，它的发生源于出卖人所出卖产品不符合合同的约定或法律的规定。而对于产品质量责任的界定，学说上有一定分歧，有观点认为："产品质量责任是指生产者、销售者因为产品质量不符合国家有关法规、质量标准以及合同规定的对产品适用、安全和其他特征的要求，给用户造成损失应承担的民事责任、行政责任和刑事责任。"② 另有观点认为："产品质量责任是指产品的生产者、销售者违反产品质量法规定的产品质量义务及应当承担的法律后果。"③ 尽管学界普遍认为产品质量责任是一种综合责任，但就此处所引两说而言，尚有一定区别：前者的范围宽于后者，单从字面看，后者仅源于违反产品质量法规定的义务；而前者还可及于合同约定的责任，也就是说，包含了瑕疵担保责任和产品责任。为清晰对比上述三种责任之不同，本书采用后者主张：将产品质量责任限缩在违反产品质量法规定的义务而承担的法律责任。据此，产品责任与产品质量责任的主要区别有：首先，责任性质和责任形式不同。产品责任是侵权责任，责任形式主要为损害赔偿责任；产品质量责任为综合责任形式，包括了民事责任、行政

---

① 程啸：《侵权责任法》，北京：法律出版社2015年版，第481页。
② 王利明：《侵权责任法研究》（下卷），北京：中国人民大学出版社2011年版，第230页；相似主张还可参见王先林：《经济法》，北京：北京大学出版社2016年版，第263页。
③ 黄飞：《产品责任与产品质量责任的区别及适用》，《天津大学学报》（社会科学版），1999年第2期，第128页。

责任和刑事责任。其次,责任产生的基础和依据不同。产品责任的产生基础为缺陷产品致损,追究依据主要是《侵权责任法》;产品质量责任的基础在于违反了产品质量法的强制性规定,责任追究依据主要是产品质量法,涉及刑事责任的,还包括了《刑法》。同样,产品责任与产品瑕疵担保责任也存在区别:瑕疵担保责任是违约责任,相应的,责任形式上也与产品责任存在不同;瑕疵担保责任的发生须以存在合同关系为必要,但产品责任的发生并无该要求;此外,瑕疵与缺陷的定义也不同。广义上的瑕疵既包含了产品不符合法定要求,也包含了产品不符合约定要求,认定依据主要是《产品质量法》第 40 条、《消费者权益保护法》第 40 条第 1 款、第 48 条以及《合同法》的相关规定;而产品缺陷的认定依据主要是《产品质量法》第 46 条。

当然,产品责任与产品质量责任也可能存在交叉,如因产品不符合国家标准而致购买者人身受损害时,便同时落入了两种责任的规范范畴。同样,若采用广义的瑕疵标准,则产品瑕疵担保责任与产品责任也会发生竞合。

(二)产品责任是一种特殊的侵权责任

产品责任本质上是物件致害责任,即在产品致人损害时,致害产品的生产者、销售者就此损害承担责任[①],因而它是一种特殊的侵权责任。从立法上看,《侵权责任法》在一般侵权规则之外对产品责任进行了专门规定,并在归责原则、责任成立要件等方面均做出了特殊安排,因而不同于一般侵权责任。当然,产品责任与传统的物件致害责任也存在一定区别:传统民法中物的致害责任,是由物的所有人或管领人来承担责任的;而产品责任致害中,缺陷产品的所有人往往是被侵权人、请求权人,责任人是致害缺陷产品的生产者、销售者。换言之,产品责任是生产者、销售者主要面向物的所有人或管领人承担的侵权责任。

二、产品责任的演进及立法例

有专家指出,产品责任经历了一个从合同责任向侵权责任、从过错责任向

---

① 杨立新:《侵权责任法》,北京:法律出版社 2010 年版,第 299 页。

无过错责任的发展过程。① 早期，产品责任的基础主要是合同。合同法理论主要通过出卖人对产品质量应负明示和默示担保责任来解决产品致害赔偿的问题。但其局限性是明显的：一旦因产品所受损害者超越了合同当事人的范围，基于合同的相对性，受害人就难以依据合同获得救济；同时，能基于合同理论弥补的损害，往往也仅限于合同标的本身，对于因产品存在缺陷而导致购买人固有利益的损害，也无法救济。因而，如果说在早期大工业尚未普及、产品技术含量较低、产品尚较匮乏的背景下，合同还能够为产品责任提供基础，那么，随着工业的进步，在产品固有风险增大、缺陷产品致害事例频发时，突破合同的相对性，使得缺陷产品的受害者能够直接向该产品的生产者取得赔偿，便具有了必要性。在此背景下，学界和实务界选择了通过侵权法理论为缺陷产品的受害人提供救济，并逐步确立了适用于产品责任的无过错原则。迄今，世界各主要国家和地区的立法多对产品责任进行了专门规定。

《法国民法典》为该国缺陷产品责任提供了基本法律依据。在买受人因缺陷产品受损时，生产者或销售者应当依据《法国民法典》的规定承担契约责任。而当第三人因缺陷产品受损时，基于合同的相对性，只能根据《法国民法典》第1382条或第1383条规定要求生产者或销售者承担过错侵权责任。在此模式下，第三人需要证明产品存在缺陷，且生产者或销售者存在过错，因而寻求救济困难重重。为此，学界主张应当将第三人受害责任的依据建立在《法国民法典》第1384条第1款之上，要求生产者或销售者承担无过错责任。但因该条适用的对象在于致害物的实际管理、使用或控制人，而在缺陷产品中，生产者或销售者往往不具备此身份等多种原因，此主张起初并未得到法国法院的支持。其后，学者将物的管理人划分为结构管理人和行为管理人，并认为生产者是为缺陷产品的结构管理人，因而，可以依据第1384条第1款承担侵权责任。从实际情况看，此说得到了一定的成功。因此，从受害人救济角度看，法国的缺陷产品责任总体上比较杂乱。而且，现有资料表明，法国对于如何履行欧共体《关于协调成员国产品责任法律法规的指令》规定的义务，尚待观察。②

在德国，产品责任法分为德国产品质量法和欧盟产品责任法。前者系在

---

① 王利明：《侵权责任法研究》（下卷），北京：中国人民大学出版社2011年版，第232页。
② 张民安：《现代法国侵权责任制度研究》，北京：法律出版社2007年版，第253—266页。

《德国民法典》第823条第1款的基础上经由司法实践所发展起来的。尽管该款的宽泛规定涵盖了因缺陷产品受害者的赔偿请求权,但该款规定适用于产品责任时面临的最大问题即为举证责任如何分配。若按照传统的谁主张谁举证规则,则在工业化生产模式下,受害者的赔偿请求权事实上多会因不可能完成的举证而落空。为化解此困境,德国法院自"鸡瘟案"始做出举证责任倒置的安排:有缺陷产品之制造者若不能证明其对致害缺陷没有过错,就需要对该缺陷所致损害承担赔偿责任。学者指出,德国法院的这种实践意味着由此开始适用无过错责任或危险责任原则。① 基于1985年欧共体《关于协调成员国产品责任法律法规的指令》,德国于1900年1月1日施行了《瑕疵产品责任法》。按照该法规定,生产者有义务就产品上的缺陷所导致的损害后果进行赔偿。尽管存在两种产品责任,但二者在适用范围上有一定区别,《瑕疵产品责任法》调整的范围要比《德国民法典》产品责任来得窄。

20世纪后半叶以降,为应对实践中出现的一些大规模缺陷产品事故,产品责任,亦即日本法中所称的制造物责任逐渐形成。它是指因由制造者制造通过零售商等出售的商品(制造物)有瑕疵,使消费者、利用者以及其他人的身体、生命、财产蒙受损害时,由制造者、销售者等所负的赔偿责任。② 在最初的缺陷产品损害赔偿诉讼中,裁判依据是《日本民法典》第709条,而且在责任主体上,还曾涉及了公共管理部门依据《国家赔偿法》的责任,因而,诉讼的焦点集中在过失及因果关系的认定方面。在经历了近四十年探索后,至20世纪末(1995年),日本出台了《制造物责任法》。该法为民法特别法,按照规定,除品质损害以外的扩大损害③,都依据该法追究制造物责任。该法的特殊性在于责任原理从民法上的制造者过失责任变更为制造物缺陷责任,这一转变的根本鲜明价值在于过失判断发生了由主观向客观的彻底转变,因而便利了被害人救济。④

相比较大陆法的产品责任在整个侵权责任体系中并没有十分突出的地位,

---

① 〔德〕瓦尔特·罗兰德:《德国及欧盟产品责任法》,陈戈译,《中德法学论坛》,2005年第3辑,第29页。
② 于敏:《日本侵权行为法》,北京:法律出版社2015年版,第517页。
③ 品质损害一般是指因商品价值的下降而造成的损害,不同于应产品自身存在缺陷而引起的损害。
④ 于敏:《日本侵权行为法》,北京:法律出版社2015年版,第527—530页。

美国法的产品责任已经成为"一个重大的法律部门",并对世界主要工业国家产品责任立法产生了深远影响。[①] 学者甚至指出:"在过去的50年里,侵权法中最引人注目的发展都与制造者和供应商为缺陷产品造成的损害承担责任相关。"[②] 美国法学会《第三次侵权法重述:产品责任》分四章对产品责任做出了系统的说明,主要内容涵盖产品缺陷的分类及归责原则、售后行为责任、非因产品缺陷致害责任、责任分配制度等。

第二节 产品责任的构成

一、缺陷产品损害赔偿责任的归责原则

关于产品责任的归责原则,各国多经历从合同责任到过失责任再发展到现在的无过错责任的过程。[③] 我国《民法通则》规定产品责任时,就采用无过错责任原则。该法第122条规定:因产品质量不合格造成他人财产、人身损害的,产品制造者、销售者应当依法承担民事责任。运输者、仓储者对此负有责任的,产品制造者、销售者有权要求赔偿损失。1993年制订并于2000年修订的《产品质量法》对产品质量责任进行了更为详细的规定。同时,将生产者、销售者责任依据分置于不同的法条之中。该法第41条第1款规定:"因产品存在缺陷造成人身、缺陷产品以外的其他财产损害的,生产者应当承担赔偿责任。"第42条规定:"由于销售者的过错使产品存在缺陷,造成人身、他人财产损害的,销售者应当承担赔偿责任。""销售者不能指明缺陷产品的生产者也不能指明缺陷产品的供货者的,销售者应当承担赔偿责任。"第43条规定:"因产品存在缺陷造成人身、他人财产损害的,受害人可以向产品的生产者要求赔偿,也可以

---

① 张岚:《产品责任发展史上的里程碑:评美国法学会〈第三次侵权法重述:产品责任〉》,《法学》,2004年第3期,第118页。

② 〔美〕小詹姆斯·A.亨德森等:《美国侵权法:实体与程序》,王竹等译,北京:北京大学出版社2014年版,第443页。

③ 王胜明:《中华人民共和国侵权责任法解读》,北京:中国法制出版社2010年版,第210页。

向产品的销售者要求赔偿。属于产品的生产者的责任，产品的销售者赔偿的，产品的销售者有权向产品的生产者追偿。属于产品的销售者的责任，产品的生产者赔偿的，产品的生产者有权向产品的销售者追偿。"在《侵权责任法》制定过程中，关于产品责任应适用何种归责原则，虽看法不一①，但该法关于归责原则的规定和《产品质量法》基本是一致的。

对于《侵权责任法》上所确立的缺陷产品损害赔偿责任的归责原则，学界主要基于对销售者适用何种归责原则的不同理解，形成了一元说和二元说两种主张。一元说者指出，不但生产者适用无过错责任原则，销售者也应适用无过错原则。学者分别从《侵权责任法》体系解释的角度和政策合理性两个方面阐明了理由。从体系解释来看，《侵权责任法》第43条的规定表明生产者和销售者之间是连带责任，销售者不能基于不存在过错而进行抗辩，受害人也无需就其有过错承担举证责任；《侵权责任法》第44条的规定表明第三人的原因也不能使得销售者免责，体现了销售者承担无过错责任的特点；《侵权责任法》第42条第1款规定的"销售者的过错"是从追偿角度所说的过错，与该法第43条第3款中"销售者的过错"一样，都只是从追偿角度所说的过错，而不涉及归责原则的内容。② 从政策合理性角度看，销售者承担无过错责任便于受害人求偿，体现了保护消费者权益的立法精神，有利于销售者对产品质量的监督管理。③ 另有学者指出，《产品质量法》没有改变《民法通则》的立场，《侵权责任法》专章规定产品责任，仍然坚持无过错责任立场；无过错责任能够兼顾救济权利、补偿损失与惩罚侵权的功能；无过错责任原则合乎国际立法趋向。④ 还有学者从赔偿责任是否面向受害人的角度认为，无论销售者是否有过错，只要产品存在缺陷造成人身、他人财产损害，受害人向销售者要求赔偿的，销售者

---

① 王胜明：《中华人民共和国侵权责任法解读》，北京：中国法制出版社2010年版，第210—211页。

② 王利明：《侵权责任法研究》（下卷），北京：中国人民大学出版社2011年版，第240—241页；高圣平："产品责任归责原则研究"，《法学杂志》，2010年第6期，第11—12页。

③ 王利明：《侵权责任法研究》（下卷），北京：中国人民大学出版社2011年版，第241—242页；程啸：《侵权责任法》，北京：法律出版社2015年版，第485页。

④ 杨立新：《侵权责任法》，北京：法律出版社2010年版，第311—312页。

必须予以赔偿，因而认为，销售者也适用无过错责任。①

二元说者认为，我国有关产品责任的立法，采取了产品责任的二元归责原则，即既适用无过错责任原则，也适用过错责任原则，但以无过错为主导的归责原则。该学者进一步指出，无过错原则适用于生产者和销售者的直接责任以及生产者的最终责任，过错原则适用于销售者、运输者、仓储者及中间供货人的最终责任。②另有学者认为："产品责任实行的无过错责任原则是指生产者或者销售者对受害人承担的责任而言，属于中间责任，在对外承担责任后进行内部追偿即通常所谓最终责任的追究时，对于销售者则使用过错责任原则。"③此外，在对《产品质量法》的规定进行研究中，学者在对比了《民法通则》与《产品质量法》的规定之后主张生产者适用无过错原则，而销售者适用过错原则。④

可见，对于生产者适用无过错原则，没有争议。按照《侵权责任法》第41条的规定，只要产品存在缺陷造成了他人损害，在法定可以减轻或免除责任事由之外，无论生产者主观上是否存在过错，都要承担侵权责任。分歧主要在于如何看待《侵权责任法》销售者承担损害赔偿责任的归责原则上，也就是如何看待《侵权责任法》第42条和第43条规定的问题。本书以为，从《产品质量法》到《侵权责任法》，有关缺陷产品致害责任立法目的的多元性导致条文之间逻辑关系不是很清楚，从而为学界的分歧制造了空间。从体系来看，《侵权责任法》第41条规定了生产者责任，第42条规定了销售者责任，这是明确的。若单从这两个条文来看，则归责原则是清楚的，即对生产者适用无过错责任，对销售者适用过错责任。但根据该法第43条第1款的规定，因产品存在缺陷造成损害的，被侵权人可以选择生产者、销售者进行追偿，并在第43条第2、3款以及第44条分别规定了生产者、销售者赔偿之后的追偿权。由此导致学界的分歧，而且两种观点都有其合理性。一元说的法律依据是将第43条作为了确立归责原则的依据，而将其余条文，特别是将第42条作为生产者承担损害赔偿责

---

① 周新军、容缨："论我国产品责任归责原则"，《政法论坛（中国政法大学学报）》，2002年第3期，第70—71页。
② 张新宝：《侵权责任法》，北京：中国人民大学出版社2010年版，第254—255页。
③ 姚建军：《侵权责任法视野下产品责任问题研究》，《人民司法》，2012年第5期，第21页。
④ 孔祥俊：《民商法热点、难点及前沿问题》，北京：人民法院出版社1996年版，第101—114页。

任之后的追偿依据。而在二元说中，则分不同层面，先后并分别将第43条、第42条作为确定销售者所适用的归责原则依据。

但也应该看到，这两种学说都存在一定的不合理性。按照一元说的立论依据，则面临的问题是第41条规定的意义和价值何在？换言之，若第43条确立了归责原则，第42条和第44条具有相同的地位和功用，那么第41条不但略显多余，而且还会造成与第43条第2款之间的内在不和谐。一方面，从对生产者归责来看，第41条和第43条第1款的功用是相同的。另一方面，从第43条、第44条来看，产品缺陷的来源存在这样两种可能，要么是生产者造成的，要么是销售者或第三人过错造成的。若仅限于这样两种情况，则依据第42条、第43条、第44条，完全可以解决责任归咎和追偿的问题。但实践中还可能有一种情况，就是缺陷不是生产者造成的，而是发生在运输、流通环节，但销售者或第三人对此无过错，若此时销售者已经承担了损害赔偿责任，则又能否向生产者追偿呢？若从第43条第2款来看，似乎不能，因为该款明确追偿的前提是"产品缺陷由生产者造成的"，但若依据第41条，则似乎又是可以追偿的，因为只要"因产品存在缺陷造成他人损害的"，生产者就"应当承担侵权责任"。在此意义上，不难看出，第41条和第43条第2款是存在一定的不协调的。二元说虽然通过将销售者责任分为直接责任和最终责任，在一定程度上避免了按照一元说解释可能导致的上述不合理，而且对销售者依据不同法律规范所承担的责任进行区别对待也符合立法现状，但归责原则的实质是强调行为人承担责任的依据和基础，为责任归咎和对行为人的责难提供正当性依据。体现在过错责任中，正当性在于侵权人存在过错，而在无过错的情况下，则主要在于危险。不论哪一种情形，一定侵权行为发生之时，所对应的责任归属的标准和依据就已经确定。而二元说分别于不同的责任实现阶段，选择适用不同的归责原则，表面上看来都有直接的法律依据，但其理论上的问题是：（1）在销售者责任的不同实现阶段，对其非难的标准为何是不一样的？（2）对销售者适用无过错原则的正当性何在呢？（3）在此直接责任（或中间责任）的意义上，销售者和第三人在侵权法上的地位本无不同，立法为何不对第三人的责任也进行两个层面的规定呢？应该说，这些疑问是值得考虑的。

我们还以为，若从条文顺序上看，似乎也能得出第三种解释：（1）第41条、第42条明确了生产者、销售者损害赔偿责任的归责原则；第43条第1款着眼点不在于法律责任的归咎，而在于提供了被侵权人获得救济的便利选择，使其能够及时获得赔偿。正如有学者所指出的，本条规定是为了解决被侵权人因产品存在缺陷造成损害后，往往不清楚这一缺陷究竟是谁造成的，因此也就不知道应当向谁请求赔偿这一问题的。"本条从方便被侵权人维护自己合法权益的角度出发，规定了被侵权人请求赔偿的两个途径。"① （2）第43条第2、3款以及第44条明确的内容是与缺陷产品进入流通领域关联者之间应当如何分担责任的规则。若此，则归责原则便是清楚的，即销售者承担过错责任。该种理解并非没有道理。一如前文所述，归责原则本质上是面向侵权人的，而非首先是面向被侵权人的，它解决的问题是为何要让侵权人承担损害赔偿责任的问题，而不是如何对被侵权人进行救济的问题。同时，从《侵权责任法》的体系来看，第43条第1款所使用的语言表达也和《侵权责任法》中确立归责原则的条款的用语是有明显区别的。在后者的情形下，多数使用了"应当承担侵权责任"的表述，少数情形下使用了"由"某人或某单位承担侵权责任的表述。因而，有理由认为，第43条并非旨在确定归责原则。而且，从《侵权责任法》中已有的四个表达了被侵权人"可以向""也可以向"某个主体请求赔偿的内容的条文来看，《侵权责任法》第59条显然与第43条保持了一致，而同时又与第68条、第83条进行了区别。当然，学者对与第43条第1款表述最近似的一个条文，即《侵权责任法》第59条规定的理解，可以看出学者对于该种表达的理解始终是不一致的。如有专家指出，第59条规定的是严格责任，"其主要目的在于保护受害患者的人身权益"②。"在医疗机构代为承担责任的情况下，也是无过错责任，但是其承担责任后获得对生产者的追偿权。"③ "选择医疗机构承担医疗产品损害责任，须证明其具有过失。"④ 此外，尽管有专家强调了参与立法的学者对产品责任适用无过错归责原则始终如一的立场，但从《民法通则》到《产品质量法》的表述演变来看，这一立场从条文文义演变的客观事实上来说，是有所动摇的。《民法通则》第122条规定，因产品质量不合格造成他人财产、人身损害的，产品制造者、销售者应当依法承担民事责任。运输者、仓储

---

① 王胜明：《中华人民共和国侵权责任法解读》，北京：中国法制出版社2010年版，第224页。
② 王利明：《侵权责任法研究》（下卷），北京：中国人民大学出版社2010年版，第412页。
③ 张新宝：《侵权责任法》，北京：中国人民大学出版社2010年版，第239页。
④ 杨立新：《侵权责任法》，北京：法律出版社2010年版，第454页。

者对此负有责任的，产品制造者、销售者有权要求赔偿损失。《产品质量法》第41条、第42条在规定生产者、销售者"应当"承担责任上显然是有所区别的。这表明立法者在对销售者归责的依据上是有意识改变的，而《侵权责任法》相关规定和《产品质量法》没有实质区别。重要的是，该解释还避免了对销售者责任先后适用两个不同归责原则的问题。

当然，该解释下还存在一个需要研究的问题：若被侵权人只选择起诉销售者，那么销售者的责任成立要件是要根据第43条确立，还是要根据第42条确立？依据第42条来确定责任构成要件，则是没有疑问的。同时，结合第43条其余两款，不难看出，也可以依据第43条来确立，否则便不存在承担赔偿责任之后向生产者追偿的问题，而是最终责任。这样，便出现了一个不太符合常规认识的问题，即就销售者承担的缺陷产品致害责任而言，责任构成要件和归责原则无法严格对应。因为，"一般来说，归责原则是确定责任构成要件的基础和前提，也就是说，有什么样的归责原则就有什么样的构成要件"[1]。侵权责任的构成要件，则是判断行为人是否应当负侵权责任的标准。[2] 侵权责任的构成要件是对立法和司法实践的高度概括，也是对归责原则的系统阐述。[3] 但也应该看到，归责之核心要义在于基于何种价值判断因素而将损害转嫁由原因者承担，它是为责任成立与否寻求依据，同时又不以责任的成立为最终目的。"归责原则并非确定具体的责任以及如何承担责任的构成要件。"[4] 上文已述及，《侵权责任法》第43条第1款并非确立了归责原则，而是旨在便利被侵权人及时获得赔偿而做出的特殊安排。因而，无过错的销售者在被选择请求赔偿时，承担的责任实质上具有先行垫付的性质，不具有任何的非难性，"也就是说，没有责任的生产者或者销售者，对因缺陷产品而引起的赔偿请求，预先替对方垫付了赔偿费用"[5]。因而尽管被侵权人获得赔偿也需要符合法律规定的条件，但可以说这与对生产者或销售者适用何种归责原则无关。

---

① 王利明：《侵权责任法研究》（上卷），北京：中国人民大学出版社2010年版，第298页。
② 王利明：《侵权责任法研究》（上卷），北京：中国人民大学出版社2010年版，第297页。
③ 张新宝：《侵权责任法原理》，北京：中国人民大学出版社2005年版，第48页。
④ 王利明：《侵权责任法研究》（上卷），北京：中国人民大学出版社2010年版，第198页。
⑤ 王胜明：《中华人民共和国侵权责任法解读》，北京：中国法制出版社2010年版，第224页。

二、产品责任的构成要件

学者普遍认为,产品责任的构成,需要具备产品存在缺陷、损害以及因果关系三个要件。①

(一) 产品存在缺陷

《侵权责任法》对何为产品以及何为产品缺陷没有做出界定。对它们的认定,需要遵照其他法律法规的规定。

1. 关于产品。根据《产品质量法》,产品是指经过加工、制作用于销售的产品。实践中,产品须符合如下要求:必须是用于销售的;必须进入了流通领域;必须经过加工处理。需要注意的是,根据《侵权责任法》第59条关于医疗产品责任的规定,此处的产品还包括医疗机构使用的"不合格的血液"。

2. 关于缺陷。根据《产品质量法》规定,缺陷是指产品存在危及人身、他人财产安全的不合理的危险;产品有保障人体健康和人身、财产安全的国家标准、行业标准的,是指不符合该标准。由此,产品缺陷的判定,包含两个标准:一是"不合理危险标准",另一是"国家标准和行业标准"。

对于不合理危险的判定,实践中要结合产品的一般用途、使用方式、外观或包装标示、结构以及材料特征等方面综合判断。不合理危险来自于产品本身,而非其使用方式的不当或正常变质。换言之,产品在正常使用状况下存在未向消费者警示或提醒的致害危险。

对于缺陷的这一二重标准,有观点认为,有时会造成当事人在参照标准时无所适从。典型的情形是,即使产品符合国家标准和行业标准,但也可能存在不合理的危险。该主张并非没有道理。国家标准和行业标准的确可能未涵盖特定产品的全部安全性能指标。本书认为,对于《产品质量法》中所规定的判定产品缺陷的国家标准和行业标准的解读,应当从目的解释,即此项规定的目的

---

① 王利明:《侵权责任法研究》(上卷),北京:中国人民大学出版社2010年版,第242—260页;杨立新:《侵权责任法》,北京:法律出版社2010年版,第312—315页;张新宝:《侵权责任法》,北京:中国人民大学出版社2010年版,第248—254页。

旨在便利产品缺陷的判定。若不符合国家标准和行业标准，即可认定为存在缺陷，无需再行考查是否具有不合理危险；而若符合国家标准和行业标准，则还需要判定是否存在其他不合理的危险，若存在，则同样应当认定产品存在缺陷。此外，国家标准属于质量管理问题，与产品责任规范发挥作用的领域并不相同，因而符合国家标准与产品是否存在缺陷并不一一对应。

我国相关立法也没有对缺陷的种类进行细化。学界一般认为，缺陷包括制造缺陷、设计缺陷、警示缺陷和跟踪观察缺陷四种类型。制造缺陷是指在产品制造过程中，因各种原因导致的产品不符合设计要求，从而使得产品存在危及人身、他人财产安全的不合理危险。制造缺陷可能存在于单个产品之中，也可能存在于一类产品之上。设计缺陷是指因产品设计方案不合理而导致依此制造的产品存在危及人身、他人财产安全的不合理危险。产品设计方案是制造的基本依据，因而若设计方案本身不合理，则所导致的产品缺陷将出现在依此制造的一类产品之上。警示缺陷，有学者将其称为营销缺陷，一般是指生产者没有提供警示与说明，或者没有提供适当的警示与说明，致使产品在使用、储运等情形具有不合理的危险。[①] 这一类型的产品缺陷存在的前提是产品本身的高危性，也就是说，在不当使用、储运时会产生危及他人人身、财产安全的危险。有学者认为，这是产品存在的固有的不合理危险。[②] 对此我们认为其范围偏窄。危险是固有的，但并非都是不合理的，相反，有些危险则是合理的。其中还涉及危险的程度问题，即一般危险和高度危险。有学者指出，警示缺陷所针对的只是一般危险，而对于高度危险产品致害，因其属于危险物品，因而，不再适用产品责任的规定，而应当适用高度危险作业侵权责任的规定。[③] 所谓跟踪观察缺陷，是指产品投入流通以后，生产者和销售者负有继续跟踪观察的义务，生产者和销售者未适当履行该义务，致使未及时消除产品在使用中发现的危及他人人身、财产安全的不合理危险。《侵权责任法》第46条对此缺陷予以法律确认，该条规定："产品投入流通后发现存在缺陷的，生产者、销售者应当及时采取警示、召回等补救措施。未及时采取补救措施或者补救措施不力造成损害的，

---

① 张新宝：《侵权责任法》，北京：中国人民大学出版社2010年版，第251页。
② 王利明：《侵权责任法研究》（下卷），北京：中国人民大学出版社2010年版，第250页。
③ 杨立新：《侵权责任法》，北京：法律出版社2010年版，第322页。

应当承担侵权责任。"

（二）缺陷产品致人损害

缺陷产品致人损害，是指缺陷产品对产品的使用人或第三人造成人身、财产权益方面的损害。其中，人身损害通常指对他人的身体权的损害，如生命权、健康权等，而对于他人人格利益造成的妨碍或侵犯，则不属于此处所指的人身损害的范畴。财产损害首先是指缺陷产品对使用人或第三人的财产造成了损害，如有缺陷的煤气罐爆炸对使用人及其相邻住户的房屋造成了破坏；而是否包括缺陷产品本身的损害，则有不同意见。《产品质量法》采纳否定的做法，该法第41条明确规定，因产品存在缺陷造成人身、缺陷产品以外的其他财产损害的，生产者应当承担赔偿责任。我们以为，虽然缺陷产品本身的损害，可通过合同来解决，但基于该缺陷产品往往已经是使用人的合法财产，因而，将其一并纳入缺陷产品所造成的损害之中，也是合理的。从便捷解决纠纷、保护使用人的角度出发，这样做也是有必要的。同时，也可以从立法的沿革中得到支撑，《侵权责任法》在产品责任的规定中大量沿袭了《产品质量法》的相关规定，却对《产品质量法》中损害的这种排除保持了沉默。因此可以说，《侵权责任法》在缺陷产品致害的范围上，改变了《产品质量法》的规定，将缺陷产品本身的损害纳进来。一句话，财产损害既包括缺陷产品之外使用人或第三人的其他财产损害，也包括了缺陷产品本身的损害。

（三）缺陷产品与损害之间存在因果关系

缺陷产品与损害之间存在因果关系，是指产品的缺陷与他人所受损害之间存在引起与被引起的客观联系。换言之，他人所受之损害是由于缺陷产品导致的结果。而且，引发损害的产品缺陷是固有的，不是源于使用人或消费者的行为。例如，使用人擅自改变产品结构，导致出现不合理危险造成损害的，不应由生产者、销售者承担责任。

在因果关系的举证责任上，现行立法没有做出明确的特别规定。也就是说，还是应当适用谁主张谁举证的一般原则，遭受损害者应当证明存在以上三个事实，否则，难以获得损害赔偿。但有专家指出："产品责任是一种特殊的侵权，考虑到用户、消费者与生产者之间存在信息上的不对称，特别是对于高科技产品致害原因不易证明等特点,通常要求生产者就缺陷不存在,或缺陷与损害之间不存在因果关系举证。"[1] 此主张虽有一定道理,但不能在现行有关法律的规定中找到直接的依据。相关规定有二:一是 2002 年 4 月 1 日起施行的最高人民法院《关于民事诉讼证据的若干规定》(以下简称《民事诉讼证据规定》)第 4 条第 6 项的规定,因缺陷产品致人损害的侵权诉讼,由产品的生产者就法律规定的免责事由承担举证责任。二是《产品质量法》第 2 款规定产品责任免责事由。结合这两规定,不难发现,产品责任免责的前提是责任已经构成,这就意味着产品存在缺陷是既定的客观事实。生产者若能举证此缺陷的不可归咎性,方可免责。显然,这并不意味着该两个规定将产品责任成立的某个要件的举证责任特别科加于生产者之上。

第三节 产品责任的承担

一、产品责任的承担方式

(一) 赔偿损害

赔偿损害是产品责任中最基本的侵权责任方式,它是指因产品缺陷造成他人损害的,生产者或销售者依法应当向被侵权人进行赔偿。对于应当赔偿的项目或内容,《产品质量法》第 44 条有明确规定。《侵权责任法》第 19 条、第 20 条、第 22 条也在一般意义对于侵权损害赔偿的问题进行了规定。这样,就存在依据哪个规定作为赔偿依据的问题。我们认为,尽管《产品质量法》第 44 条具有特别规定的性质,《侵权责任法》虽未专门针对产品责任的赔偿做出规定,但是新法。因而,一般情况下,应当根据《产品质量法》的规定进行确定,若在具体案件中,适用《侵权责任法》的规定更有利于被侵权人,则应当适用《侵权责任法》的规定。如《产品质量法》中并未涉及精神损害赔偿,而《侵

---

[1] 王胜明:《中华人民共和国侵权责任法解读》,北京:中国法制出版社 2010 年版,第 216 页。

权责任法》第 22 条有关于精神损害赔偿的一般规定,因而,在符合本条规定的情形下,因产品缺陷遭受精神损害的被侵权人可以请求精神损害赔偿。

(二) 排除妨碍、销售危险等责任

《侵权责任法》第 45 条规定:"因产品缺陷危及他人人身、财产安全的,被侵权人有权请求生产者、销售者承担排除妨碍、消除危险等侵权责任。"这是生产者、销售者承担排除妨碍、消除危险等责任形式的直接依据。同时,该条在责任形式上采用了开放式的立法模式,也就是说,除了排除妨碍、消除危险责任外,《侵权责任法》以及其他法律法规明确规定的责任形式,只要对受害人有利,原则上受害人都可以选择主张。如在缺陷产品造成财产损害的情况下,被侵权人可以依据《产品质量法》第 44 条第 2 款的规定,主张恢复原状或者折价赔偿等责任。其中,所谓排除妨碍,是指排除缺陷产品对他人人身、财产安全的妨碍。消除危险,是指消除缺陷产品可能给他人人身或财产造成损害的危险。根据《侵权责任法》规定,排除妨碍、消除危险责任的适用,以产品缺陷足以危及人身、财产安全为前提,但如何认定"危及",立法上并未明确。有观点主张,必须从宽掌握,以实现立法目的。[①] 本书赞同该主张,而且认为,"危及"的判定标准,应当突出客观化。《产品质量法》对"缺陷"的界定本身已经表达了危险性,此危险性的存在,就是相对人身、财产安全而言的,因而,只要证明了产品缺陷的持续存在,就应当认定达到了"危及"的标准。

(三) 惩罚性赔偿

惩罚性赔偿也称惩戒性赔偿,是加害人给付受害人超过其实际损害数额的一种金钱赔偿,是一种集补偿、惩罚、遏制等功能于一身的赔偿制度。[②] 《侵权责任法》第 47 条确立了我国的产品责任惩罚性赔偿制度。根据该条规定,适用惩罚性赔偿,需要具备如下条件:(1) 生产者、销售者具有主观故意,即明知产品存在不合理的危险,仍然生产、销售,对于缺陷产品会造成的危及他人人

---

① 最高人民法院侵权责任法研究小组:《中华人民共和国侵权责任法条文理解与适用》,北京:人民法院出版社 2016 年版,第 324 页。

② 王胜明:《中华人民共和国侵权责任法解读》,北京:中国法制出版社 2010 年版,第 233 页。

身严重损害的结果持放任的态度。(2) 被侵权人遭受严重人身伤害。产品责任中的惩罚性赔偿不适用于财产损害,也不适用于程度较轻的人身伤害,只有造成了他人死亡或健康严重受损的损害结果,被侵权人才能请求惩罚性赔偿。(3) 被侵权人所受之严重人身损害与生产、销售缺陷产品之间具有因果关系。换言之,被侵权人死亡或健康严重受损是因侵权人生产、销售缺陷产品所造成的。

对于惩罚性赔偿的数额标准,《侵权责任法》第47条进行了一定程度的限定,即被侵权人有权请求"相应的"惩罚性赔偿。实践中对"相应的"这一标准的把握,需要注意两点:一是其他法律的明确规定。二是个案的侵权事实及惩罚性赔偿的制度功能。一般在个案中要由人民法院结合主客观两个方面的事实来确定,还要顾及惩罚性赔偿制度之威慑功能的发挥。正如有学者所言:"这里的相应,主要指被侵权人要求的惩罚性赔偿金的数额应当与侵权人的恶意相当,应当与侵权人造成的损害后果相当,与对被侵权人威慑相当,具体赔偿数额由人民法院根据个案具体判定。"①

二、产品责任的承担主体

关于产品责任主体的立法模式,有单一主体模式和双重主体模式之分。前者以欧盟为代表,其将产品责任的主体仅规定为生产者;后者则以美国为代表,其将生产者和销售者都作为责任主体。我国《侵权责任法》的规定采用了双重主体的模式。

(一) 生产者

《产品质量法》《侵权责任法》都没有对生产者的概念做出规定。简单地说,生产者是指制造产品的自然人和单位。学者认为,从范围上讲,生产者包括最终产品的生产者、原材料的生产者和零配件的生产者,还包括在产品上标示名称(或姓名)、商标或其他标识的人。② 该理解也有比较法上的依据,《欧共体产品责任指令》(85/374号)有类似规定。事实上,在我国法中,对生产

---

① 王胜明:《中华人民共和国侵权责任法解读》,北京:中国法制出版社2010年版,第236页。
② 王利明:《侵权责任法研究》(下卷),北京:中国人民大学出版社2010年版,第267页。

者做出如此宽泛的界定，从保护受害人的产品责任立法旨意来看，实际意义并不大。一方面，现代社会，许多产品的生产，动辄涉及成千上万个零部件，发生产品侵权后，选择向有缺陷的零部件的生产者主张责任，相对产品的最终生产者而言，并不具备多少优越性，被侵权人不容易，事实上也没有必要证明零部件存在缺陷。另一方面，从被侵权人救济角度看，不突出产品的零部件生产者责任，也不会导致侵权责任最终分担上的不公平，因为在产品的最终生产者与零部件生产者之间，往往具有直接的合同关系。因而，产品的最终生产者在向被侵权人承担责任后，可令零部件生产者承担违约责任或瑕疵担保责任。

至于在产品上标示名称（或姓名）、商标或者其他标识，足以表彰自己是生产者的，之所以令其承担生产者责任，一方面源于履行法定标识义务的推定；另一方面在于用户基于所标识内容而生信赖。因而，通常情况下，生产者包括：最终产品的实际制造者以及在产品及其包装上标示其名称或姓名、商标或其他符号，足以表明产品的制造者的人或单位。

根据《侵权责任法》的规定，产品侵权责任主要是由生产者承担无过错责任。当然，如果产品缺陷是由销售者或运输者、仓储者等第三人的过错造成的，则产品的生产者在承担赔偿责任后，有权向销售者或第三人追偿。

（二）销售者

销售者是指任何以经营为目的，通过出售、出租、融资租赁等方式经营产品的人。[1] 产品责任的主要承担者是生产者，但销售者对于产品责任的发生有过错的，销售者应当承担侵权责任。《侵权责任法》和《产品质量法》对此均有明确规定。如《侵权责任法》第42条第1、2款规定："因销售者的过错使产品存在缺陷，造成他人损害的，销售者应当承担侵权责任。""销售者不能指明缺陷产品的生产者也不能指明缺陷产品的供货者的，销售者应当承担侵权责任。"[2] 据此，销售者承担产品侵权责任情形有二：一是因过错行为造成产品存在缺陷。二是其在缺陷产品进入流通中存在过错。

同时，根据《侵权责任法》第43条规定，即便产品存在过错非因销售者的

---

[1] 王利明：《侵权责任法研究》（下卷），北京：中国人民大学出版社2010年版，第267页。

[2] 《产品质量法》第42条也有相同规定。

过错所致，但在被侵权人依据该条规定起诉销售者时，销售者也应先行承担赔偿责任，然后根据该条第 2 款以及《侵权责任法》第 44 条规定向生产者或者运输者、仓储者等第三人进行追偿。

三、免责事由

（一）生产者的免责事由

尽管生产者责任适用无过错原则，但并不意味着生产者应当承担绝对责任，许多国家的立法都规定了生产者可以免责的情形。[①] 我国规定生产者免责事由的法律依据是《产品质量法》第 41 条第 2 款，《侵权责任法》对此并未做出具体规定。据此，生产者在能证明存在以下三种事由之一时，不承担产品责任：(1) 未将产品投入流通的。产品尚未投入流通时，无论是否存在缺陷，都不产生造成他人损害的产品责任。(2) 产品投入流通时，引起损害的缺陷尚不存在的。此事由成就的关键有二：一是产品投入流通的时间点的把握，一般是指生产者将产品投放市场时；二是限定了承担产品责任的缺陷的范围，即不是指产品不存在任何缺陷，而是指作为损害发生原因的产品缺陷不存在。(3) 将产品投入流通时的科学技术水平尚不能发现缺陷的存在的。此项事由也不否认缺陷存在的客观事实，而是认为，造成损害的该缺陷是在产品投入流通时生产者客观上不能掌握、难以预见的，因而不承担产品责任。不难看出，《产品质量法》规定的这些免责事由，反映了生产者就产品所致损害的发生不具有可责难性。反之，在这些情形下，若令产品的生产者承担责任，则不但不会起到预防缺陷产品侵权发生的效果，反而会不当抑制产品的市场供给，阻碍技术的进步，损害广大消费者的利益。

此外，由于生产者的产品责任适用无过错原则，而《侵权责任法》第三章规定的免责事由主要是针对过错责任而言的，因而，这些免责事由不能适用于生产者。

[①] 王胜明：《中华人民共和国侵权责任法解读》，北京：中国法制出版社 2010 年版，第 216—219 页。

（二）销售者的免责事由

对于销售者的免责事由，不论是在归责原则上坚持一元说者，还是坚持二元说者，都未有明确论述。因本章认为销售者适用过错原则，因而，尽管相关立法未对销售者的免责事由做出明确规定，但《侵权责任法》第三章规定的免责事由理应适用于销售者。同时，还须指出，销售者对这些免责事由的援用，不能适用于被侵权人依据《侵权责任法》第43条提起的赔偿诉讼中，因为依据该条规定，只要被侵权人依据本条诉讼销售者，销售者就应当承担赔偿责任。

四、产品责任中的追偿权

（一）生产者、销售者之间的追偿

1. 生产者和销售者的不真正连带责任

根据《侵权责任法》第43条的规定，生产者和销售者对于被侵权人所承担的责任，首先是连带责任。无论被侵权人依据本条第1款规定起诉哪一个主体，对方都要承担全部的赔偿责任。同时，本条第2款、第3款的规定又表明，承担责任全部赔偿责任的一方依法可以向另一方进行全额追偿。因而该连带责任是一种不真正的连带责任。理由是：该条第1款表明被侵权人可以向生产者请求赔偿，也可以向销售者请求赔偿，只是便利被侵权人获得救济的一种特殊安排，并非对责任的认定，而依据法律规定的归责原则进行责任的认定后，理应进行追偿。

2. 销售者向生产者的追偿

根据《侵权责任法》第43条第2款规定，具备如下条件时，销售者可向生产者进行追偿：一是销售者已经向被侵权人进行了赔偿。这是追偿的前提。二是产品缺陷是由生产者所造成。对此，有学者认为："销售者必须证明产品缺陷是由生产者造成的。"[①] 尽管该主张有《侵权责任法》第43条第2款规定的依

---

① 王利明：《侵权责任法研究》（下卷），北京：中国人民大学出版社2010年版，第271页。

据,即"产品缺陷由生产者造成的,销售者赔偿后,有权向生产者追偿",但我们不赞同该主张。因为依据《侵权责任法》第41条、第42条的规定,生产者承担的是无过错责任,销售者承担的是过错责任。因而,只要销售者能够证明产品缺陷不是因自己的过错造成的,原则上就可以向生产者进行追偿。当然,其中还存在向第三人追偿的问题,下文对此有叙述。

3. 生产者向销售者的追偿

根据《侵权责任法》第43条第3款规定,在具备如下条件时,生产者可向销售者进行追偿:一是生产者已经向被侵权人承担了产品责任。这是发生追偿的前提。二是因销售者的过错使产品存在缺陷。生产者不但要证明产品缺陷发生销售者支配产品的环节之中,还要证明销售者对此缺陷的发生具有过错。同时,生产者所需要证明的销售者的过错与《侵权责任法》第42条第1款的规定是一致的,不包括从归责原则意义上所存在的销售者的第二种过错情形,即该条第2款的规定:销售者不能指明缺陷产品的生产者也不能指明缺陷产品的供货者的,销售者应当承担侵权责任。

4. 生产者和销售者向第三人的追偿

《侵权责任法》第44条规定:"因运输者、仓储者等第三人的过错使产品存在缺陷,造成他人损害的,产品的生产者、销售者赔偿后,有权向第三人追偿。"据此,在具备如下条件时,生产者和销售者方能对第三人进行追偿:一是生产者、销售者已经依法承担了产品责任。这是追偿的前提。二是造成被侵权人损害的产品缺陷是由第三人的过错造成。如果造成被侵权人损害的产品缺陷不是由第三人造成的,或者尽管第三人的行为使产品产生缺陷,但此缺陷不是造成被侵权人损害的原因,或者第三人对于因其而导致的产品缺陷没有过错,例如在运输、仓储过程中已经尽到了合理的注意义务,仍未能避免造成产品存在缺陷,在这些情况下,生产者、销售者都不能依据《侵权责任法》向第三人进行追偿。当然,因生产者、销售者与第三人之间存在合同关系,它们能否依据《侵权责任法》向第三人进行追偿并不排除与第三人之间依据合同而发生的责任。

第七章 机动车交通事故责任

第一节 机动车交通事故责任概述

近年来,随着机动车保有量的快速增加,机动车交通事故责任案件显著增加,交通事故产生的赔偿纠纷已是人民法院受理的民事损害赔偿案件的主要类型。根据公安部发布的信息,截至 2012 年 6 月底,我国机动车总保有量 2.33 亿辆,其中汽车 1.14 亿辆,摩托车 1.03 亿辆。全国机动车驾驶人达 2.47 亿人,其中汽车驾驶人 1.86 亿人。机动车保有量和驾驶人数量的飞速增长导致因交通事故引发的案件数量也大幅增加。2010 年,全国公安部门接报道路交通事故案件 390.6 万件,2011 年达到 422.4 万件。2010 年全国法院一审受理的道路交通事故损害赔偿案件为 612596 件;2011 年为 744570 件,分别比上一年上升 31.83% 和 21.54%;2012 年上半年,新受理的案件更是达到 403476 件,位居增幅最快的民生类案件的前列。① 同时,机动车交通事故事关社会、经济和政治问题,具体涉及如何更好地救济事故受害人问题、如何有效地处理事故所造成的重大损失问题以及如何设计一个迅捷、公平的赔偿或补偿机制的问题。② 因而,在国家立法中,机动车交通事故立法是重要一环。

当前来看,我国处理机动车交通事故的立法,主要包括三个部分:一是《道路交通安全法》(主要是该法第 76 条),它确立了处理机动车交通事故的一般规则,包括责任认定、责任保险等一般性规则;二是《侵权责任法》第六章"机动车交通事故责任",主要规定了特殊情况下机动车交通事故责任主体的认

---

① 张先民:《〈关于审理道路交通事故损害赔偿案件适用法律若干问题的解释〉答记者问》,《人民法院报》,2012 年 12 月 21 日第 4 版。

② 王泽鉴:《侵权行为》,北京:北京大学出版社 2009 年版,第 502 页。

定规则；三是《机动车交通事故责任强制保险条例》，确立了机动车强制保险及其适用的具体规则。此外，2012年12月21日施行的最高人民法院《关于审理道路交通事故损害赔偿案件适用法律若干问题的解释》（本章简称《交通事故损害赔偿解释》）分别对责任主体、赔偿范围、责任承担的认定以及诉讼程序等内容进行了细化和补充。

一、机动车交通事故的概念和特点

机动车交通事故，是指机动车在道路上因过错或者意外造成的人身伤亡或者财产损失的事件。其中，道路是指公路、城市道路和虽在单位管辖范围但允许社会机动车通行的地方，包括广场、公共停车场等用于公众通行的场所。机动车是指以动力装置驱动或者牵引、上道路行驶的供人员乘用或者用于运送物品以及进行工程专项作业的轮式车辆。相比较其他侵权行为而言，机动车交通事故具有如下特点：

第一，涉及法律关系多样化。机动车交通事故责任立法的重要目的在于建立起多元化的损害救济机制，即通过侵权损害赔偿、责任保险和社会救助共同构筑起受害人的救济机制。体现在我国的立法上，主要有《道路交通安全法》《侵权责任法》和《机动车交通事故责任强制保险条例》等，它们共同构成了解决机动车交通事故损害赔偿纠纷的制度依托。这一多元的制度背景决定了机动车交通事故责任中法律关系的多样化，既涉及强制保险关系、商业保险关系，又涉及侵权责任关系。这使得机动车交通事故责任案件的法律适用也较其他侵权案件更为复杂。

第二，造成损害多样化。机动车属于高危工具，一旦发生交通事故，不但会对肇事机动车一方造成损害，而且会对行人、非机动车驾驶人造成人身和财产上的较大损害。此外，还会因为行人、非机动车驾驶人的伤亡而对其本人或近亲属带来严重精神损害。

第三，损害赔偿责任主体多元化。交通事故是机动车在道路上因过错或者意外造成的人身伤亡或者财产损失的事件。实践中，既存在机动车所有人或管理人与机动车驾驶人是同一人的情况，也存在二者相分离的情形，此时，所有人或管理人、驾驶人都是事故责任的主体。同时，交通事故的发生，既可能是因驾驶人的过错所致,也可能是因道路的通行障碍所造成,或者机动车存在设计或制造缺陷所致,还可能是多种因素的叠加所造成。在这些情况下,除了驾驶人外,对道路通行负有责任的管理部门、障碍设置者、机动车制造者和销售者等都可能是赔偿责任的主体。此外,由于责任保险和商业保险的推行,承保了责任保险的保险公司依法或依据合同约定也应承担事故损害的赔偿责任。

第四,侵权方式和场所的特定化。机动车交通事故系由正在运行中的机动车所造成,决定了机动车交通事故的侵权方式的特定化,离开了机动车及其运行,就不会存在机动车交通事故侵权的问题。同时,侵权行为还必须发生在道路上,尚未出厂、停靠在修理场所的机动车以及在道路之外发生事故的,都不被认为是机动车交通事故。

二、机动车交通事故责任的立法例

当今社会,机动车交通事故是现代社会中发生频率最高,也是最主要的致害事故。如何应对道路交通事故,是一个重大的社会、经济和政治问题。频发甚至是不可避免的交通事故,使得受害人的救济成了促进社会安全的重要议题;同样,频发的交通事故的有效处理,又是一个经济问题;此外,交通事故处理机制的建立和运行,涉及公共政策等诸多方面,实为一个重要的政治议题。[①] 故而在机动车交通事故立法方面,各国均有明确规定。而且,在受害人的救济方面,都引入了社会化分担机制。

几乎自《德国民法典》施行之初,德国就为机动车持有人设定了无过错责任。根据《道路交通法》第 7 条及《机动车强制保险法》第 3 条规定,机动车持有人对机动车交通事故损害负担无过错责任,受害人还享有向保险机构的直接请求权。同时,机动车持有人、驾驶人和保险人对损害承担连带责任。学者指出,作为强制保险的危险责任能够保障受害人得到最起码的照料。[②]

张民安博士研究认为,20 世纪 80 年代之前,法国交通事故损害赔偿的法

---

① 王泽鉴:《侵权行为》,北京:北京大学出版社 2009 年版,第 502 页。
② 〔德〕埃尔温·多伊奇、汉斯-于尔根·阿伦斯:《德国侵权法》,叶名怡、温大军译,北京:中国人民大学出版社 2016 年版,第 182—184 页。

律依据是《法国民法典》第1382条和1383条，致害人承担过错责任；而由于机动车强制责任保险制度的存在，法院在交通事故赔偿中又往往不问过错即令驾驶人承担赔偿责任。到1982年，法国最高法院通过判决将机动车交通事故侵权责任的依据建立在第1384条第1款的基础上，确立了机动车交通事故损害赔偿的危险责任。1985年，制定了被称之为Badinter法的专门立法，排除了地面机动车交通事故损害赔偿中过错原则的适用。[1]

与德国类似，日本《机动车损害赔偿保障法》也采用了侵权责任和损害社会化分担相结合的救济机制。根据该法第3条规定，机动车运行供用人就损害承担事实上的无过失责任；同时，该法还规定了机动车强制责任保险制度和政府的保障事业制度。[2] 尽管看似该法为机动车交通事故责任做出了特别规定，但受害人依据日本《民法》第715条规定请求赔偿的，法院不仅也应支持，而且可以适用《机动车损害赔偿保障法》的规定。[3]

我国台湾地区规范道路交通事故侵权责任的基本规范为《民法》第184条和第191条第2款。前者系"一般侵权行为"的规定，对所有交通事故均可适用；后者系1999年"民法"债篇修订时增订，乃"特殊侵权行为"，即"汽车、机车或其他非依轨道行驶之动力车辆，在使用中加害于他人者，驾驶人应赔偿因此所生之损害。但于防止损害之发生，已尽相当之注意者，不在此限"。当然，尽管后者在归责原则、保护的权益范围、责任主体方面均较前者有所不同，但王泽鉴先生指出，二者基本上并无重大不同。[4]

结合我国《侵权责任法》的规定不难看出，交通事故侵权责任不仅是一种特殊侵权责任，而且在立法体例上，各国大都在侵权法的一般法之外做出了特别规定。

---

[1] 张民安：《现代法国侵权责任制度研究》，北京：法律出版社2007年版，第267页及以下。
[2] 于敏：《日本侵权行为法》，北京：法律出版社2015年版，第464页。
[3] 于敏：《日本侵权行为法》，北京：法律出版社2015年版，第465页。
[4] 王泽鉴：《侵权行为》，北京：北京大学出版社2009年版，第504页。

第二节　机动车交通事故责任的构成

机动车交通事故，可能发生在机动车与机动车之间，也可能发生在机动车与行人、非机动车驾驶人之间。对于前者，依据《侵权责任法》《道路交通安全法》第76条之规定，在归责原则上，直接适用过错原则，在责任构成上亦无不同于其他适用过错原则的侵权损害赔偿案件的特殊之处。而对于发生在机动车与行人、非机动车驾驶人之间的交通事故，则不论是在归责原则上，还是在责任构成上，均有一定的特殊之处。因而，本章以下内容的探讨，则主要以该类型的交通事故为中心。

一、机动车交通事故损害赔偿的归责原则

（一）规范构成与学说分歧

归责原则是要求侵权人承担损害赔偿责任的依据。《侵权责任法》在将机动车交通事故责任作为一种特殊的侵权行为单独一章加以规定的同时，并未明确机动车交通事故损害赔偿的归责原则，而是通过该法第48条规定，将因机动车交通事故损害赔偿的归责原则指向《道路交通安全法》。由此，关于交通事故损害赔偿的归责原则，当以《道路交通安全法》的规定加以确定。

《道路交通安全法》第76条对机动车交通事故损害赔偿进行了规定。当前，学界对于该条规定所确定的机动车交通事故赔偿责任归责原则的理解存在一定分歧。其中，对于发生在机动车之间的交通事故，适用过错原则，因立法条文规定比较明确，学界上没有争议。分歧主要在于对发生在机动车与非机动车驾驶人、行人之间的交通事故造成损害时应当采用何种归责原则。多数学者主张，

立法规定的是无过错原则①，也有学者认为实际上是过错推定原则②。在论证过程中，学者们首先指出了适用过错原则的不足，同时结合现行立法对应当适用过错推定或无过错原则进行了说明。

研究认为，"过错责任原则的适用对于机动车交通事故损害赔偿责任的认定具有明显的缺陷：第一，在机动车交通事故中，受害人与机动车双方的地位悬殊，机动车本身具有高度危险性，这一高度危险性只有运行行为人一方才能够支配，受害人一方相对于高度危险的机动车方只是孤立的无助者，适用过错责任原则有违公正。第二，机动车运营方享有运行带来的利益，而受害人没有任何利益所得，根据经济学原理，享有利益的一方应当为利益的获得付出一定代价，但适用过错责任原则并没有体现其所须付出的代价。第三，根据过错责任原则举证责任的分配，举证责任由受害人一方承担，一般来说发生机动车交通事故之际，加害人以何种状态驾驶机动车，受害人无从知晓，要求受害人负担加害人过失的举证义务，过于苛刻"③。

主张适用过错推定原则者，主要理由在于，为减轻非机动车驾驶人、行人的举证责任压力，解决在通常情况下都会面临举证不能的客观障碍。现实中，交通事故的发生往往是瞬间的和紧急的，机动车驾驶规则的要求又是十分具体和高度技术化的。因而在此情况下，非机动车驾驶人、行人往往很难判定机动车一方是否存在违章驾驶等导致事故发生的过错行为。同时，适用过错推定原则，不会过分加重机动车一方的责任。因为机动车驾驶人熟知交通规则，在驾驶机动车时本来就时刻保持着较高的注意，要求其证明己方无有过错，往往是便捷的。正如有专家所指出的："对机动车一方存在大量细致的交通规则进行规范，对机动车一方进行过错推定，其完全可以根据这些交通规则进行反证，证明自己严格遵守了交通规则、不存在过错，便可减轻其赔偿责任。"④ 这样，就能够通过归责原则，实现预防和减少交通事故发生的功效。"归责原则是一种激

---

① 最高人民法院侵权责任法研究小组：《中华人民共和国侵权责任法条文理解与适用》，北京：人民法院出版社2016年版，第349页；宋云明：《侵权责任与责任保险之互动与回应》，《人民司法》，2012年第13期，第100页。

② 杨立新：《侵权责任法》，北京：法律出版社2010年版，第345页。

③ 宋云明：《侵权责任与责任保险之互动与回应》，《人民司法》，2012年第13期，第101页。

④ 王利明：《侵权责任法研究》（下卷），北京：中国人民大学出版社2011年版，第318—319页。

励机制,因此,不同的归责原则,对道路交通参与人会产生不同的激励,可能影响到交通事故的发生。"①

至于采纳无过错原则的法理依据,主要有三种:"第一,危险控制理论,即谁能够控制、减少危险谁承担责任。道路交通事故作为一种特殊危险,只有汽车所有人和驾驶人可能预防和减少其发生,采取无过错责任可以间接加重汽车所有人和驾驶人一方的注意义务,有利于防止和减少事故。第二,危险分担理论,即利益均衡说。道路交通事故是伴随现代文明发展而发生的风险,应由享受现代文明的全体社会成员分担其所造成的损害。适用无过错责任原则体现了法律对人身权益保护的重视,能更好地保护受害人的利益,也更能维护法律的公平和正义。第三,报偿责任理论,即谁享受利益谁承担风险。机动车所有人、驾驶人在享受机动车带来的方便快捷的出行方式的同时,也应承担因机动车运行带来的风险。"据此,该学者指出:"为救济受害者,维护社会的安定和经济发展,对交通事故损害赔偿实行无过错责任,是历史的进步,是各国共同的经验,是 20 世纪侵权行为法领域的重大成果。"②

(二)机动车交通事故致非机动车、行人损害赔偿的归责原则

1. 立法回顾

为正确理解现行立法规定,有必要对该问题进行一些立法历史的考查。《民法通则》虽未明确规定机动车交通事故责任,但在《道路交通事故处理办法》之前,理论界和实务界均将机动车作为《民法通则》第 123 条规定的"高速运输工具"加以对待,而该条所确立的损害赔偿归责原则是无过错原则。③

1991 年国务院发布了《道路交通事故处理办法》,该办法在第三章"责任认定"中确立了以过错为主的责任认定方法,即"应当根据当事人的违章行为与交通事故之间的因果关系,以及违章行为在交通事故中的作用,认定当事人

---

① 王成:《关于道路交通事故侵权行为归责原则变迁的考察——以吴军发等诉刘寰道路交通事故人身损害赔偿纠纷案为背景》,《政治与法律》,2008 年第 7 期,第 77 页。
② 宋云明:《侵权责任与责任保险之互动与回应》,《人民司法》,2012 年第 13 期,第 100 页。
③ 《民法通则》第 123 条规定:"从事高空、高压、易燃、易爆、剧毒、放射性、高速运输工具等对周围环境有高度危险的作业造成他人损害的,应当承担民事责任;如果能够证明损害是由受害人故意造成的,不承担民事责任。"

的交通事故责任"。"当事人有违章行为,其违章行为与交通事故有因果关系的,应当负交通事故责任。当事人没有违章行为或者虽有违章行为,但违章行为与交通事故无因果关系的,不负交通事故责任。"然后在第35条中明确了以所负交通事故责任承担损害赔偿责任的原则。由此理论和实务界一致认为,《道路交通事故处理办法》确立了过错责任原则。同时,该办法第44条规定:"机动车与非机动车、行人发生交通事故,造成对方人员死亡或者重伤,机动车一方无过错的,应当分担对方10%的经济损失。但按照10%计算,赔偿额超过交通事故发生地十个月平均生活费的,按十个月的平均生活费支付。""前款非机动车、行人一方故意造成自身伤害或者进入高速公路造成损害的除外。"对于该条规定的性质,有学者主张是公平责任原则。①

2004年5月1日生效的《道路交通安全法》第76条第1款第2项规定,机动车与非机动车驾驶人、行人之间发生交通事故的,经由保险公司在机动车第三者责任强制保险责任限额范围内予以赔偿后,由机动车一方承担责任;但是,有证据证明非机动车驾驶人、行人违反道路交通安全法律、法规,机动车驾驶人已经采取必要处置措施的,减轻机动车一方的责任。该项规定由两部分构成,前段规定的是无过错责任(甚至可以认为是结果责任),即只要发生交通事故,都由机动车一方承担责任。而该项的后段,也就是但书部分,到底是规定了何种归责原则,并不是很清楚。因为减轻机动车一方责任的前提之一是机动车驾驶人采取了必要处置措施,而并非考察机动车驾驶人是否有过错,即违章行为等。因而有学者指出:"本项规定整体应当是采结果责任归责的倾向。"②也有学者指出,这一时期,机动车交通事故责任适用以无过错原则为主的多重归责原则。③

2007年12月29日,全国人大常委会将《道路交通安全法》第76条第1款第2项修订为:"机动车与非机动车驾驶人、行人之间发生交通事故,非机动车驾驶人、行人没有过错的,由机动车一方承担赔偿责任;有证据证明非机动车驾驶人、行人有过错的,根据过错程度适当减轻机动车一方的赔偿责任;机动

---

① 宋云明:《侵权责任与责任保险之互动与回应》,《人民司法》,2012年第13期,第101页。
② 王成:《关于道路交通事故侵权行为归责原则变迁的考察——以吴军发等诉刘寰道路交通事故人身损害赔偿纠纷案为背景》,《政治与法律》,2008年第7期,第78页。
③ 杨立新:《侵权责任法》,北京:法律出版社2010年版,第363页。

车一方没有过错的,承担不超过百分之十的赔偿责任。"不难看出,这次修订,重新采纳了《道路交通事故处理办法》中关于机动车一方没有过错时应承担一定的赔偿责任的要求,限制了原条文在机动车一方没有过错时"减轻"赔偿责任的限度。抛开新条文与旧的表述的不同,从条文基本精神上看,事实上又重新回到《道路交通事故处理办法》时期所采用的归责原则。因而,《侵权责任法》背景下关于机动车交通事故赔偿责任归责原则的争论,与《道路交通事故处理办法》时期并无本质不同。

2. 现行规定的合理解释

(1)《道路交通安全法》第76条之文义

从文义解释角度看,根据《道路交通安全法》规定,机动车与非机动车驾驶人、行人之间发生交通事故造成损害的,由承保机动车强制责任保险的保险公司在保险责任限额内先予赔偿,对于保险赔偿后的不足部分,应当区分机动车一方有无过错而确定:机动车一方没有过错,则应承担不超过10%的赔偿责任。机动车一方有过错,应当承担全部赔偿责任。与此同时,该条还规定了机动车一方的责任减免事由:事故损失是由非机动车驾驶人、行人故意碰撞机动车所致的,机动车一方不承担责任;非机动车驾驶人、行人有其他过错的,适当减轻机动车一方的赔偿责任。由此可得出如下推论,对于非因受害人故意碰撞所致机动车交通事故致害,机动车一方均应承担赔偿责任;机动车一方承担的赔偿责任大小与其有无过错有直接关联。

至于非机动车驾驶人、行人有过错时对机动车一方赔偿责任的适当减轻,则虽系"与有过失"、体现公平,但也有利于明确立法所确定的是何种归责原则。在非机动驾驶人、行人存在过错的情况下,虽然条文对减轻赔偿责任做出了"适当"的限定,但已充分表明,此时机动车一方所承担的赔偿责任的大小与其过错在导致损害发生方面产生了关联和对应关系。联系前述两个基本结论,可以认为,本条该部分所确立的归责原则是过错推定原则,即在交通事故发生后,先推定机动车一方有过错,并在机动车强制保险责任限额之外承担损害赔偿责任。同时,允许证明己方不存在过错以不承担该部分赔偿责任。

(2)"不超过10%的赔偿责任"应当如何理解

如何理解《道路交通安全法》第76条中"不超过10%的赔偿责任"这一

规定的性质，对于归责原则的解释有重要影响。王利明教授指出："之所以要承担10%的责任，是因为这是与机动车危险性相适应的严格责任。"①"机动车一方承担的不超过10%的范围的责任，显然不是过错推定责任，因为它根本不考虑行为人的过错，而此种责任也不是一种绝对的不考虑过错的责任（绝对责任）。因为在故意碰撞的情况下，还可以完全免除机动车一方的责任。据此可以认为，这种责任不是一种绝对责任，而是严格责任。"②顺便指出，在王利明教授看来，严格责任是与危险责任、无过错责任有所不同的，并主张我国侵权法应采用严格责任这一术语来代替危险责任等。杨立新教授认为：新条文的这一规定，是在过错推定原则的基础上，实行优者危险负担规则的结果。这就是，在侵权法的一般情况下，行为人无过失则无责任，但由于考虑到机动车的机动性强、回避能力强，而非机动车驾驶人和行人无机动性能且缺少回避能力的情形，因此，在机动车一方没有过错时也要适当补偿，在不超过10%的范围内承担责任。③另有观点指出："这句话（"机动车一方没有过错的，承担不超过百分之十的赔偿责任"——引者注）的根本点在于认定即使机动车一方无论是否有过错都要承担侵权责任，这恰恰是无过错责任的内涵。"④

事实上，条文在措辞和用语上的不明确是造成学者理解存在分歧的原因之一。要明晰该规定的性质，还有必要对无过错原则进行一个简单的历史还原。众所周知，我国学者所称的严格责任、无过错责任，大体上相当于大陆法系传统的危险责任原则，尽管用语不一致，但内涵相当。严格责任、无过错责任的根据都是以一定的危险为基础的。而在我国民事立法上，对无过错责任的表述经历了从《民法通则》到《侵权责任法》的演变，相比较前者所表述的"没有过错""应当承担民事责任"而言，后者在第7条中采用"不论行为人有无过错"的表述，则更能反映出无过错责任的本质和立法缘由，即一定危险的存在。客观地说，若抛开无过错责任的这一本质，将《道路交通安全法》第76条的中机动车承担10%的责任解读为无过错原则并无多少明显纰漏。然而，法律解释

---

① 王利明：《侵权责任法研究》（下卷），北京：中国人民大学出版社2011年版，第319页。
② 王利明：《侵权责任法研究》（下卷），北京：中国人民大学出版社2011年版，第320页。
③ 杨立新：《侵权责任法》，北京：法律出版社2010年版，第349页。
④ 最高人民法院侵权责任法研究小组：《中华人民共和国侵权责任法条文理解与适用》，北京：人民法院出版社2016年版，第350页。

要注重逻辑性、体系性，对《道路交通安全法》第 76 条后段的解释还应综合该条前两段的规定。正是由于该条后段的这一"没有过错"仍然需要承担一定的赔偿责任的规定，使得对于该条前段规定的归责原则做出"过错推定"的解释有了可靠依据；反之，若认为该条前段规定的是无过错责任，那么后段所规定的无过错时应承担不超过 10% 的赔偿责任该如何解释呢？换言之，如果没有该条后段，就不能确定前段所确立的归责原则是过错推定。再退一步说，假定如多数学者和法工委负责人所言，机动车一方承担的 10% 赔偿责任是无过错责任，则只能这样理解："只要发生交通事故，机动车一方就要承担该赔偿责任，属于结果责任性质，这显然与立法规定的 10% 是上限而非定额的模式不符合。"①

毋宁说，机动车一方承担的 10% 的责任，根本就没有确立独立的归责原则。立法所做出的这种安排，主要是基于公平和抚慰交通事故中受害的非机动车一方的考虑，在性质上和承保机动车强制保险的保险公司无论责任都要进行赔偿的做法具有异曲同工之妙。如果说将机动车发生交通事故所导致的损害分为以下两个部分，则机动车一方所承担的损害赔偿责任适用过错推定原则就更加清楚了：一是承保交强险的保险公司应赔偿部分和不足部分中机动车一方应承担的 10% 部分；另一是机动车一方因过错承担的部分。对于前者，除非存在法定免责事由，如《侵权责任法》第 76 条所规定的"故意碰撞"致损，都需要赔偿；而对于后者，则与机动车一方是否存在过错紧密关联。

综上，可以说，我国立法关于机动车与非机动车驾驶人、行人之间发生交通事故损害赔偿的归责原则，经历了从无过错原则到过错原则为主、再到过错推定原则的发展演变。

二、机动车交通事故损害赔偿责任的构成要件

（一）机动车发生交通事故造成了损害

无损害则无赔偿。机动车因交通事故造成损害，是赔偿责任构成的前提。

---

① 姚宝华、王竹：《道路交通安全法第七十六条第一款第（二）项的解读与适用——以分号用法与句式结构为视角》，《人民司法·应用》，2008 年第 15 期，第 25 页。

损害主要包括人身损害和财产损失。依照现行法律规定，人身损害仅指机动车一方以外的受害人的人身伤亡，不包括造成事故的机动车一方所受到的人身伤亡。2012年12月21日起施行的最高人民法院《关于审理道路交通事故损害赔偿案件适用法律若干问题的解释》（法释〔2012〕19号）（以下简称《交通事故损害赔偿解释》）第14条对此进行了明确：道路交通安全法第76条规定的"人身伤亡"，是指机动车发生交通事故侵害被侵权人的生命权、健康权等人身权益所造成的损害，包括侵权责任法第16条和第22条规定的各项损害。具体是指：（1）侵害他人造成人身损害的，包括医疗费、护理费、交通费等为治疗和康复支出的合理费用，以及因误工减少的收入。造成残疾的，还包括赔偿残疾生活辅助具费和残疾赔偿金。造成死亡的，还包括赔偿丧葬费和死亡赔偿金。（2）侵害他人人身权益，造成他人严重精神损害的，还包括精神损害赔偿。

财产损失是指因机动车发生交通事故侵害被侵权人的财产权益所造成的损失。如对行人、非机动车驾驶人自身所携带物品造成的损毁，对非机动车本身的损毁等。同时，因机动车交通事故造成财产损害的情形主要存在于机动车与机动车之间的交通事故当中，因而，《交通事故损害赔偿解释》第15条对此还进行了专门的明确，包括维修被损坏车辆所支出的费用、车辆所载物品的损失、车辆施救费用；因车辆灭失或者无法修复，为购买交通事故发生时与被损坏车辆价值相当的车辆重置费用；依法从事货物运输、旅客运输等经营性活动的车辆，因无法从事相应经营活动所产生的合理停运损失；非经营性车辆因无法继续使用，所产生的通常替代性交通工具的合理费用。可见，其中既包括了直接财产损失，也包括了间接财产损失。需要注意的是，对于间接损失"因无法从事相应经营活动所产生的合理停运损失"的认定，一般认为不包括无法遇见的纯粹经济损失。①

（二）机动车交通事故与损害之间存在因果关系

因果关系是责任的构成要件，也是侵权责任承担的正当性基础。② 只有因机动车发生交通事故所造成的损害，机动车一方才应承担损害赔偿责任。因而，

---

① 王利明：《侵权责任法研究》（下卷），北京：中国人民大学出版社2011年版，第333页。
② 王利明：《侵权责任法研究》（下卷），北京：中国人民大学出版社2011年版，第334页。

关键的问题是要正确理解"机动车交通事故"。机动车、道路、交通事故是构成机动车交通事故的基本要素。《道路交通安全法》第119条对这些要素进行了明确：机动车是指以动力装置驱动或者牵引，上道路行驶的供人员乘用或者用于运送物品以及进行工程专项作业的轮式车辆。人力、畜力牵引的车辆，或履带式车辆均不是此处所说之机动车。机动车交通事故是指机动车在道路上因过错或者意外造成的人身伤亡或者财产损失的事件。

道路是指公路、城市道路和虽在单位管辖范围但允许社会机动车通行的地方，包括广场、公共停车场等用于公共交通的场所。根据该界定，《道路交通安全法》所指的道路包括三个层次：一是公路和城市道路，显然这是道路的主体，也是发生机动车交通事故最多的地方。二是单位管辖范围内允许社会机动车通行的地方。其中，单位的性质和类型并无明确限制，在范围上应是宽泛的，可以是机关、企业事业单位，也可以是家属院、普通居民小区等。三是用于公共交通的广场和停车场。对于后两种情况，在判定时应注意，若单位管辖范围内的通行场所不允许社会机动车通行，以及在私人、仅供单位内部人员使用的广场、停车场发生交通事故，就不能适用《道路交通安全法》以及《侵权责任法》第六章"机动车交通事故责任"的相关规定。但是，这并不意味着发生在上述场所机动车事故就不是侵权行为，就可以不承担侵权责任。它们同样是侵权行为，应当适用《侵权责任法》的一般规定加以归责和处理。

在认定机动车交通事故时，还要注意交通的概念。对此，我国相关立法并未明确界定。有专家指出，研究交通的概念，除了从词语学上进行解释外，更应当借鉴德国法和日本法的"运行"概念。[1] 该主张是科学的，符合立法对机动车交通事故侵权责任专门规定的基本初衷，也和我国其他部门法上对与"交通"有关术语的解释保持了一致。例如，在理解我国刑法分则规定的破坏交通工具罪时，何为交通工具是该罪认定中的一个基本要素，司法解释和学理通说均表明，此处的"交通工具"只能是"正在使用中的"交通工具，对于停放在修理厂以及未投入运行的交通工具进行破坏，则不构成破坏交通工具罪。

机动车交通事故的发生，因机动车一方过错或意外导致。通常，多是由机动车违规驾驶导致的，而机动车违规驾驶的表现形式是多种多样的，在判定因

---

[1] 杨立新：《侵权责任法》，北京：法律出版社2010年版，第362页。

果关系时,应当考虑这些行为对交通事故的发生是否有直接影响。对于在车辆适驾或驾驶行为方面存在违反交通管理法规的事实,但对已经发生的交通事故没有原因力或直接影响的,就不能认为存在因果关系。实践中,因果关系有无的判断,大多是借助公安交通管理机构对交通事故责任的认定。

(三) 机动车一方不能证明自己没有过错

机动车交通事故致人损害的归责原则是过错推定。在发生事故致损的情况下,首先推定机动车一方有过错,若能够证明自己对于交通事故的发生没有过错,就无需承担法定限额范围之外(保险公司理赔后不足部分的10%)的赔偿责任。对此,前文已在归责原则部分有详细叙述,此处不再重复。

第三节 机动车交通事故责任的承担

一、机动车交通事故责任的主体

比较而言,机动车交通事故责任主体具有一定的复杂性。在通常的侵权行为中,侵权行为的实施者往往是承担责任的主体;即便是在诸如雇员责任以及物件致损、饲养动物伤人等侵权责任中,责任的承担者也具有一定的特殊性,但相对机动车交通事故责任而言,牵涉的主体都较单一。也正是基于这种考虑,《侵权责任法》第六章共六个条文中,有四个条文都与机动车交通事故责任主体有关。为此,有必要对机动车交通事故责任主体的确定及其具体情形加以单独研究。

(一) 确立机动车交通事故责任主体的基本标准

1. 比较法上的考查

虽然在《侵权责任法》中将机动车交通事故责任的承担者统称为"机动车一方",但在学理上,大都将其称为机动车保有人。而就机动车保有人的含义而言，各国法大体上基本相同，主要是从危险责任的法理出发来加以界定的①，即对于危险物造成的不可避免的现实损害，只有危险物的支配者和危险物的经营者方可预防或减少。因而，对于被作为危险物看待的机动车造成的损害，当然就应由支配其运行或享受其运行利益的主体来承担。例如，奥地利法将机动车的保有人界定为"对机动车辆以自担风险的方式使用受益并且拥有作为使用收益前提条件的支配力的人"。希腊法界定为"事故发生时作为所有权人或基于合同而以自己名义占用机动车辆者，或者任何使自己独立控制机动车辆并以任何一种方式加以使用的人"。葡萄牙法界定为"以责任自负的方式对机动车辆使用受益并拥有作为使用受益之前提条件的支配力者"②。

德国和日本基本上均以运行利益及运行支配为判断基准。③ 日本民法界通说主张，在确定机动车交通事故责任的承担主体时，应根据运行支配和运行利益两项基准予以把握。所谓运行支配，是指可以在事实上管领机动车的运行；而对运行利益，则一般认为是限于因运行而生之利益。具体来说，判定某人是否机动车交通事故责任的主体，要看事实上能否支配该机动车的运行以及是否获得了该机动车运行本身的利益。据此，日本《机动车损害赔偿保障法》第3条规定："为自己将机动车供运行之用者，因其运行而侵害他人之生命或身体时，对所生损害负赔偿责任。"韩国《机动车损害赔偿法》也将机动车运行责任的承担主体规定为"为自己而运行机动车者"，即必须同时具备运行支配和运行利益两个条件。④

2. 我国立法所采纳的标准

在我国，采用运行支配和运行利益相结合来确定机动车交通事故责任主体的做法已基本上得到了各界的认同。如2001年最高人民法院在给江苏省高级人民法院《关于连环购车未办理过户手续，原车主是否对机动车发生交通事故致人损害承担责任的请示的批复》（民一他字〔2001〕第32号）中指出："连环购车未办理过户手续，因车辆已经交付，原车主既不能支配该车的营运，也不

---

① 程啸：《机动车损害赔偿责任主体研究》，《法学研究》，2006年第4期，第131页。
② 程啸：《机动车损害赔偿责任主体研究》，《法学研究》，2006年第4期，第131页。
③ 王泽鉴：《侵权行为》，北京：北京大学出版社2009年版，第506页。
④ 杨立新：《侵权责任法》，北京：法律出版社2010年版，第389页。

能从该车的营运中获得利益,故原车主不应对机动车发生交通事故致人损害承担责任。"《道路交通安全法》第 76 条使用了"机动车一方"的表述,虽有一定模糊之处,学界对此规定的理解也存在一定分歧①,但不可否认,该用语传递了立法所确立的责任主体并非一定是机动车所有权人。《侵权责任法》沿用了这一术语。学界对此的解释也较为一致。如杨立新教授指出,在确立机动车交通事故责任的特殊主体时,应当从机动车运行利益和运行支配两个方面进行考量:首先考量机动车的运行支配,即谁有能力来控制发生事故的机动车的风险;其次考量谁对机动车的运行享有利益,即谁从机动车的运行利益中获利。只有将两个方面结合考虑,才能正确确定机动车交通事故责任的特殊主体。②王利明教授指出,就具体案件中如何判断"机动车一方"的标准,"我国司法实践借鉴了德国、日本等国家法上的运行支配说与运行利益说等理论"③。程啸博士指出,"机动车一方"应当理解为机动车的"保有人",即对机动车的运行享有支配权,并享受机动车运行所产生的利益之人。④

尽管如此,但在确定机动车交通事故责任主体时,对于运行支配和运行利益两个标准是否应当同时具备,以及运行支配与运行利益的具体含义,都有进一步明确的必要。首先,就运行支配与运行利益的具体含义而言,学界的主张可分为广义和狭义两种。广义说认为,运行支配既包括了直接的支配,如驾驶机动车,也包括抽象的支配,如将机动车出借、出租、承包给他人驾驶以及机动车挂靠经营等情形;运行利益则既包括了通过机动车之运行所生之物质利益,也包括了各种非物质性的精神利益,如精神上的满足、人际关系的和谐等。狭义说认为,运行支配仅指直接的支配,运行利益也只包括机动车运行所生之物质利益的归属。本书赞同广义说。

其次,就两标准是否应当同时具备而言,"法学界通说认为,以运行支配与

---

① 主要分歧在于该规定是否意味着我国立法将机动车损害赔偿责任与机动车驾驶人责任融为一体,于敏教授持肯定主张,程啸博士持相反观点。参见于敏:《机动车损害赔偿责任与过失相抵——法律公平的本质及其实现过程》,北京:法律出版社 2005 年版,第 128 页;程啸:《侵权责任法》,北京:法律出版社 2015 年版,第 525—526 页。

② 杨立新:《侵权责任法》,北京:法律出版社 2010 年版,第 388 页。

③ 王利明:《侵权责任法研究》(下卷),北京:中国人民大学出版社 2011 年版,第 340 页。

④ 程啸:《侵权责任法》,北京:法律出版社 2015 年版,第 526 页。

运行利益作为机动车交通事故的责任主体的认定标准,即某人是否为机动车交通事故责任主体,要同时符合两个标准"①。而杨立新教授指出:"对待道路交通事故赔偿责任主体的认定应该将运行支配理论与运行利益理论综合起来考量,以运行支配理论为基础,强调支配者应承担责任,在特定情形下加入运行利益作为补充。"② 我们赞同后一种主张。即应当以运行支配为原则,来确定责任承担的主体。主要理由是:(1)有利于实现侵权责任立法的功能。侵权责任法的重要功能在于预防侵权行为的发生。具体到机动车交通事故侵权中,机动车驾驶人等对机动车实施直接支配者往往是侵权行为的主导者,立法令其无例外地承担机动车交通事故责任,通过法的指引作用的发挥,有利于提高其注意程度,谨慎驾驶,从而较少和预防机动车交通事故侵权行为的发生。(2)符合责任自负的法治原则。自己责任是现代法治的基本要求,即自己只对自己的行为或因己之过错所生损害承担责任,而无需为他人之过错负担。运行支配说贯彻和体现了这一现代法治原则。(3)符合机动车交通事故侵权行为发生的客观实际。在机动车交通事故侵权中,机动车的运行是导致损害产生的原因,而这又源于人对机动车的直接操控和支配。

当然,在特殊情况下,基于公平的考虑,还有必要结合运行利益的归属来确定机动车交通事故责任的承担主体。例如,在杨立新教授所言运行支配者为他人利益无偿运行机动车过程中,若发生交通事故致人人身、财产损害时,要求运行利益期待者承担部分赔偿责任或承担连带责任。③

(二) 机动车交通事故责任主体的具体认定

1. 机动车驾驶人和所有人重合时责任主体的确定

通常,在机动车驾驶人和所有人为同一人时,责任主体的认定都比较清楚,即行为人应对自己实施的行为负责。从运行支配和运行利益标准来看,结论也是一样,因为他既是运行支配者,又是运行利益的归属者。不过,这里也存在几种比较特殊的情形:因运行非法买卖的拼装机动车或报废机动车发生交通事

---

① 杨立新:《侵权责任法》,北京:法律出版社2010年版,第391页。
② 杨立新:《侵权责任法》,北京:法律出版社2010年版,第391页。
③ 杨立新:《侵权责任法》,北京:法律出版社2010年版,第392页。

故时赔偿责任应当如何承担、出让机动车未过户时发生交通事故时责任主体如何确定？

（1）因运行非法买卖的拼装机动车或报废机动车发生交通事故时责任主体的确定，《侵权责任法》第51条进行了明确："以买卖等方式转让拼装的或者已达到报废标准的机动车，发生交通事故造成损害的，由转让人和受让人承担连带责任。"不难看出，立法的该种规定并没有完全遵循确定机动车交通事故责任主体的一般标准。因为，转让人既不是运行支配者，也很难说是运行利益的归属者。立法之所以令其与受让人一道承担连带责任，具有不同的立法理由。根据国务院《报废汽车回收管理办法》第2条规定，报废汽车是指达到国家报废标准，或者虽未达到国家报废标准，但发动机或者底盘严重损坏，经检验不符合国家机动车运行安全技术条件或者国家机动车污染物排放标准的机动车。拼装车，是指使用报废汽车发动机、方向机、变速器、前后桥、车架以及其他零配件组装的机动车。根据该办法第15条以及《道路交通安全法》第14条的规定，国家实行机动车强制报废制度，国家禁止达到报废标准的机动车或拼装车上路行驶。基于此，非法出卖拼装的机动车、已经达到报废标准的机动车的行为本身已经构成了违法，出卖人应当承担相应的法律责任，如依照国务院《报废汽车回收管理办法》的规定，出卖人应当承担行政责任。[①] 同时，若受让人使用该拼装机动车或报废机动车时发生了交通事故，侵害了他人人身、财产权利，则从侵权责任的构成上来说，转让人和受让人属于共同侵权，他们对于通过该种机动车所实施的侵权行为具有共同故意，即明知该种机动车的上路行驶为法律所禁止，但依然使其上路行驶，放任运行可能造成的侵权后果的发生。因而，《侵权责任法》明确规定转让人和受让人承担连带责任，是符合共同侵权的基本原理的。同时，《交通事故损害赔偿解释》还将该种机动车的范围扩大到"依法禁止行驶的其他机动车"，并规定，若该类机动车在发生交通事故之前存在多次转让事实的，则所有的转让人和受让人，都是交通事故责任的赔偿主体，且应承担连带责任。"这不仅是侵权责任法填补损害功能的要求，更是

---

① 《报废汽车回收管理办法》第21条、第22条。

贯彻道路交通安全法和侵权责任法的当然结论。"①

（2）出让的机动车未过户时发生交通事故时责任主体的确定。《侵权责任法》第50条规定："当事人之间已经以买卖等方式转让并交付机动车但未办理所有权转移登记，发生交通事故后属于该机动车一方责任的，由保险公司在机动车强制保险责任限额范围内予以赔偿。不足部分，由受让人承担赔偿责任。"《交通事故损害赔偿解释》第4条对多次转让均未办理转移登记的机动车发生交通事故造成损害时的责任主体进行了明确，即属于该机动车一方责任的，最后一次转让并交付的受让人是承担赔偿责任的主体。事实上，早在2001年最高人民法院在给江苏省高级人民法院《关于连环购车未办理过户手续，原车主是否对机动车发生交通事故致人损害承担责任的请示的批复》（民一他字〔2001〕第32号）中就已经对责任主体的认定及主要理由进行了明确。即："连环购车未办理过户手续，因车辆已经交付，原车主既不能支配该车的营运，也不能从该车的营运中获得利益，故原车主不应对机动车发生交通事故致人损害承担责任。"此外，之所以只令受让人承担责任，原因还在于：尽管出让的机动车未办理转移登记，但根据《物权法》第24条的规定，此时所有权已经发生转移，只是不能对抗善意第三人。因而，出卖人与其他普通人一样，已经与该机动车及其运行没有任何关联，当然不能再承担他人之机动车交通事故责任。

（3）套牌机动车发生交通事故时责任主体的认定。所谓套牌机动车，通常是指参照已办理登记的机动车型号和颜色，更改原车发动机号等车辆识别信息，伪造并使用与已办理登记的机动车行驶证件相同的号牌、行驶证、驾驶证的机动车。"套牌车产生的主要原因是套牌行为人为了逃避相关的税费和规避公安交通管理部门的监管、处罚。"② 套牌机动车危害机动车管理秩序、损害合法机动车登记人合法权益，对道路交通安全具有潜在的重大威胁。因此，依据《道路交通安全法》的规定，应承担相应的行政责任，构成犯罪的，还应依法承担刑事责任。《交通事故损害赔偿解释》第5条规定明确了套牌机动车发生交通事故造成损害时的责任主体：若被套牌机动车所有人或管理同意套牌的，应当与套

---

① 张先民：《〈关于审理道路交通事故损害赔偿案件适用法律若干问题的解释〉答记者问》，《人民法院报》，2012年12月21日第4版。

② 张先民：《〈关于审理道路交通事故损害赔偿案件适用法律若干问题的解释〉答记者问》，《人民法院报》，2012年12月21日第4版。

牌机动车的所有人或者管理人承担连带责任。反之，应由套牌机动车的所有人或者管理人承担赔偿责任。需要注意的是，被套牌机动车所有人或管理人同意套牌时之所以要与套牌机动车所有人或管理人承担连带责任，原因在于他们具有共同的违法故意。

2. 机动车驾驶人和所有人分离时责任主体的确定

机动车驾驶人和所有人分离时，所有人并未直接支配机动车，但可能也从机动车的运行中获得了一定的利益，因而，按照运行支配和运行利益标准，所有人在一定情况下也要承担机动车交通事故责任。根据《侵权责任法》及《交通事故损害赔偿解释》规定，并结合学界已有研究成果[①]，本章分以下三种情形对此予以说明。

（1）基于法律行为而致驾驶人与所有人分离时责任主体的确定

此种情形包括所有人出租、出借机动车、挂靠经营、承包经营、所有权保留等。其中，《侵权责任法》只是对出租、出借机动车的情形进行了规定。

①出租、出借机动车时责任主体的认定

《侵权责任法》第49条规定："因租赁、借用等情形机动车所有人与使用人不是同一人时，发生交通事故后属于该机动车一方责任的，由保险公司在机动车强制保险责任限额范围内予以赔偿。不足部分，由机动车使用人承担赔偿责任；机动车所有人对损害的发生有过错的，承担相应的赔偿责任。"在立法过程中，就机动车所有人应承担何种责任的问题，存在两种意见：一是认为机动车所有人应当与驾驶人共同承担责任。主要理由有：按照运行支配和运行利益标准，出租人和出借人间接支配机动车且从中获得物质或精神利益；有利于加强机动车的管理，使得所有人在出租、出借机动车时更加谨慎，从而减少风险和纠纷的发生。二是机动车所有人有过错时，应当承担责任。[②]《侵权责任法》基本上采纳了第二种观点，并将责任程度规定为与其过错"相应的赔偿责任"。主要理由是所有人在借用人、承租人的选择中存在过错或者未对机动车存在的安全隐患做出适当处理时，其过错行为也是导致交通事故发生的原因，因而应

---

① 杨立新：《侵权责任法》，北京：法律出版社2010年版，第393页。
② 王胜明：《中华人民共和国侵权责任法解读》，北京：中国法制出版社2010年版，第252—253页。

当承担相应的责任。同时，虽然在出租、出借机动车的情况下，所有人并未对机动车实行直接的支配，却往往因此获得了运行利益，因而在发生机动车交通事故时，令其承担一定的责任也是公平合理的。本条规定正确适用的核心是认定所有人存在"过错"。根据《交通事故损害赔偿解释》第1条规定，此处的过错包括：所有人知道或者应当知道机动车存在缺陷，且该缺陷是交通事故发生原因之一的；知道或者应当知道驾驶人无驾驶资格或者未取得相应驾驶资格的；知道或者应当知道驾驶人因饮酒、服用国家管制的精神药品或者麻醉药品，或者患有妨碍安全驾驶机动车的疾病等依法不能驾驶机动车的；其他应当认定机动车所有人有过错的。

此外，《侵权责任法》对于所有人因出租和出借机动车发生交通事故所承担的责任没有做出区别对待。但事实上，所有人因出租和出借机动车所得之运行利益是有明显区别的。在出租的情况下，所有人所得运行利益形态是以租金表现出来的物质利益，而在出借的情形下，所有人并无物质利益之取得，所得之运行利益，多是亲情、友情等精神上的满足和人际关系的和谐。更为重要的是，出借机动车往往是与良好的人际关系、互帮互助的传统美德相一致的。尽管立法不能因此而较大程度地减轻或免除所有人的交通事故损害赔偿责任，但在顾及道路交通安全的前提下，在制度设计上若能兼顾出借机动车与出租机动车之间所存在的不同，无疑会令人快慰。对此，有专家指出，在具体案件的处理中，应当有所体现。其核心是在司法实践中，对条文所规定的过错做出不同的对待：在出借机动车时，能使所有人承担责任的过错应是重大过失，包括出借人明知借用人没有驾驶资质和出借人明知机动车存在故障两种情形。①

②挂靠经营、承包经营时责任主体的认定

所谓挂靠经营，"是指个人将其出资取得的机动车挂靠在运输企业名下，并以运输企业的名义办理机动车行驶证件及运营证件，从事机动车经营活动的行为"②。其重要特征在于挂靠人以被挂靠人的名义对外进行运输经营。与明确规定出租、出借机动车的情形不同，《侵权责任法》对于挂靠经营下发生交通事故致人损害的责任主体确定问题没有规定。《交通事故损害赔偿解释》第3条进

---

① 杨立新：《侵权责任法》，北京：法律出版社2010年版，第396页。
② 杨立新：《侵权责任法》，北京：法律出版社2010年版，第400页。

行了明确:"以挂靠形式从事道路运输经营活动的机动车发生交通事故造成损害,属于该机动车一方责任,当事人请求由挂靠人和被挂靠人承担连带责任的,人民法院应予支持。"不难看出,该解释没有细分挂靠经营的实际情况,统一要求被挂靠人承担连带责任。该要求有利于提高被挂靠人对挂靠人的监督管理义务,及时解决可能出现的机动车交通事故损害赔偿纠纷。对于该条立法理由,最高人民法院民一庭负责人曾指出主要的考虑因素:首先,以被挂靠人的经营许可证和名义从事运输经营,无论是对交易相对人还是对不特定的道路交通参与人而言,都使他们产生了一种信赖——以此经营许可证和名义从事经营的人具有一定资力、具备一定的安全生产条件。其次,机动车运输经营活动属于一种高度危险活动,依据侵权责任法及其理论,开启某种危险、从某种危险活动中获取利益的主体应当承担相应的责任,而被挂靠人恰恰从挂靠经营活动中获得了利益,有时甚至是巨大的利益。再次,被挂靠人不承担责任或者承担较小的责任,会纵容挂靠这种违反运输管理秩序、违反交通管理法规的行为,规定被挂靠人承担连带责任有利于以私法的手段实现公法目的,维护法律体系的统一性。最后,从侵权责任法关于责任主体和连带责任的规定来看,侵权责任法更加关注对违法行为的制裁、更加注重对受害人权益的保护,因此,规定由挂靠人和被挂靠人承担连带责任也符合侵权责任法的立法精神。[①]

但也存在一些值得探讨的地方。从机动车挂靠经营的实际情况来看,存在着有偿挂靠和无偿挂靠之分。对于有偿挂靠的,也即被挂靠人收取了一定管理费的,要求其承担一定的赔偿责任,是公平合理的。因为其虽未对机动车实施直接的运行支配,却是挂靠机动车运行利益的归属者之一,同时,也应当对挂靠的机动车的运行履行相应的管理义务。照此,《交通事故损害赔偿解释》要求被挂靠人承担连带责任,也是值得商榷的。很难说被挂靠人和挂靠人对挂靠机动车发生的交通事故具有共同的过错。当然,若被挂靠人明知挂靠人不具备从事机动车运输的资质或未取得驾驶证书、拟挂靠的机动车具有不适宜上路行驶的安全隐患而仍然接受挂靠的,则在挂靠的机动车发生交通事故时要求其与挂靠人承担连带责任并无不妥。

---

① 张先民:《〈关于审理道路交通事故损害赔偿案件适用法律若干问题的解释〉答记者问》,《人民法院报》,2012年12月21日第4版。

对于无偿挂靠的，被挂靠人不但未对挂靠机动车进行直接的运行支配，而且也不是挂靠机动车运行所得物质利益的归属者，因而要求其承担连带责任也是值得商榷的。当然，从立法精神上来看，《交通事故损害赔偿解释》的该种规定与《侵权责任法》第49条保持了一致。前已述及，该条对出借和出租机动车者所应承担的交通事故赔偿责任给予了同等对待。而且，若将出借或无偿挂靠中出借人和被挂靠人所得之非物质形式的利益也解释为运行利益，则至少从确立机动车交通事故赔偿责任主体的一般标准上讲，也是有其合理性的。

所谓机动车承包经营，是指发包人作为机动车的所有人、管理人将机动车的经营管理权发包给承包人，由其使用经营并缴纳相应的费用。[①] 虽然《侵权责任法》和《交通事故损害赔偿解释》均未做出规定，但基于承包经营在实质上与有偿挂靠的类似，在实务中，可以按照法律对于挂靠经营规定，要求发包人对所发包机动车交通事故与承包人一起承担连带责任。同时，承包经营的依据往往是承包合同，而承包合同中又多会对发包机动车导致他人损害时责任如何分担都有规定。需要注意的是，该种规定对于合同相对人之外的第三人并无拘束力。换言之，无论承包合同是如何规定的，都只能依照合同法的规定而成为发包人和承包人共同对外承担赔偿责任之后的分担依据。

③所有权保留时责任主体的认定

所有权保留是分期付款买卖中常见的交易方式。在此情形下，出卖人依照合同约定，将机动车交付买受人占有。在全部价款付清之前，买受人对机动车享有除处分权之外的其他所有权权能，可对机动车进行使用、收益；出卖人尽管保留了机动车的所有权，但依据买卖合同已经丧失了对机动车的运行支配和运行收益。出卖人保留所有权的做法，本质是对买受人支付剩余价款的担保，在买受人不违约的情况下，并不发生实际的所有权效力。因而，尽管在表面上看来，此种情形下机动车所有人与驾驶人是分离的，但实际上，依据运行支配和运行利益标准，出卖人不应该承担该机动车发生交通事故致人损害时的赔偿责任。对此，2000年12月8日起施行的《最高人民法院关于购买人使用分期付款购买的车辆从事运输因交通事故造成他人财产损失，保留车辆所有权的出卖方不应承担民事责任的批复》（法释〔2000〕38号）进行了明确："采取分

---

① 程啸：《机动车损害赔偿责任主体研究》，《法学研究》，2006年第4期，第138页。

期付款方式购车，出卖方在购买方付清全部车款前保留车辆所有权的，购买方以自己名义与他人订立货物运输合同并使用该车运输时，因交通事故造成他人财产损失的，出卖方不承担民事责任。"现在看来，该批复的基本精神是合理的。同时，除了该批复所针对的买受人以自己名字与他人订立运输合同并使用该车运输时发生交通事故的情形外，对于买受人使用该机动车发生交通事故致人损害时赔偿责任的承担，均可参照该批复的精神进行处理，即买受人承担全部的赔偿责任。

④他人接受机动车驾驶培训时发生交通事故责任主体的确定

《交通事故损害赔偿解释》第7条规定了接受机动车驾驶培训时发生交通事故造成损害时责任主体的认定问题。即："接受机动车驾驶培训的人员，在培训活动中驾驶机动车发生交通事故造成损害，属于该机动车一方责任，当事人请求驾驶培训单位承担赔偿责任的，人民法院应予支持。"此规定的合理性可从两个角度予以说明。首先，从运行支配和运行利益标准来看，尽管是接受机动车驾驶培训的人员实际驾驶机动车，但驾驶培训单位不但对该机动车的运行能够进行直接的支配，而且也是机动车驾驶培训经营利益的直接归属者，因而，司法解释将其确定为事故责任的主体，符合《侵权责任法》的基本精神。其次，驾驶培训服务是有偿服务，对接受驾驶培训的人员在培训过程中负有管理义务。同时，接受机动车驾驶培训的人员不具备独立驾驶资质，驾驶培训单位对其上路驾驶培训负有高度的注意义务。因而，接受驾驶培训的人员在驾驶机动车发生交通事故造成损害，属于该机动车一方责任时，要求驾驶培训单位承担赔偿责任也是合理的。当然，在其对外承担了赔偿责任之后，是否可向接受驾驶培训的人员进行追偿则需要依据双方之间关于驾驶培训的有关约定予以办理。一般情况下，除非接受驾驶培训的人员不服管理而致交通事故发生，驾驶培训单位均不宜向接受驾驶培训的人员进行追偿。

（2）非基于法律行为而致驾驶人与所有人分离时责任主体的确定

该种情况主要包括盗窃驾驶、抢夺驾驶、抢劫驾驶（以下统称"盗抢驾驶"）和擅自驾驶等情形。

①盗抢驾驶时责任主体的认定

《侵权责任法》第52条规定："盗窃、抢劫或者抢夺的机动车发生交通事故造成损害的，由盗窃人、抢劫人或者抢夺人承担赔偿责任。保险公司在机动车强制保险责任限额范围内垫付抢救费用的，有权向交通事故责任人追偿。"显然，在盗抢驾驶的情况下，机动车所有人不承担交通事故赔偿责任。理由是，发生盗抢之后，机动车所有人即丧失了对机动车的运行支配，也无法享有其运行利益，因而，不应当再对该被盗抢机动车所引起的交通事故承担赔偿责任。

然而，若从受害人角度看，该种规定将使受害人更加难以获得充分的补偿。考虑到机动车的价值，一般而言，盗抢机动车是应当受到刑事处罚的行为，发生交通事故后，盗抢人要么弃车逃脱，要么被采取强制措施，且多不具有赔偿能力，受害人很难依据《侵权责任法》的该规定获得赔偿。不过，不宜基于此种考虑而尝试令机动车所有人承担责任。理由是：机动车所有人和交通事故受害人一样，同是盗抢机动车的受害者；立法之所以"厚此薄彼"，在于盗抢行为的偶然性，难以认定所有人存在管理方面的过错。退一步讲，即便是所有人存在管理上的过错，也不能认为此过错与机动车交通事故的发生之间具有因果关系。同时，结合综合救助制度发展的趋势，随着制度的不断健全，交通事故受害人尚有可能通过其他途径获得救助，而机动车所有人却不具有得到同样对待的可能。而且，《侵权责任法》第53条还明确规定了机动车驾驶人发生交通事故后逃逸时受害人获得赔偿的规则："机动车驾驶人发生交通事故后逃逸，该机动车参加强制保险的，由保险公司在机动车强制保险责任限额范围内予以赔偿；机动车不明或者该机动车未参加强制保险，需要支付被侵权人人身伤亡的抢救、丧葬等费用的，由道路交通事故社会救助基金垫付。道路交通事故社会救助基金垫付后，其管理机构有权向交通事故责任人追偿。"尽管权威部门对本条的解读并没有明确本条规定的驾驶人是否包括盗抢机动车者[①]，但从条文文义来看，本条规定的机动车驾驶人显然应当包括盗抢驾驶人。这样，在盗抢驾驶人逃逸的情况下，交通事故受害人可通过机动车强制保险获得赔偿。至于盗抢人在案且无赔偿能力时，根据现行立法，交通事故受害人不能通过机动车强制保险制度获得赔偿，立法上的这种区别对待难以认为是完美的。因为虽然损害系盗抢驾驶所致，但从机动车强制责任保险制度的机能来看，允许交通事故受害人借此获得赔偿，同时赋予保险公司享有对盗抢驾驶人的追偿权也未尝不可；

---

① 王胜明：《中华人民共和国侵权责任法解读》，北京：中国法制出版社2010年版，第263—266页。

而根据权威部门的解读,该种规定是为严厉惩罚违法犯罪人的需要。[①] 事实上,从大的方面来看,该问题并非只存在于盗抢机动车肇事的情形下,而是在涉及具体受害人的刑事犯罪中普遍存在的问题,最终解决有赖于更大范围内的社会救助制度的建立和完善。

②擅自驾驶时责任主体的确定

根据《交通事故损害赔偿解释》第2条规定,未经允许驾驶他人机动车发生交通事故造成损害的,机动车驾驶人应承担损害赔偿责任。同时,若机动车所有人或管理人有过错,则应承担相应的赔偿责任。不难理解,令擅自驾驶人承担责任,是符合运行支配和运行利益标准的。而令机动车所有人或管理人承担与其过错相应的责任,事实上也是基于运行支配标准的要求。运行支配要求支配者对使用中的机动车负有必要的注意义务,不论是机动车处在实际运行中,还是处于停靠状态,都是一样的。如果机动车所有人或管理人没有尽到该注意义务,以致机动车被他人擅自驾驶,理应承担相应的赔偿责任。实务中需要注意将擅自驾驶与盗抢驾驶进行区分。盗抢驾驶本质上也是未经允许驾驶他人机动车,二者的主要区别在于,在盗抢驾驶的情况下,行为人主观上存在非法改变机动车所有权状态的故意,而在擅自驾驶的情形下,行为人不存在这种故意。

3. 其他特殊情形下责任主体的确定

对于机动车交通事故的发生,除了常见的因驾驶人、所有人或管理人存在过错外,实践当中还可能因其他原因导致事故的发生。因而,除了从机动车驾驶人是否与所有人是同一人的角度来分别确定机动车交通事故损害赔偿责任的承担主体外,还有必要从其他可能的导致事故发生的原因入手,确定机动车交通事故损害赔偿责任的承担者,以全面体现责任自负,更加公平、合理地解决机动车交通事故纠纷,并促使涉及道路通行的各方参与主体尽职尽责,降低交通事故的发生。《侵权责任法》第89条对于公共道路上物品致害责任的承担进行了较为宏观的规定,《交通事故损害赔偿解释》在此基础上分别针对导致公共道路通行缺陷的原因对应当承担赔偿责任的主体进行了细化和明确。具体可分为道路建设者和管理者责任以及在道路上堆放、倾倒、遗撒妨害通行物品人责任两种情形。

---

① 王胜明:《中华人民共和国侵权责任法解读》,北京:中国法制出版社2010年版,第262页。

（1）公共道路建设者和管理者责任

①公共道路建设者责任

《交通事故损害赔偿解释》第11条规定了因设计、施工违反规定致使道路存在缺陷造成交通事故时建设单位和施工单位的赔偿责任："未按照法律、法规、规章或者国家标准、行业标准、地方标准的强制性规定设计、施工，致使道路存在缺陷并造成交通事故，当事人请求建设单位与施工单位承担相应赔偿责任的，人民法院应予支持。"据此，公共道路建设单位与施工单位承担交通事故致损责任的条件有：第一，公共道路因违规设计、施工导致存在缺陷。公共道路的建设，可能存在多种缺陷或不足。并非只要存在缺陷，或只要存在导致交通事故发生的原因的缺陷，都要求建设单位和施工单位对发生在道路上的交通事故致损负责。本条所指的缺陷，不但是导致事故发生的原因，而且，该种缺陷是因未按照法律、法规、规章或者国家标准、行业标准、地方标准的强制性规定设计、施工所造成的。对于年久失修、管理不善所导致的缺陷，承担责任的主体不在建设和施工单位。对于按照有关规定或标准设计和施工的道路，即便存在导致交通事故发生的缺陷，也不能要求建设单位和施工单位承担责任。第二，道路存在缺陷造成交通事故。机动车发生交通事故的原因很多，常见的有违章驾驶、行人或非机动车驾驶人违规通行，也有因道路施工或设计违反规定而导致存在缺陷所致的。公共道路建设单位和施工单位承担责任的情形只限于是道路存在缺陷导致了交通事故的情形。不论道路缺陷是导致事故的唯一原因，还是与其他因素一道共同导致交通事故，依照司法解释的规定，道路建设单位和施工单位都要承担责任。当然，根据导致事故发生的原因大小的不同，道路建设单位和施工单位在承担责任上也是有所不同的。特别是当道路缺陷并非单一的引发交通事故的原因时，应综合考虑各种原因，并据此对责任进行相应的划分。第三，交通事故致人损害。这里的损害既包括人身损害，也包括因交通事故而给自然人或者单位造成的财产损害。在认定损害时，需要注意，其必须因交通事故而引起的。

至于本条所规定的归责原则，并非显而易见，是值得探讨的。特别是《侵权责任法》明确规定适用过错推定原则和无过错原则，应以"法律"规定为限，而《侵权责任法》中并未涉及道路建设单位和施工单位就道路存在缺陷导致交通事故时责任承担的问题。因而，将该条规定理解为过错推定原则存在一定障碍。联系该司法解释第9条第1款和第10条的规定，制订机关就该两类近似的责任的规定方式与第11条规定的措辞存在明显区别，而第9条第1款、第10条规定的是典型的过错推定责任，且有《侵权责任法》的立法依据，该两条可看成对《侵权责任法》规定的细化。尽管如此，我们还是认为，本条规定的建设单位和施工单位的责任，应理解为过错推定原则。主要理由是：首先，本条所规定的责任与该司法解释第9条第1款、第10条规定的责任性质十分相似，属于同一类型，后二者是过错推定，且有法律依据。对于性质十分近似的责任采用相同归责原则是合理的。其次，本条所规定的过错事实，不易分清过错程度，只要在设计、施工上违反规定或标准而造成道路存在缺陷，就存在过错，事实上无法明确违反的程度。这一特征与过错推定原则是相符的，而在适用过错原则的情况下，过错程度是影响责任大小的重要因素。再次，将本条理解为过错原则，会不当加重交通事故中当事人请求损害赔偿的负担，从而会贬损本条规定的规范作用。在过错原则中，适用"谁主张谁举证"的举证规则。道路存在致使交通事故发生的缺陷，往往并不难证明。而要令当事人举证证明道路所存在的缺陷是因设计、施工违反有关法律规定或有关强制性标准所致，则未免有些"强人所难"。对当事人而言，要证明道路设计、施工存在缺陷，往往需要查阅设计、施工图纸，并须对照有关法律规定或强制性标准进行确定。道路设计、施工属于专业性较强的专门活动，缺乏相关专业知识的普通人往往难以对过错进行举证。反之，证明设计、施工是否违反法律规范规定或者强制性标准，对于建设单位和施工单位而言，并非难事。

②道路管理者责任

《侵权责任法》未明确规定道路管理者就道路管理维护缺陷导致机动车发生交通事故造成损害时责任应当如何承担的问题，但在实践中，的确存在着因道路管理维护不善而妨碍通行，以至发生交通事故的可能。为明确公共道路管理人的责任，为司法实践提供明确的裁判依据，《交通事故损害赔偿解释》第9条第1款规定："因道路管理维护缺陷导致机动车发生交通事故造成损害，当事人请求道路管理者承担相应赔偿责任的，人民法院应予支持，但道路管理者能够证明已按照法律、法规、规章、国家标准、行业标准或者地方标准尽到安全防护、警示等管理维护义务的除外。"可见，司法解释该条首先明确了适用于道路管理者的归责原则应是过错推定原则。在处理具体案件中，还需要注意：必须存在道路管理维护上的缺陷，此缺陷足以造成对道路正常通行的妨碍；此缺陷与发生交通事故致损之间存在因果关系；道路管理者不能证明其尽到了条文明确规定的义务。此外，在具体案件中，还可能出现道路管理者与其他主体同时需要承担交通事故致害责任的情形。此时，道路管理者应当承担何种责任，现有法律规范并未明确。在我们看来，应当区分不同情况：对于道路所存在的通行缺陷只因管理上的过错所造成，且该缺陷与其他原因一样，都足以单独引起交通事故时，道路管理者应与导致交通事故发生的其他原因所对应的主体一道，承担连带责任；而虽然道路所存在的通行缺陷同样只因管理上的过错所致，但在导致交通事故的发生上，能够确定责任大小时，道路管理者承担相应的责任，难以确定责任大小的，平均承担赔偿责任；对于道路所存在的通行缺陷除了管理上的过错外，还与他人过错有关的，道路管理者在依前述规则承担责任外，享有对他人的追偿权。

（2）妨碍道路通行物品致损时责任的承担

《侵权责任法》第89条是在妨碍道路通行物品致损时责任承担的基本法律依据，并将承担责任的主体规定为"有关单位或个人"。其中，对于堆放人、倾倒人、遗撒人应该承担责任应当是明确的。同时，尽管措辞的明确性有所差异，但大多都通过对该条中"有关单位和个人"的解释，认为其同时也确定了公路管理者的责任。如在全国人大法工委的解读中，它包括三种情况：主要是指堆放、倾倒、遗撒妨碍通行物的单位或者个人，也可能是对于物品疏于管理、导致该物品妨碍公共道路通行的有关的单位或个人，"也不完全排除对公共道路负有管理、维护义务的单位或者个人的责任"①。理由是："为了保障公共道路具有良好的适用状态，公共道路的管理、维护者要及时发现道路上出现的妨碍通行的情况并采取合理的措施。"② 杨立新教授指出，在被侵权人无法找到遗撒的行为人时，就可能存在对遗撒的障碍物具有管理职责的人是应当承担侵权责任的人。③ 王利明教授指出，从文义解释来看，"有关单位或个人"属于模糊概念，并没有确定具体的责任主体。他还主张，该条既确立了堆放人、倾倒人、

---

① 王胜明：《中华人民共和国侵权责任法解读》，北京：中国法制出版社2010年版，第431页。
② 王胜明：《中华人民共和国侵权责任法解读》，北京：中国法制出版社2010年版，第431页。
③ 杨立新：《侵权责任法》，北京：法律出版社2010年版，第593页。

遗撒人的责任，也规定了公共道路所有人或管理人的责任。① 张新宝教授也指出：在找不到堆放人、倾倒人和遗撒人时，负有道路安全保障义务的主体也可能要承担责任。② 我们基本赞同这种意见，认为该条虽然主要明确的是堆放人、倾倒人、遗撒人的责任，但同时也没有排除公共道路管理人或所有人承担责任的可能。但对于适用于公共道路所有人或管理人的归责原则，王利明教授将其与适用于堆放人、倾倒人、遗撒人责任的归责原则进行了区别，认为对前者应当适用过错原则，而对后者应适用过错推定原则。③ 当然，对于这种解读，我们认为还有探讨的空间，主要的障碍是，将同一立法条文所确定的相同用语适用于不同的具体主体时适用不同的归责原则④，此种解释的合理性还有待论证。

为便利妨碍通行物品致损时损害赔偿责任的承担，《交通事故损害赔偿解释》第10条对此进行了进一步明确。该条规定："因在道路上堆放、倾倒、遗撒物品等妨碍通行的行为，导致交通事故造成损害，当事人请求行为人承担赔偿责任的，人民法院应予支持。道路管理者不能证明已按照法律、法规、规章、国家标准、行业标准或者地方标准尽到清理、防护、警示等义务的，应当承担相应的赔偿责任。"不难看出，司法解释对上述两个问题进行了明确，即：道路管理者就妨碍通行物品致损，也可能需要承担损害赔偿责任，所适用的归责原则也是过错推定原则。这样，便与《侵权责任法》第89条所规定的适用于妨碍通行物品的堆放人、倾倒人、遗撒人责任的归责原则保持了一致。即：在因道路管理维护缺陷导致机动车发生交通事故造成损害时，推定道路管理者在道路管理维护方面存在过错，若其不能证明已按照法律、法规、规章、国家标准、行业标准或者地方标准尽到清理、防护、警示等义务，就需要承担损害赔偿责任。在具体案件中，堆放人、倾倒人、遗撒人要承担交通事故损害赔偿责任，需要具备如下条件：实施了向道路堆放、倾倒、遗撒妨碍通行物品的行为；妨碍通行物品导致交通事故造成了损害；堆放人、倾倒人、遗撒人不能证明自己没有过错。道路管理者的责任构成条件与此类似，最重要的区别在于免责事由方面。当然，有专家在解读《侵权责任法》第89条时指出，道路管理者承担的

---

① 王利明：《侵权责任法研究》（下卷），北京：中国人民大学出版社2011年版，第739页。
② 张新宝：《侵权责任法》，北京：中国人民大学出版社2010年版，第342—343页。
③ 王利明：《侵权责任法研究》（下卷），北京：中国人民大学出版社2011年版，第742—743页。
④ 尽管学者在"有关单位或个人"所包含的具体内容上进行了分类区别，但立法措辞并未区别。

仅仅是补充责任，只有在无法找到堆放人、倾倒人、遗撒人或其无力赔偿时，道路管理者才需要承担责任。① 应该说，从司法解释条文的用语来看，这种解释有一定道理。

4. 试乘人员因试乘机动车发生交通事故遭受损害时责任的承担

试乘往往是在机动车销售环节中销售商向购买人提供的一项重要服务，以方便购买者真实地感受和了解机动车的乘坐舒适感和操控性能，从而便利购买者做出称心的购买选择。《交通事故损害赔偿解释》对机动车试乘过程中发生事故造成试乘人损害时责任如何分担的问题做出了规定："机动车试乘过程中发生交通事故造成试乘人损害，当事人请求提供试乘服务者承担赔偿责任的，人民法院应予支持。试乘人有过错的，应当减轻提供试乘服务者的赔偿责任。"在具体适用中需要注意，提供试乘服务者向试乘人承担损害赔偿责任并不以提供试乘服务机动车一方应承担事故责任为前提。法律的解释，应当首先从文义出发，如果文义解释的结论是合理的，就应当采纳这种解释。从条文本身看不出存在这个前提，换言之，根据条文文义，只要试乘机动车发生交通事故造成试乘人损害，提供试乘服务者均是承担赔偿责任的主体。我们以为，该结论也是合理的。试乘服务是一项机动车销售过程中销售者向购买者提供的一项附带服务，因而，其对试乘人负有安全保障义务，只要未尽到安全保障义务，就应该向试乘人承担损害赔偿责任。当然，若把试乘的机动车看成提供试乘服务者工作场所的延伸，则更容易理解对条文解释所得结论的合理性。据此，我们可以说，之所以不要求这个前提，是因为试乘人要求提供试乘服务者承担损害赔偿责任的依据并非导致事故发生的原因。当然，如果致试乘人损害的试乘机动车交通事故的发生是因第三人的行为（含驾驶机动车）引起的，提供试乘服务提供者又未尽到安全保障义务，则第三人和提供试乘服务者均是承担赔偿责任的主体。此外，表面上看来，本条对于责任主体的规定、承担责任的条件以及减轻责任的条件都规定得十分清楚，简单易用。然而，对于司法解释如此规定的理由，还有深入探讨的必要。核心的问题是，提供试乘服务者承担责任的依据是侵权理论还是合同理论？下文分析可知，从不同的依据出发，所得出的结论

---

① 张新宝：《侵权责任法》，北京：中国人民大学出版社2010年版，第342—343页；王利明：《侵权责任法研究》（下卷），北京：中国人民大学出版社2011年版，第742—743页。

是有一定区别的。

（1）若该规定的依据是侵权法理论，则进一步需要探讨如下问题：首先，提供试乘服务者承担损害赔偿责任的依据是什么？换言之，该条的规定是否意味着提供试乘服务者应承担无过错责任？从条文文义来看，提供试乘服务者对试乘人所承担的损害赔偿责任的构成，并未考虑其是否有过错。因而，似乎是确定了无过错责任。然而，从《侵权责任法》对无过错责任的立法模式来看，凡适用无过错原则的，须有"法律"的明文规定依据。由《立法法》及其他法律的规定可知，司法解释显然不是《侵权责任法》第7条所指的"法律"。因而，似乎也不宜说该条规定了无过错原则。同理，也不能说提供试乘服务者承担责任的依据是过错推定原则。这样，就只能是过错原则了。其次，如何理解该条的规定就是适用了过错原则呢？法律解释的对象只能是条文本身。不妨从该条设定的提供试乘服务者承担责任的前提出发，即"机动车试乘过程中发生交通事故造成试乘人损害"。既然前提是已经发生了交通事故，则对试乘人的损害而言，需要向提供试乘服务者请求损害赔偿的情形只能是客观上不能从事故相对方获得足额赔偿，具体包括：事故相对方依法不向试乘机动车一方承担责任和事故相对方只承担部分损害赔偿责任。该二者又意味着提供试乘服务者因过错应承担事故责任和事故的发生是因不可抗力等不可归咎于事故双方的因素造成的两种情况。因而，若是提供试乘服务者存在过错，则认为其向试乘人承担损害赔偿责任的依据是过错原则，似乎也是能够自圆其说的。因为，从侵权的角度来看，无论试乘人是否做出购买决定，提供试乘服务者都对试乘人负有安全保障义务，因其过错而致发生交通事故造成试乘人损害，违反了这一义务。而若事故的发生是因不可抗力等不可归咎于事故双方的因素造成的，则很难说提供试乘服务者向试乘人承担损害赔偿的依据是过错原则。第三，如何理解本条规定的减轻责任事由？该条还规定了提供试乘服务者的责任减轻事由，即试乘人有过错。不难看出，该规定与《侵权责任法》第26条的规定基本保持了一致："被侵权人对损害的发生也有过错的，可以减轻侵权人的责任。"《侵权责任法》该条的主要立法理由是："被侵权人对于损害的发生也有过错的，让侵权人承担全部赔偿责任，有失公允。"[1] 然而，在侵权法理论下，就本条规定的

---

[1] 王胜明：《中华人民共和国侵权责任法解读》，北京：中国法制出版社2010年版，第123页。

"过错"的内涵以及其与《侵权责任法》第27条规定之间的关系，也不能得到周延的解释。一般而言，过错包括故意和过失。对于试乘人存在过失时减轻提供试乘服务者责任的理由，无论是从无过错原则角度还是从过错原则角度，都可以认为是合理的。但对于试乘人存在的过错是故意的情形，若认为提供试乘服务者承担责任的依据是无过错原则，则司法解释规定的减轻责任与《侵权责任法》第27条规定之间可能存在冲突，因为，根据有专家的解释，《侵权责任法》第27条的规定应当适用于一切侵权责任案件，包括无过错责任案件。① 而若认为提供试乘服务者承担责任的依据是过错原则，则按照该条文规定的精神，此时受害人的故意并非损害发生的唯一原因，提供试乘服务者的过错行为与试乘人损害之间也存在因果关系。因而，只能相应的减轻提供试乘服务者的赔偿责任。同样，若是上文分析的后一种情况，即试乘机动车发生事故造成试乘人损害是因不可抗力等不可归咎于事故双方的原因导致的，难以理解司法解释所规定的该减轻责任的合理性。

（2）若认为该规定的依据是合同法理论，则需要探讨的问题是，本条规定与《合同法》的有关规定是否相一致？② 尽管是提供试乘服务，也没有向试乘人收取费用，但在法律行为性质上和提供客运服务没有本质区别。虽然试乘人和提供试乘服务者之间一般不存在书面的试乘合同，但因双方就试乘是基于真实的意思表示，且并不违反法律的强制性规定，因而，认定双方就此存在合同关系并无不妥。若此，依据《合同法》第302条之规定，试乘服务提供者——相当于运输合同中的承运人，也应当对试乘人——相当于运输合同中"经承运人许可搭乘的无票旅客"在试乘过程中的伤亡承担损害赔偿责任。问题在于，根据《合同法》第302条第1款但书的规定，若伤亡是旅客自身健康原因造成的或者承运人证明伤亡是旅客故意、重大过失造成的，承运人不承担损害赔偿责任。照此，若因试乘人员的重大过失导致试乘机动车发生交通事故并致其损害，则试乘服务者若依照《合同法》，就不应该承担责任；若依《侵权责任法》和上述司法解释，则应当承担赔偿责任。因为，司法解释的该种规定和《合同

---

① 张新宝：《侵权责任法》，北京：中国人民大学出版社2010年版，第78页；王胜明：《中华人民共和国侵权责任法解读》，北京：中国法制出版社2010年版，第130页。

② 《合同法》也是该解释制定的依据之一，参见张先民：《〈关于审理道路交通事故损害赔偿案件适用法律若干问题的解释〉答记者问》，《人民法院报》，2012年12月21日第4版。

法》的规定之间并没有完全契合,如何协调二者的适用,也是值得进一步探讨的。

综上,我们认为,将本条规定的依据理解为合同法理论,在总体上更加合理。

二、机动车交通事故损害赔偿的位序

《道路交通安全法》第 76 条确立了机动车发生交通事故造成人身伤亡、财产损失时赔偿义务人的赔偿位序,即先由保险公司在第三者责任强制保险范围内予以赔偿,不足的部分,按照侵权责任制度的有关规定由有关责任主体依法向受害人进行赔偿。根据《交通事故损害赔偿解释》第 16 条规定,对于受害人所遭受的精神损害,承包交强险的保险公司有优先赔偿的义务。该条还规定,若机动车投保了第三者责任商业保险,受害人一并主张赔偿的,承包第三者责任商业保险的保险公司应先于侵权人对受害人进行赔偿。之所以为赔偿义务人设置这样的赔偿位序,一方面是考虑到我国交强险制度的立法模式,因而令交强险在其责任范围内优先赔偿;另一方面是顾及第三者责任商业保险本质上在于分散侵权人风险的制度功能,因而令其就交强险赔偿之后的不足部分优先于侵权人进行赔偿。最后,再由侵权人依照侵权责任法的相关规定承担剩余部分的赔偿责任。需要注意的是,第三者责任商业保险的标的应是交强险赔偿之后,被保险人依法应当承担的侵权责任,其基本裁判依据是《保险法》和商业三者险合同。[①]

[①] 张先民:《〈关于审理道路交通事故损害赔偿案件适用法律若干问题的解释〉答记者问》,《人民法院报》,2012 年 12 月 21 日第 4 版。

三、机动车一方交通事故责任的范围

（一）损害赔偿责任的减免事由

1. 免责事由：受害人故意

《道路交通安全法》第 76 条第 2 款规定了机动车一方的免责事由，即交通事故的损失是由非机动车驾驶人、行人故意碰撞机动车造成的，机动车一方不承担赔偿责任。结合《机动车交通事故责任强制保险条例》第 21 条第 2 款规定，在道路交通事故的损失是由受害人故意造成的情况下，保险公司也不予赔偿。可以说，此免责事由是绝对的免责。

此外，《侵权责任法》第三章还规定了第三人行为、不可抗力等免责事由。这些免责事由是否可适用于机动车一方，值得探讨。从条文用语看，对于第三人行为，适用于交通事故责任；而就不可抗力来说，《侵权责任法》第 29 条中规定了例外情形，即"法律另有规定的，依照其规定"。结合《道路交通安全法》第 76 条规定可知，不可抗力也应属于机动车交通事故的免责事由。[①] 但此类免责事由，与"受害人故意"有所不同，它们的适用，并不意味着免除了保险公司对第三人承担的法定责任。

2. 责任减轻事由：与有过失

《侵权责任法》第 76 条规定了机动车一方的责任减轻事由，需要注意的是，该规定与该法第 26 条规定的普遍事由在表述上存在一定区别：前者规定"根据过错程度适当减轻"，后者规定"可以减轻"。应该说，前者就后者做出了一定的限制。[②]

（二）其他特殊情形下的赔偿范围探讨

这里的特殊情形，主要是指拼装或已达到报废标准的机动车肇事时损害赔

[①] 程啸：《侵权责任法》，北京：法律出版社 2015 年版，第 538 页。
[②] 也有观点认为："这实际上是过失相抵规则在交通事故责任的具体适用。"参见最高人民法院侵权责任法研究小组：《中华人民共和国侵权责任法条文理解与适用》，北京：人民法院出版社 2016 年版，第 350 页。

偿的范围问题。拼装车、已达到报废标准的机动车或者依法禁止行驶的其他机动车肇事造成损害的，转让人和受让人承担损害赔偿责任的范围及于全部损害，不论从《侵权责任法》的规定看，还是从机动车强制责任保险的规定看，此时均不涉及责任保险的问题。需要讨论的问题是，这一责任，是否可得减免？本书认为，尽管拼装车、报废车上路行驶违反了法律的强制性规定，但从《侵权责任法》第三章规定来看，拼装车、报废车发生交通事故造成损害时，同样可以依法减免。

第四节　机动车交通事故损害的社会化分担

一、机动车交通事故损害社会化分担概述

（一）建立机动车交通事故损害社会化分担机制的合理性

尽管在各主要国家关于机动车交通事故致损赔偿的立法中，都为机动车一方设定了较为严格的责任，但侵权损害赔偿请求权的成立必须具备法定条件，而且，纠纷解决周期较长，受害人能否事实上获得赔偿，还在很大程度上取决于机动车一方是否具备赔偿能力。同时，在现代汽车社会，机动车的保有率已较高，加之机动车的自身危险性，机动车交通事故的发生已经不再是偶然的个案现象，而具有相当的不可避免性。正如有学者所言，机动车事故的特殊性在于：即便机动车方是完全无过错的，事故通常也是无法避免的；其特殊性还在于，当一场严重的事故发生时，其中的任何一方通常都难以承受随之而来的巨大损失。[①] 因而，为保护机动车交通事故的受害人，减轻机动车一方责任，提高纠纷解决效率，弥补单纯依靠侵权法来应对机动车所造成的风险的不足，各国立法逐渐建立了机动车交通事故损害的社会分担机制，包括机动车强制责任保

[①] 王军、高瑛玮：《现代保险体制下机动车方对非机动车方的责任比较研究》，《环球法律评论》，2008年第3期，第112页。

险制度、社会救助基金以及社会保障制度。它们与机动车交通事故侵权责任制度一道,共同缔结了一张交通事故受害人的保障网。交通事故损害社会化分担机制的建立,构成了现代侵权法发展的基本导向:"从保证个人的行动自由向保护所有的人基本生存权从而营造出整个社会的安全氛围转变。"①

(二) 机动车交通事故侵权责任与损害的社会化分担之间的关系

从各主要国家和地区的立法来看,就机动车交通事故致损责任的承担,基本上都设立了两个规范机制:一是通过机动车强制责任保险制度,由保险人在限额范围内首先予以赔偿;二是通过一定的标准,令机动车一方就剩余损害向受害人承担侵权损害赔偿责任。这两个规范机制之间虽有关联,但并未挂钩,基本上可以看作是相互独立的制度。"侵权行为法的功能,在于将被害人的损害移转于加害人负担。汽车强制责任保险在于为交通事故受害人迅速提供最低的保险给付,有无侵权责任在所不问。""侵权责任在于强调人的行为自由、自主性及自己责任原则。强制汽车保险制度,则在于分散风险,减少交易成本,及促进社会安全。"②

与侵权损害赔偿系以分配正义为指导原则旨在填补损害不同,社会化分担机制则以迅速补充受害人,并维护其基本的生存条件为目的。在损害的社会分担机制中,弱化了局限于侵权人与被侵权人之间的侵权责任关系,而是基于保障受害人的生命权利和基本生存权利,重点关注已经发生损害的事实和对受害人进行平等救助的需要两个方面。至于侵权人的主观状况,尚在考查的次要位置。相应的,在成立条件上,侵权责任的承担需要具备法律规定的责任成立条件,多在于加害人基于过错侵害了他人合法权益,或虽无过错,但法律明文规定应当就自己所造成的损害承担责任。而损害的社会化分担机制所建立的基础不在加害人过错,其基础或在于保险合同关系或在于法律的明文规定。通常,只要发生交通事故造成损害,就会引起对此损害的分担问题。有学者因此指出,

---

① 王军、高瑛玮:《现代保险体制下机动车方对非机动车方的责任比较研究》,《环球法律评论》,2008年第3期,第112页。
② 王泽鉴:《侵权行为》,北京:北京大学出版社2009年版,第517页。

机动车强制保险责任实际上是一种法定责任。①

当然，二者也是有一定联系的：机动车交通事故侵权责任与事故损害的社会化分担具有相同的事实基础，即发生了机动车交通事故并造成了损害。社会化分担机制减轻了机动车一方应承担的损害赔偿责任。主要是，机动车强制责任保险的保险人在事故发生之后具有优先赔偿的义务。因而，若机动车一方对事故致损依法应承担侵权责任，则保险人的优先赔付能够减轻侵权人所实际承担的赔偿数额。

二、我国机动车交通事故损害的社会化分担机制及其完善

当前来看，我国已形成了两种基本的机动车交通事故损害社会化分担机制：机动车交通事故第三者责任保险制度，包括机动车强制责任保险制度和第三者责任商业保险制度；交通事故社会救助基金制度。前者对受害人承担责任保险，后者对受害人提供社会救助保障。同时，随着机动车保有量的不断提高，在通过严格立法预防交通事故发生的同时，还应更加注重道路交通事故受害人的救济问题。因而，从社会建设的视角来看，完善包括机动车强制责任保险制度、社会救助制度在内的损害社会化分担机制，建立包括医疗、基本生活保障在内的适用范围更广、长效的社会保障制度是我国在今后一段时间内应当重点考虑的问题。有学者为我国交通事故损害的社会化分担机制建设提出了方向性建议："应从我国当前国情出发，采取以强制保险＋社会救助基金＋社会保障等多位一体的补充救济模式。"② 从而逐渐形成在侵权责任机制统领下，责任保险、社会保障、社会救助等多种机制相互协调、相互补充、相互协作的受害人权益保障模式。

---

① 最高人民法院侵权责任法研究小组：《中华人民共和国侵权责任法条文理解与适用》，北京：人民法院出版社2016年版，第349页。

② 卢志刚、章根明：《道路交通事故受害人社会化救济机制探讨》，《社会科学家》，2012年第2期，第99页。

(一) 机动车强制责任保险制度

1. 概况

所谓责任保险制度,是指以被保险人对第三者依法应负的赔偿责任为保险标的的保险种类。它是 20 世纪下半叶在国外首先发达起来的一个行业。[①] 它的兴起和发达不仅得益于人们对保险制度风险分散功能的认可,而且也与 20 世纪以来科技进步所带来的事故类损害事件的频发有关。很多事故类损害,往往很难归咎于某一方的过错,毋宁说是为人类经济生活所必要的大工业本身所具有的风险。加之这些事故通常都会造成较大的损害,单纯依赖事故责任人的经济能力,很难使受害人获得充分的赔偿。通过责任保险制度,一方面能够弥补责任人赔偿责任的不足,实现责任的社会化分担;另一方面,能够比较迅捷地解决纠纷,节约社会成本。

我国机动车强制责任保险制度起步虽晚,但发展迅速。2006 年,国务院颁布的《机动车交通事故责任强制保险条例》,确立了我国交通事故责任保险制度的基本框架,并对侵权责任制度产生了重要影响。此后,投保率逐渐提高,至 2011 年,机动车投保率为 50.6%,汽车投保率为 81.1%。根据《机动车交通事故责任强制保险条例》第 3 条规定,机动车交通事故责任强制保险,是指由保险公司对被保险机动车发生道路交通事故造成本车人员、被保险人以外的受害人的人身伤亡、财产损失,在责任限额内予以赔偿的强制性责任保险。目前来看,除了《机动车交通事故责任强制保险条例》外,《道路交通安全法》《侵权责任法》以及《交通事故损害赔偿解释》都就机动车强制责任保险制度进行了规定。

2. 机动车强制责任保险的功能定位

就世界范围来看,机动车交通事故强制责任保险有两种立法模式:一是保险与责任结合模式。此模式的主要特点是,保险人承担责任的前提是被保险人对第三者负有责任,"在理念上,更为强调责任保险分担被保险人损失的功

[①] 王利明:《侵权责任法研究》(下卷),北京:中国人民大学出版社 2011 年版,第 322 页。

能"①。第二种模式为保险与责任相分离。此种模式的主要特点是,在本质上,保险人承担事故责任的前提只是发生交通事故造成了损害。"在理念上更加重视受害人的损失填补。"② 就我国而言,尽管《机动车交通事故责任强制保险条例》第 21 条第 1 款的规定表明我国的交强险责任是保险与责任相分离模式——"被保险机动车发生道路交通事故造成本车人员、被保险人以外的受害人人身伤亡、财产损失的,由保险公司依法在机动车交通事故责任强制保险责任限额范围内予以赔偿。"但《侵权责任法》第 49 条、第 50 条却都使用了"发生交通事故后属于该机动车一方责任的,由保险公司在机动车强制保险责任范围内予以赔偿"的措辞,似乎又是表明责任保险应当以机动车一方承担责任为前提。立法上的这种不统一造成了理解和适用上的分歧。但从解释上,学者们都指出,我国的立法模式是或应当采用保险与责任分离的模式。主要依据在于《道路交通安全法》第 76 条之规定、强制责任保险制度的所具有的填补受害人损失以及缓解城市交通拥堵的基本功能等。③ 这种解释是与我国司法实践的做法相符的,也是符合机动车交通事故责任保险制度的发展趋势的,但为消除分歧,便利法律的适用,更好地发挥机动车交通事故损害社会化分担机制的功能,立法上的明显冲突应当及时消除。

3. 保险人赔偿的具体规则

(1) 被保险机动车发生交通事故造成损害。这是保险人承担保险责任的前提。根据《机动车交通事故责任强制保险条例》规定,损害既包括人身伤亡,也包括财产损失。同时,对于本车人员、投保人允许的合法驾驶人所遭受的损害,不适用责任保险赔偿。而对于投保人所遭受的损害是否适用责任保险赔偿,《机动车交通事故责任强制保险条例》与《交通事故损害赔偿解释》的规定存在冲突。前者规定,投保人不适用,而后者则对此进行了限缩解释,规定若投

---

① 姜强:《交强险的功能定位及其与侵权责任的关系——审理机动车交通事故损害赔偿案件的制度背景》,《法律适用》,2013 年第 1 期,第 51 页。

② 姜强:《交强险的功能定位及其与侵权责任的关系——审理机动车交通事故损害赔偿案件的制度背景》,《法律适用》,2013 年第 1 期,第 51 页。

③ 王利明:《侵权责任法研究》(下卷),北京:中国人民大学出版社 2011 年版,第 327 页。姜强:《交强险的功能定位及其与侵权责任的关系——审理机动车交通事故损害赔偿案件的制度背景》,《法律适用》,2013 年第 1 期,第 53 页。

保人非本车上人员，则在其允许的驾驶人驾驶机动车致其遭受损害时，应适用责任保险予以赔偿。应该说，该解释是合理的，这里涉及对第三者如何解释的问题。《交通事故损害赔偿解释》第18条还规定，在驾驶人未取得驾驶资格或者未取得相应驾驶资格、醉酒、服用国家管制的精神药品或者麻醉药品后驾驶机动车发生交通事故以及驾驶人故意制造交通事故导致第三人人身损害时，保险公司在交强险责任限额范围内也有赔偿的义务。保险公司赔偿后，可向侵权人进行追偿。主要理由是：第一，保险公司在机动车驾驶人违法驾驶导致交通事故致人身损害的情况下承担赔偿责任符合交强险制度旨在保护受害人的制度目的。相反，若交强险保险公司不予赔付，则受害人的权益在这些情况下难以得到保障。毕竟保险公司相对于受害人而言，处于更为有利的地位；同时，因该条确认了保险公司对侵权人的追偿权，因而，也不会造成放纵违法行为的效果。第二，从现行其他立法来看，并未排除在上述情况下保险公司对受害人人身损害进行赔偿的可能。① 《机动车交通事故责任强制保险条例》明确规定了在这些情况下保险公司对受害人财产损失不予赔偿，而对人身遭受损害的赔偿义务，并未免除。② 《机动车交通事故责任强制保险条例》第22条第2款规定："在驾驶人未取得驾驶资格或者醉酒、被保险机动车被盗抢期间肇事的以及被保险人故意制造道路交通事故三种情形下，发生道路交通事故的，造成受害人的财产损失，保险公司不承担赔偿责任。"

（2）限额赔偿。根据《机动车交通事故责任强制保险条例》第23条规定，机动车交通事故责任强制保险在全国范围内实行统一的责任限额。责任限额分为死亡伤残赔偿限额、医疗费用赔偿限额、财产损失赔偿限额以及被保险人在道路交通事故中无责任的赔偿限额。实践中，还存在多个赔偿义务人和多个赔偿权利人的情形。《交通事故损害赔偿解释》第21条、22条分别就这些情况下保险公司赔偿数额的确定进行了明确，即：多辆机动车发生交通事故造成第三人损害，损失超出各机动车交强险责任限额之和的，由各保险公司在各自责任限额范围内承担赔偿责任；损失未超出各机动车交强险责任限额之和的，由各保险公司按照其责任限额与责任限额之和的比例承担赔偿责任。依法分别投保

---

① 《道路交通安全法》第76条、《侵权责任法》第52条。

② 《机动车交通事故责任强制保险条例》第22条。

交强险的牵引车和挂车连接使用时发生交通事故造成第三人损害的,由各保险公司在各自的责任限额范围内平均赔偿。多辆机动车发生交通事故造成第三人损害,其中部分机动车未投保交强险,可先由已承保交强险的保险公司在责任限额范围内予以赔偿。保险公司赔偿后,就超出其应承担的部分对未投保交强险的投保义务人或者侵权人享有追偿权。而对于同一交通事故存在多个被侵权人主张赔偿的,应当按照各被侵权人的损失比例确定交强险的赔偿数额。

(3) 赔偿权利人。根据《机动车交通事故责任强制保险条例》第31条规定,保险公司可以向被保险人赔偿保险金,也可以直接向受害人赔偿保险金。

(4) 被保险人的免责事由。《机动车交通事故责任强制保险条例》第21条第2款规定,若道路交通事故的损失是由受害人故意造成的,保险公司不予赔偿。对于驾驶人未取得驾驶资格或者醉酒的、被保险机动车被盗抢期间肇事的以及被保险人故意制造道路交通事故造成受害人财产损失的,保险公司也不承担赔偿责任。

(5) 未投保交强险的机动车发生交通事故的责任承担。尽管投保机动车强制责任保险具有强制性,但实践当中,仍有许多机动车未投保交强险,包括两种情况:投保义务人违反法律的强制性规定,不履行投保交强险的义务;因承保交强险的保险公司原因,导致未能投保或保险义务不当终结的。《交通事故损害赔偿解释》第19条第1款规定,未依法投保交强险的机动车发生交通事故造成损害,投保义务人应当先替代交强险保险公司的地位在交强险责任限额范围内对第三人予以赔偿,超出该范围之外的损失,再按照侵权责任法的规定承担侵权责任。主要理由是:第一,我国交强险采用在保险赔偿限额内责任与保险相分离的模式,机动车是否投保交强险与受害人应否取得法律规定限额内的赔偿没有关联。只要有发生交通事故致损的事实,在没有法律例外规定的情况下,受害人依法应得到一定数额的赔偿。第二,《道路交通安全法》《机动车交通事故责任强制保险条例》都明确规定机动车的所有人或管理人应当依法投保交强险。投保义务人未投保交强险的行为显然违反了以保护他人为目的的法律,因而具有显著的违法性。第三,投保义务人未投保交强险的行为侵害了第三人从交强险中获得赔偿的利益，该利益属于侵权责任法的保护范围。[①] 该条第 2 款还规定了投保义务人和侵权人不是同一人时的责任承担问题，即投保义务人和侵权人在交强险责任限额范围内承担连带责任。对于这样规定的理由，最高人民法院有关负责人进行了解释："根据道路交通安全法的规定，驾驶人驾驶机动车有注意交强险标志的义务、未放置保险标志的机动车不能上路行驶，所以，实际驾驶人和投保义务人都存在违法行为。发生交通事故后，第三人不能从交强险中获得赔偿的损失是由投保义务人与实际驾驶人共同造成的。因此，投保义务人与实际驾驶人应在交强险责任限额范围内对第三人承担连带赔偿责任"。[②]

《交通事故损害赔偿解释》第 20 条规定：具有从事交强险业务资格的保险公司违法拒绝承保、拖延承保或者违法解除交强险合同，投保义务人在向第三人承担赔偿责任后，请求该保险公司在交强险责任限额范围内承担相应赔偿责任的，人民法院应予支持。可见，因承保交强险的保险公司原因，导致未能投保或保险义务不当终结的，发生交通事故造成损害后，有关保险公司也应当承担保险责任。主要理由仍然是保险公司拒绝承保、拖延承保或违法解除交强险合同的行为侵害了第三人依法应从交强险中获得赔偿的利益。不过，《交通事故损害赔偿解释》对此种情况下保险公司承担保险责任设定了前置条件——投保义务人先向第三人承担赔偿责任。我们认为，之所以设定该条件，可能主要是出于以下考虑：第一，尽管交强险具有强制性，且我国采用责任与保险相分离模式，但保险合同的存在仍是保险公司承担保险责任的基础。无论是具有从事交强险业务资格的保险公司违法拒绝承保、拖延承保还是违法解除交强险合同，这一基础均不存在。第二，交强险的制度目的之一是迅速解决纠纷，以解受害人燃眉之急。而机动车未投保交强险是否因保险公司的原因所致，通常需要另案裁决，此时若再令保险公司首先在责任限额内承担保险责任，就会阻却（或中止）受害人通过侵权责任来获得赔偿程序的启动，反而有悖于交强险制度目的的实现。

---

① 张先民：《〈关于审理道路交通事故损害赔偿案件适用法律若干问题的解释〉答记者问》，《人民法院报》，2012 年 12 月 21 日第 4 版。

② 张先民：《〈关于审理道路交通事故损害赔偿案件适用法律若干问题的解释〉答记者问》，《人民法院报》，2012 年 12 月 21 日第 4 版。

4. 完善

作为机动车交通事故损害的主要社会化分担机制，机动车强制责任保险制度在我国机动车交通事故纠纷解决中发挥着越来越大的作用。尽管如此，该制度在运行中还存在一定的不足，有必要随着经济社会的发展，逐步加以完善。许多学者分析了机动车强制责任保险制度的不足，主要有：（1）受害人范围过窄，在我国的立法和实践中，第三者均不包括乘客，不利于对乘客的保护。（2）责任保险范围过宽，主要是将财产损害和精神损害纳入了保险范围。[①] 如有学者指出："交强险的真正问题恰恰就在于道路交通安全法第七十六条将财产损失纳入强制保险保障范围的、不问侵权责任及事故当事人过失即令保险公司向受害人赔偿的无过失保险设计。这一设计既有违强制责任保险的原理，也不符合中国国情。"[②]（3）受害人保障不足。主要是现行立法对伤亡赔偿、医疗费用赔偿和财产损失赔偿所规定的赔偿限额均明显较低，特别是现行的医疗费用赔偿限额，对于遭受严重伤害的受害人来说，无异于杯水车薪。[③]（4）机动车强制责任保险各立法之间存在冲突。首先，在立法模式上，《道路交通安全法》第76条、《机动车交通事故责任强制保险条例》第21采用了责任与保险相分离的模式，规定在责任限额内保险公司直接向受害人赔偿。而《侵权责任法》第49条、第50条都使用了"发生交通事故后属于该机动车一方责任的，由保险公司在机动车强制责任保险范围内予以赔偿"的用语，似乎又采用了保险与责任相结合的模式。其次，在免责事由上，《道路交通安全法》并未规定。《侵权责任法》第52条规定盗窃、抢劫或者抢夺的机动车发生交通事故造成损害时保险公司的不承担赔偿责任。《机动车交通事故责任强制保险条例》第21条规定损失是由受害人故意造成时保险公司不予赔偿，第22条还规定在驾驶人未取得驾驶资格或者醉酒时、被保险机动车被盗抢期间肇事的以及被保险人故意制造道路交通事故造成财产损失时保险公司不予赔偿。尽管《交通事故损害赔偿解

[①] 卢志刚、章根明：《道路交通事故受害人社会化救济机制探讨》，《社会科学家》，2012年第2期，第97页。

[②] 刘锐：《无证、醉酒驾驶情形保险公司应否承担交强险赔偿责任》，《人民司法》，2009年第23期，第73页。

[③] 卢志刚、章根明：《道路交通事故受害人社会化救济机制探讨》，《社会科学家》，2012年第2期，第97页。

释》对《机动车交通事故责任强制保险条例》的规定予以重申，统一了法律适用，但毕竟难以消除立法上的冲突。

因而，基于交强险制度的功能，还需在以下方面进行完善：其一，应在法律上统一立法模式，全面采用在责任限额内保险与责任相分离模式。其二，在立法上明确保险公司的免责事由，原则上除损害系由受害人故意引起的外，均不应免除保险公司对交通事故致使他人人身伤亡的赔偿责任。当然，在《机动车交通事故责任强制保险条例》第22条规定的情形下，保险公司在向受害人给付保险赔偿后，可以向被保险人追偿。同时，在立法上及时肯定《交通事故损害赔偿解释》中已经明确了的受害人对保险公司的直接求偿权。其三，扩大受害人范围，将投保义务人和驾驶人以外的受到人身伤亡的本车人员纳入保障范围。"责任强制保险的目的是弥补侵权行为人责任财产的不足，增强其赔偿受害人损失的财产保障，至于受害人的身份在所不问。"[①]

（二）道路交通事故社会救助基金

1. 概况

社会救助是为社会弱势群体提供最基本生活保障的重要制度，是现代社会文明的重要标志。道路交通事故社会救助基金，是指依法筹集用于垫付机动车道路交通事故中受害人人身伤亡的丧葬费用、部分或者全部抢救费用的社会专项基金。[②]我国在2003年制订《道路交通安全法》时，确立了机动车交通事故社会救助基金制度，该法第75条规定："医疗机构对交通事故中的受伤人员应当及时抢救，不得因抢救费用未及时支付而拖延救治。肇事车辆参加机动车第三者责任强制保险的，由保险公司在责任限额范围内支付抢救费用；抢救费用超过责任限额的，未参加机动车第三者责任强制保险或者肇事后逃逸的，由道路交通事故社会救助基金先行垫付部分或者全部抢救费用，道路交通事故社会救助基金管理机构有权向交通事故责任人追偿。"当前看来，《侵权责任法》第53条、《道路交通安全法》和《机动车交通事故责任强制保险条例》中的相关

[①] 卢志刚、章根明：《道路交通事故受害人社会化救济机制探讨》，《社会科学家》，2012年第2期，第97页。

[②] 《道路交通事故社会救助基金管理试行办法》第2条。

规定以及 2009 年财政部等五部委联合颁发的《道路交通事故社会救助基金管理试行办法》等法律法规，共同构造了我国机动车道路交通事故社会救助制度的基本框架。

在机动车交通事故中，机动车道路交通事故社会救助制度是侵权责任和机动车强制保险之外的一种重要的损害分担机制。机动车道路交通事故社会救助基金可以弥补交强险的不足，有利于更加全面地保护交通事故中的受害人；另一方面，也有利于及时化解社会矛盾。一如学者所言："救助基金设立之目的在于辅助交强险制度，补偿交通事故受害人，使其在人身受到侵害、处于急需救助的状态下能得到及时的医疗救治，填补其因交通事故而遭受之损害。从功效上看，救助基金承担的是一种社会救助职能，具有显著的社会公益性和优抚性，其精神皆在保障制度之公正、维护社会之公益，进而实现和谐社会之构建。"[①]"国家设立社会救助基金的根本目的在于缓解道路交通事故受害人的救治燃眉之急，保证受害人的基本生命安全和维护基本人权。"[②]

2. 道路交通事故社会救助基金制度的具体规则

（1）属于道路交通事故社会救助基金垫付费用的范围。《道路交通事故社会救助基金管理试行办法》第 12 条规定了社会救助基金垫付费用的范围，即在抢救费用超过交强险责任限额、肇事机动车未参加交强险以及机动车肇事后逃逸三种情况下，垫付道路交通事故中受害人人身伤亡的丧葬费用、部分或者全部抢救费用。

（2）道路交通事故社会救助基金支付的条件。《侵权责任法》第 53 条规定："机动车驾驶人发生交通事故后逃逸，该机动车参加强制保险的，由保险公司在机动车强制保险责任限额范围内予以赔偿；机动车不明或者该机动车未参加强制保险，需要支付被侵权人人身伤亡的抢救、丧葬等费用的，由道路交通事故社会救助基金垫付。道路交通事故社会救助基金垫付后，其管理机构有权向交通事故责任人追偿。"《道路交通事故社会救助基金管理试行办法》第 12 条规定："有下列情形之一时，救助基金垫付道路交通事故中受害人人身伤亡的

[①] 李华：《我国道路交通事故社会救助基金制度之检讨与完善》，《南京社会科学》，2012 年第 8 期，第 110 页。

[②] 王利明：《侵权责任法研究》（下卷），北京：中国人民大学出版社 2011 年版，第 362 页。

丧葬费用、部分或者全部抢救费用；抢救费用超过交强险责任限额的；肇事机动车未参加交强险的；机动车肇事后逃逸的。国务院《机动车交通事故责任强制保险条例》第24条对此予以了确认"。不难看出，二者所规定的条件有一定的区别，相对而言，后者规定的适用条件更为宽松。秉承道路交通事故社会救助基金制度的性质以及法律适用的一般原则，我们认为，应当遵照《侵权责任法》的规定来确定道路交通事故社会救助基金垫付抢救等有关费用的条件。据此，在具备下列条件时，道路交通事故社会救助基金需要垫付抢救等有关费用：首先，驾驶人在发生交通事故后驾驶肇事机动车逃逸。这是首要前提，因为机动车驾驶人发生交通事故后没有驾车逃逸，或者虽然逃逸，但发生事故的车辆尚在现场或已经找到，则可能通过机动车强制责任保险制度以及侵权责任制度要求机动车一方承担包括抢救等费用在内的各种损害，并不需要启动社会救助制度。其次，机动车不明或者该机动车未参加强制保险。理由同前。最后，客观上需要交通事故社会救助基金垫付有关被侵权人人身伤亡的抢救、丧葬等费用。这是与救助基金制度设立的目的相关的。也就是说，是在穷尽其他可能的救济途径之后，被侵权人人身伤亡的抢救、丧葬等费用仍无着落时，社会救助基金基于保障被侵权人基本人权之目的，需要垫付其抢救、丧葬等费用。

3. 道路交通事故社会救助制度的不足及完善

十年来，我国道路交通事故社会救助制度经历了从无到有并逐步走向完善的发展历程。至今，救助基金的设立和管理、基金募集、垫付费用规则等基本制度均已得到确立。尽管如此，作为交通事故造成损害的社会化分担机制中的重要一极，在运行中也暴露出了一些需要逐步完善的不足。主要有：社会救助基金流于形式，功能定位错误[①]；各地救助基金组织机构设置不统一；救助资金来源难以满足庞大的支出所需；补偿条件，如受害人范围的界定、抢救费用超过交强险限额的规定以及将机动车肇事后逃逸作为垫付有关费用的一般条件等方面均存在一定不足。[②] 因而，为充分体现交通事故社会救助制度的功能，应随

---

① 卢志刚，章根明：《道路交通事故受害人社会化救济机制探讨》，《社会科学家》，2012年第2期，第98页。

② 李华：《我国道路交通事故社会救助基金制度之检讨与完善》，《南京社会科学》，2012年第8期，第110—111页。

着经济、社会的发展，着力从以下方面加以完善：首先，不断拓展和丰富救助基金的来源途径，努力提高救助基金规模。应当说，作为社会救助制度有机组成部分的道路交通事故救助基金具有明显的公共政策目的，政府对其建立和完善负有责任。因而，应随着财政收入的增大，通过预算制度向救助基金提供年度专项拨款。其次，扩大救助对象的范围。依据现行法律规范，救助基金垫付费用的受害人不包括本车人员和被保险人。[①] 考虑到道路交通事故社会救助基金制度的功能和性质，现行立法将本车人员和被保险人排除在救助对象之外，明显是不合理的，应及时加以修正。第三，扩大救助基金的使用范围。我国救助基金的使用范围仅限于"用于垫付机动车道路交通事故中受害人人身伤亡的丧葬费用、部分或者全部抢救费用"。可见，我国救助基金的功能就是保障事故受害人的抢救，至于抢救之后的医疗、生存保障等支出事项就不是救助基金所考虑的范围了。而从其他推行机动车强制保险制度的国家和地区的实践来看，救助基金的主要功能在于填补强制保险的不足，而在受害人保障的主体地位、补偿范围等方面与强制保险制度并无二致。[②] 因此，应从保障受害人最基本生活条件的定位出发，兼顾救助基金规模，不断扩大救助基金的使用范围。

---

① 《道路交通事故社会救助基金管理试行办法》第35条规定：本办法所称受害人，是指机动车发生道路交通事故造成除被保险机动车本车人员、被保险人以外的受害人。

② 卢志刚、章根明：《道路交通事故受害人社会化救济机制探讨》，《社会科学家》，2012年第2期，第98页。

第八章 医疗损害责任

第一节 医疗损害责任概述

一、我国医疗损害责任制度的演进

(一) 新中国医疗损害责任制度的发展

改革开放以来，我国医疗损害责任制度的发展大致经历了三个阶段[①]：

一是限制患者赔偿权利、偏重保护医疗机构利益阶段（1987年1月—2002年3月）。1987年1月1日，国务院出台的《医疗事故处理办法》正式施行，成了这一时期处理医疗损害纠纷的基本法律依据。该办法对于医疗机构在医疗活动中造成患者人身损害的赔偿采取了严格限制。如严格限制医疗事故责任构成，明确规定只有构成医疗责任事故和医疗技术事故，患者才可以请求赔偿，对于医疗机构因医疗差错造成的损害不予赔偿。该办法还限制了赔偿数额，明确规定确定为医疗事故的，可根据事故等级、情节和病员的情况给予一次性经济补偿。补偿费标准由省、自治区、直辖市人民政府规定。从地方制定的补偿标准来看，数额较低，患者所受损害无法得到全面的救济。

二是加重医疗机构举证责任、偏重保护患者利益阶段（2002年4月—2010年6月）。《民事诉讼证据规定》第4条第8项规定："因医疗行为引起的侵权诉讼，由医疗机构就医疗行为与损害结果之间不存在因果关系及不存在医疗过

[①] 杨立新：《中国医疗损害责任制度的改革》，《法学研究》，2009年第4期，第80—83页。

错承担举证责任。"这种过错和因果关系上的举证责任倒置使得医疗机构在医疗损害纠纷中处于不利地位。2002年4月4日,国务院公布了《医疗事故处理条例》(2002年9月1日施行),取代了《医疗事故处理办法》,基本上沿袭了《医疗事故处理办法》对医疗事故损害赔偿进行限制的做法。为解决《民事诉讼证据规定》与《医疗事故处理条例》的矛盾,最高人民法院于2003年1月6日出台的《关于参照〈医疗事故处理条例〉审理医疗纠纷民事案件的通知》规定:"条例实施后,人民法院审理因医疗事故引起的医疗赔偿纠纷民事案件,在确定医疗事故赔偿责任时,参照条例第49条、第50条、第51条和第52条规定办理。"但2004年5月1日实施的《关于审理人身损害赔偿案件适用法律若干问题的解释》中规定的人身损害赔偿标准又远高于《医疗事故处理条例》的规定。这样,在患者因医疗活动受到损害的情况下,既可以选择以医疗过错为由进行起诉,也可以选择以医疗事故为由进行起诉。实践中,受害患者更多的是选择以医疗过错为由进行起诉,从而避开适用《医疗事故处理条例》,获得更高赔偿,加之在过错和因果关系上的举证责任倒置,医疗机构在诉讼中处于十分不利的地位。

三是平衡医疗机构和患者利益阶段(2010年7月之后)。2010年7月1日实施的《侵权责任法》对医疗损害责任进行了专章规定,并通过统一案由和赔偿标准、适用过错责任原则、专设若干法律条文明确规定判断过错的客观标准等主要做法,改变了医疗损害诉讼中的不利地位,较好地平衡了医疗机构和患者的利益。当然,由于适用了过错责任原则,加之医疗活动的专业性以及在医疗活动中医患之间的信息不对称,受害患者证明医疗损害责任成立的难度实际上比较大。可以说,《侵权责任法》对医疗损害责任所确立的规则又在一定程度上使患者处于略显不利的地位。

(二)《侵权责任法》医疗损害责任规定的总体评价

《侵权责任法》第七章通过11个条文,专章规定了"医疗损害责任",改变了此前由《医疗事故处理条例》和《民法通则》规范医疗损害中的"二元化"问题,建立起了统一的医疗损害救济制度。

1. 合理归位医疗损害责任,统一了裁判标准

上文已述,《侵权责任法》之前,我国在医疗损害纠纷处理方面形成了一

个二元化的解决机制：因医疗事故引起的赔偿纠纷，适用《医疗事故条例》；因医疗事故以外的原因引起的医疗赔偿纠纷，适用《民法通则》的规定。这一二元体制不仅缺乏理论支撑，而且容易造成实践中裁判标准不一，影响法律的统一性。典型的表现是：由于法律依据不同，实践中会出现不构成医疗事故的损害赔偿数额，反而会高于构成医疗事故的损害赔偿数额。[①]《侵权责任法》将医疗损害责任与医疗事故区分，科学归位了医疗损害责任的侵权责任性质，正确理清了医疗纠纷中私法责任与公法责任的界限；相应的，统一了医疗损害赔偿责任的标准，这是非常值得肯定的。

2. 立法指导思想多元，造成"过度"立法

医疗损害责任本质上是专家责任，其特殊性在于医疗或诊疗行为本身的致害。然而，或许是出于"从根本上"消除过去医疗损害规范之间相互冲突问题的考虑、出于"全面调适"紧张的医患关系的考虑，在《侵权责任法》的医疗损害责任规定中，却将与医疗行为本无实质关联的相关损害责任一并纳入其中，不仅有重复立法之嫌，而且有损立法的严谨性。[②] 在《侵权责任法》关于医疗损害责任的专章规定中，共有 11 个条文。其中，有 5 个条文所规范的行为与作为专家责任的医疗损害责任并无实质关联。如该法第 59 条关于医疗产品损害责任的规定、第 62 条关于侵害患者隐私权责任的规定，本质上并不属于严格意义上的医疗损害责任。这两种责任只是与医疗机构有关，在构成要件上与严格意义上医疗损害责任本无关联。相反，医疗产品损害责任本质上属于产品质量责任、侵害患者隐私权的责任属于一般侵权责任。第 61 条、第 63 条的规定与医疗损害更无关联，本质上属于医疗技术规范的要求；退一步讲，若医疗机构及其医务人员违反了该二条规定的义务，《侵权责任法》也未在本章中配套相应的责任规范。至于第 64 条的规定，虽然其中出现了"应当依法承担法律责任"的表述，但责任承担者实为医疗机构及其医务人员之外的其他人，通常是患者。尽管《侵权责任法》本章"创造性"地使用了"医疗损害责任"的措辞，意在

[①] 程啸：《侵权责任法》，北京：法律出版社 2015 年版，第 554 页。司法实务中的其他弊端还包括：矛盾化解难、鉴定采信难、法律适用难等，详见最高人民法院侵权责任法研究小组：《中华人民共和国侵权责任法条文理解与适用》，北京：人民法院出版社 2016 年版，第 385—386 页。

[②] 当然，从便利人们了解法律规范、发挥法的规范指引作用角度看，此举并非没有可取之处。然而，紧张的医患关系的调适，并非首先是《侵权责任法》的使命。

囊括该章中所有损害,但患者责任显然并非限于民事责任或侵权责任,甚至从调适医患关系角度看,首先并非民事责任。此外,上述"杂乱"的规定还对学界阐释医疗损害责任的归责原则造成了消极影响。

二、《侵权责任法》下医疗损害责任的基本问题

(一) 医疗损害责任的界定

《侵权责任法》之后,学界关于医疗损害责任的界定,形成了如下主张:"医疗损害责任是指医疗机构及医务人员在医疗过程中因过失,或者在法律规定的情况下无论有无过失,造成患者人身损害或者其他损害,应当承担的以损害赔偿为主要方式的侵权责任。"[①] "医疗损害责任,是指在诊疗过程中,因医疗机构及其医务人员的过错造成他人损害,医疗机构承担的侵权责任。"[②] "医疗损害责任是指医疗机构及医务人员在医疗过程中因过失造成患者人身损害或其他损害,应当承担的以赔偿为主要方式的侵权责任。"[③] "所谓医疗损害责任,是指患者在医疗过程中受到损害,医疗机构应当承担的侵权民事责任,也可以说是因医疗过程中患者权益受到侵害,侵权人所应承担的侵权责任。"[④] 不难看出,对于医疗损害责任的界定,学界分歧不大,主要在于:受害人的界定,"患者"还是"他人"?是否明确了承担责任的主体?所承担的侵权责任的形态以及承担侵权责任的原因等方面。

应当说,《侵权责任法》对医疗损害责任的规定方式是造成学说上存在这些分歧的直接原因,如何看待这些规定是解决分歧的前提。特别是,该法在"医疗损害责任"一章中除了规定一般意义上的医疗损害责任(第54条、第55条、第57条)外,还规定了医疗产品损害责任(第59条)、医疗机构及医务人员侵害患者隐私权的责任(第62条)。前二者发生在诊疗活动中;侵害隐私

---

① 杨立新:《医疗损害责任概念研究》,《政治与法律》,2009年第3期,第79页。
② 王利明:《侵权责任法研究》(下卷),北京:中国人民大学出版社2011年版,第368页。
③ 张新宝:《侵权责任法》,北京:中国人民大学出版社2010年版,第232页。
④ 郭明瑞:《〈侵权责任法〉关于医疗损害责任的规定体现了社会公正》,《法学论坛》,2010年第2期,第14页。

权行为的发生虽与诊疗活动有关，但侵害的实际发生却不限于诊疗过程中，所承担的侵权责任形态也不以损害赔偿为限。另外，医疗产品损害责任的归责原则不同于一般的医疗损害责任。

在界定医疗损害责任的概念时，要以《侵权责任法》的规定为基础，同时更应当突出其不同于其他侵权责任的特征。首先，医疗损害责任的主体是医疗机构。虽然诊疗行为都是由医务人员来实施，但因其不能以个人名义来从事诊疗行为，医务人员应当隶属于医疗机构。因而，医疗损害责任至少在观念上是一种类似于替代责任的责任形态。除侵害隐私权的情形外，因诊疗行为造成损害的，医疗机构是承担赔偿责任的主体。其次，受害人主要是以患者为主，但也可能涉及患者的近亲属。如造成患者死亡时，其近亲属享有精神损害赔偿请求权，其基础是对他们造成精神损害。再次，责任形态以赔偿责任为限，这一点与《侵权责任法》规定的其他特殊侵权责任有明显不同。需要强调的是，在《侵权责任法》该部分全部11个条文中，只有侵害患者隐私权（第62条）使用了"侵权责任"的表述，其余涉及责任的条文都使用了"赔偿责任"的表述。而且，"赔偿责任"条款的责任主体均为"医疗机构"，"侵权责任"条款的责任主体却不限于医疗机构，还包含了医务工作者。鉴于单位或机构因工作或业务活动获知他人隐私后违规泄露造成他人损害时应当承担侵权责任，并不仅仅限于医疗机构或医疗活动中，此处关于侵害患者隐私权的规定不具有任何特殊性，因此，不应予以特别考虑。可以说，《侵权责任法》所规定"医疗损害责任"本质上是"医疗机构"损害赔偿责任。由此，可将医疗损害责任界定为：医疗机构及其医务人员因诊疗行为造成他人损害，医疗机构依法应当承担的赔偿责任。

（二）医疗损害责任的类型

1. 学界见解

上文已经谈到，《侵权责任法》所规定的"医疗损害责任"，虽均与诊疗活动有关，但又可分为不同的类型。有学者将其概括、抽象为四类：医疗管理损害责任、医疗伦理损害责任、医疗技术损害责任和医疗产品损害责任。[①] 其中，

---

① 杨立新：《医疗管理损害责任与法律适用》，《法学家》，2012年第3期，第30页。

"医疗管理损害责任是指医疗机构和医务人员违背医政管理规范和医政管理职责的要求,具有医疗管理过错,造成患者人身损害、财产损害的医疗损害责任"①。医疗技术损害责任,"是指医疗机构及医务人员在医疗活动中,违反医疗技术上的高度注意义务,具有违背当时的医疗水平的技术过失,造成患者人身损害的医疗损害责任"②。医疗伦理损害责任,"是指医疗机构和医务人员违背医疗良知和医疗伦理的要求,违背医疗机构和医务人员的告知或保密义务,具有医疗伦理过失,造成患者人身损害以及其他合法权益受损的医疗损害责任"③。"医疗产品损害责任,是指医疗机构在医疗过程中使用有缺陷的药品、消毒药剂、医疗器械以及血液及制品等医疗产品,因此造成患者人身损害,医疗机构或者医疗产品生产者、销售者应当承担的医疗损害赔偿责任。"④ 另有学者认为该法确立了五种类型的医疗损害责任,即:未尽说明义务的医疗损害责任、未尽与医疗水平相应义务的医疗损害责任、因医疗用品缺陷致害的医疗损害责任、侵害患者隐私的医疗损害责任、不必要诊疗的医疗损害责任。⑤ 还有学者认为医疗损害责任的类型不但包括诊疗活动致害,还包括了医疗产品致害责任、侵害隐私权责任、违反知情同意义务而产生的责任以及不必要检查的责任。⑥

不难看出,上述方法中,四分法概括性很强,能够涵盖"医疗损害责任"的基本内容,便于学习和研究。当然,在具体范围界定上,结合《侵权责任法》的具体规定,在个别地方可略做调整。主要是:《侵权责任法》第 63 条规定的"过度医疗"侵权可归入医疗伦理损害责任中;因本章阐释的医疗损害责任的承担主体是医疗机构,因而对于医疗产品损害责任,可表述为医疗机构在医疗过程中因使用有缺陷的药品、消毒药剂、医疗器械以及血液及制品等医疗产品造成患者人身损害应承担的侵权责任。至于其承担责任后,向医疗产品的

---

① 杨立新:《医疗管理损害责任与法律适用》,《法学家》,2012 年第 3 期,第 31 页。
② 杨立新:《侵权责任法》,北京:法律出版社 2010 年版,第 420 页。
③ 杨立新:《侵权责任法》,北京:法律出版社 2010 年版,第 429 页。
④ 杨立新:《侵权责任法》,北京:法律出版社 2010 年版,第 445 页。
⑤ 郭明瑞:《〈侵权责任法〉关于医疗损害责任的规定体现了社会公正》,《法学论坛》,2010 年第 2 期,第 16—17 页。
⑥ 王利明:《侵权责任法研究》(下卷),北京:中国人民大学出版社 2011 年版,第 380—381 页。

生产者、销售者的追偿，则与医疗损害责任主要是向患者及其家属承担的赔偿责任关联不大。应当指出的是，虽然《侵权责任法》第62条规定的医疗机构因过错侵害患者隐私权的责任被归入医疗伦理损害责任之中，但事实上，该损害通常并非直接因诊疗活动本身而引起，与其他机构在业务往来或从事管理活动中知悉他人隐私后因过错导致他人隐私权受损承担的侵权责任并无本质不同。同时，在《侵权责任法》关于"医疗损害责任"的规定中，没有规定医疗机构违反安全保障义务的责任，这种处理更为合理。一方面，违反安全保障义务的责任在该法第37条已有规定，患者在医院就诊过程中，因医院未尽到安全保障义务，则可以依据该条实现救济。另一方面，患者在就诊过程中因医院未尽到安全保障义务而致损害虽与医疗活动有些联系，但只是表面上的，此种损害与受害人因其他场所管领人未尽安全保障义务造成的损害在性质上没有区别。同时，严格意义上的医疗损害责任强调损害直接源于诊疗活动本身，而违反安全保障义务责任与诊疗活动无此实质上的关联。

相比较而言，上文所列后两种分类方法实际上直接来源于对《侵权责任法》医疗损害责任专章规定的罗列。

2. 本书观点

尽管《侵权责任法》第七章规定了多种医疗损害责任，但除了便宜考虑而囊括的其他条文外，该章规定的主体仍然只有一类，即医疗机构损害赔偿责任。至于其他有关的责任，如医疗产品损害赔偿责任、侵害患者隐私权责任以及他人干扰医疗秩序、侵害医疗人员责任，则均不属于《侵权责任法》规定的特殊侵权责任，故而不在本章专门加以研究。

（三）医疗损害责任的归责原则

1. 学说分歧

对于《侵权责任法》下医疗损害责任应当适用何种归责原则，学界存在一定分歧，主要有以下观点：

（1）一元说。一元说者主张，《侵权责任法》为医疗损害规定了单一的归责原则，但在具体解读中，又有一般过错原则和过错推定原则两种主张。如有学者指出，根据《侵权责任法》第54条的规定，医疗损害责任属于过错责任。

同时，为方便法庭判断过错，专设若干法律条文明确规定判断过错的客观标准。人民法院判定被告是否存在过错，应根据《侵权责任法》第55条、第58条、第60条的判断标准予以认定。① 程啸博士也指出，《侵权责任法》虽然专章规定了医疗损害责任，但适用的仍然是一般过错原则。② 另有学者主张，医疗损害责任的归责原则是过错推定。如郭明瑞教授指出："医疗损害责任作为一种过错推定的特殊侵权责任，对医疗机构的过错实行过错推定。因此，在发生医疗损害时，受害人只要证明医疗机构及其医务人员在不同情形下有相应的行为，也就证明了医务机构一方的过错。"③

（2）二元说。二元说者主张，《侵权责任法》确定的医疗损害责任的归责原则以过错原则为主，但在特殊情形下适用过错推定或无过错原则。学者主张：我国《侵权责任法》所确定的医疗损害的归责原则是由过错责任和过错推定组成的，即以过错责任为一般的、主要的归责原则。同时，也在该法第58条规定了过错推定。④ 另有学者认为，《侵权责任法》第七章采用过错作为归责的依据，医疗机构在医疗活动中负担一定的义务，没有尽到这些义务，则构成过错。同时，也认为医疗产品属于产品，因此适用产品责任的有关规定，适用无过错责任原则。⑤

（3）三元说。有学者主张，《侵权责任法》规定的医疗损害责任的归责原则体系，是由过错责任原则、过错推定原则和无过错责任原则三个原则构成的一个归责原则体系。其中，以过错原则为主，而在医疗伦理损害责任中适用过错推定原则，在医疗产品损害责任中，适用无过错原则。⑥

2. 医疗损害归责原则的正确理解

正确解释医疗损害的归责原则，须以《侵权责任法》的明确规定为基础。

---

① 梁慧星：《论〈侵权责任法〉中的医疗损害责任》，《法商研究》，2010年第6期，第36—37页。
② 程啸：《侵权责任法》，北京：法律出版社2015年版，第553页。
③ 郭明瑞：《〈侵权责任法〉关于医疗损害责任的规定体现了社会公正》，《法学论坛》，2010年第2期，第16页。
④ 王利明：《侵权责任法研究》（下卷），北京：中国人民大学出版社2011年版，第384—387页。
⑤ 王成：《侵权责任法》，北京：北京大学出版社2011年版，第193页、第194页、第201页。
⑥ 杨立新：《〈侵权责任法〉规定的医疗损害责任归责原则》，《河北法学》，2012年第12期，第29页。

上文罗列诸说之所以存在分歧，源于对以下问题存在不同理解：一是如何理解《侵权责任法》第 54 条及其与本章其他条款之间的关系；二是如何理解该法第 58 条规定的性质；三是《侵权责任法》第七章所规定的不同类型医疗损害责任的不同本质问题。

（1）《侵权责任法》第 54 条属于医疗损害责任的一般条款。《侵权责任法》第 54 条对医疗损害责任进行了一般性的规定："患者在诊疗活动中受到损害，医疗机构及其医务人员有过错的，由医疗机构承担赔偿责任。"与此同时，《侵权责任法》第七章还涉及具体的医疗损害行为，包括第 55 条违反说明义务的造成损害的责任、第 57 条未尽到与当时医疗水平相应的诊疗义务造成损害的责任、第 59 条医疗产品损害的责任以及第 63 条医疗机构不得进行过度检查等问题。

对《侵权责任法》第 54 条与其他条文之间关系的不同理解将会影响到对医疗损害责任所适用的归责原则的判定。若认为第 54 条具有一般条款性质，其他条文原则上都应当遵循本条之约束，则得出医疗损害责任原则上是过错原则的结论便是当然的；若认为第 54 条所规定的情形与其他条文所规定的医疗损害责任是并列关系，则可能会得出医疗损害责任适用多元归责原则的结论。我们以为，第 54 条具有一般条款性质，该条确立了医疗损害责任的基本规则，包括：医疗损害责任的基本归责原则，医疗损害责任的基本构成要件，医疗损害责任的请求权基础，以及医疗损害责任的责任形态。① 从医疗损害责任的最终承担的角度看，对本章其他条文涉及的造成患者损害的情形都应当具有拘束力。换言之，医疗机构最终应否承担医疗损害责任，都应以医疗机构及其医务人员有过错为必要，至于过错的判定，则需要结合本章其他条文以及诊疗活动的具体实施来加以判定。具体可从以下方面予以说明：第一，第 55 条、第 57 条所规定的情形只是第 54 条之下判定医疗机构是否存在过错的具体情形。第二，第 63 条虽未明确医疗机构及其医务人员违反治疗规范实施不必要检查造成患者损害时应承担损害赔偿责任，但根据第 54 条，医疗机构同样应当承担损害赔偿责任。第三，对于规定的医疗产品损害责任，《侵权责任法》第 59 条规定"患者可以向生产者或者血液提供机构请求赔偿，也可以向医疗机构请求赔偿"。据

---

① 杨立新：《医疗损害责任一般条款的理解与适用》，《法商研究》，2012 年第 5 期，第 69—70 页。

此，若从患者求偿的角度看，医疗机构承担责任显然并不以其存在过错为必要，但此种设置旨在便利对患者进行救济，而且，从条文后半段来看，即患者向医疗机构请求赔偿的，医疗机构赔偿后，有权向负有责任的生产者或者血液提供机构追偿。显然，当医疗机构对于医疗产品造成损害无过错时，向患者承担的责任只是一种中间责任，只有对医疗产品造成损害也有过错时，才最终要承担相应的赔偿责任。因而，尽管《侵权责任法》第59条沿用了产品质量法规定产品责任的思路来处理医疗产品致害赔偿问题，但这并没有从根本上改变该法第54条所确立的医疗机构承担损害赔偿责任的基础。

（2）《侵权责任法》第58条是医疗机构存在过错的法定事由。《侵权责任法》第58条规定：患者有损害，因下列情形之一的，推定医疗机构有过错：违反法律、行政法规、规章以及其他有关诊疗规范的规定；隐匿或者拒绝提供与纠纷有关的病历资料；伪造、篡改或者销毁病历资料。对于该条规定的性质，学界也存在分歧。主要有三种观点：一是认为本条确定了推定医疗机构有过错的事由，但医疗机构可以举反证证明自己无过错。如学者指出："患者有损害，因本条规定情形之一的，推定医疗机构有过错，并非当然认定医疗机构有过错。也就是说，医疗机构可以提出反证证明自己没有过错。"[①] 另有学者也指出，在这些情形下，法官可以直接推定医疗机构及医务人员有过失，除非医疗机构能够证明其医务人员没有过失。[②] 二是认为本条规定了适用于医疗机构的过错推定责任。学者指出："我国《侵权责任法》就医疗损害在采纳过错责任的同时，也在该法第58条规定了过错推定。过错推定是指对医疗人员过错的推定，在出现法定的情形时，就可以采取举证责任倒置的方法，推定医疗机构有过错。医疗机构要反证自己没有过错，否则就要承担侵权责任。"[③] 三是认为本条确定了推定医疗机构有过错的不可推翻的事由。学者主张：对于《侵权责任法》第58条规定的情形，人民法院应当认定被告医疗机构有过错，既不应要求原告证明被告有过错，也不得许可被告举证证明自己无过错。须特别注意的是，该条所谓"推定医疗机构有过错"，属于不允许被告以相反的证据予以推翻的推定而

---

① 王胜明：《中华人民共和国侵权责任法解读》，北京：中国法制出版社2010年版，第284页。
② 杨立新：《侵权责任法》，北京：法律出版社2010年版，第425页。
③ 王利明：《侵权责任法研究》（下卷），北京：中国人民大学出版社2011年版，第386页。

与通常的所谓"过错推定"不同。①

我们赞同第三种观点。理由是：本条没有规定独立的医疗损害责任类型，仅是针对医疗机构的过错而进行的列举，因而不能认为本条确立了医疗损害责任的过错推定原则。在此意义上，本条和第55条、第57条相对于第54条而言性质是相似的，该三个条文的意义都在于帮助确定第54条所言的医疗机构及其医务人员的过错。同时，之所以认为本条所列举的情形不允许医疗机构举反证证明自己无过错，是考虑到了本条的用语以及本条与该法第55条、第57条的不同。本条所列举情形具有明显的违法性，同时在条文中已经明确了患者损害系"因下列情形之一"所造成。在此语境下，允许被告举反证证明自己无过错，似乎与本条的逻辑有些冲突。在认定第55条、第57条中医疗机构及其医务人员的过错时，对于该两个条文所明确的应履行的义务，则在原告举出相应证据的情况下，允许被告举反证予以推翻。同时，若原告举证证明存在第55条、第57条所规定的过错情形时，有证据证明被告存在第58条规定的情形之一的，则应直接认定被告有过错。

（3）《侵权责任法》下医疗机构损害责任的归责原则。基于以上分析，《侵权责任法》确定的医疗损害责任的归责原则仍然沿袭了此前做法，即过错责任原则。至于与医疗损害相关的其他责任，则本不属于严格意义上的医疗损害责任类型，因而，其依法应当适用何种归责原则，并不影响《侵权责任法》中医疗损害责任适用一般过错原则。如根据《侵权责任法》第59条之规定，医疗产品致害责任应适用无过错责任，这显然是产品责任的归责原则问题。至于医疗产品致害责任之外的其他医疗损害中医疗机构过错的判定，虽然该法规定了一些特殊之处，但仍然属于过错认定的情形，也没有改变医疗损害责任适用一般过错原则的本质。

---

① 梁慧星：《论〈侵权责任法〉中的医疗损害责任》，《法商研究》，2010年第6期，第38页。

第二节　医疗损害赔偿责任的构成要件

此处所谓医疗机构损害责任，是指除了医疗产品损害责任、侵害患者隐私权责任以及干扰医疗秩序、侵害医疗人员责任之外，基于医疗机构及其工作人员过错而由医疗机构承担的损害赔偿责任。

一、患者遭受损害

损害是给他人人身、财产及其他利益造成的不利益状态。患者因诊疗行为遭受损害，是医疗机构损害赔偿责任成立的基本前提。《侵权责任法》第54条、55条、57条等条文对此均予以明确。患者在医疗活动中所遭受的损害，既包括人身损害，也包括财产损失。当然，此种损害不包括诊疗过程不可避免地给患者肌体造成的损伤或功能障碍。人身损害是指对患者生命权、健康权和其他人身权利造成的损害，如错误破坏身体完整性或身体器官机能，造成患者死亡等。在造成患者严重人身伤害时，还可能会涉及精神损害。此外，在医疗人员未依照《侵权责任法》第55条规定尽到说明义务侵害患者知情同意权时，往往也会涉及精神损害问题。如王竹博士曾举例指出，医生在经患者同意采用切除右侧乳房方法为其医治乳腺肿瘤手术过程中，因临时发现有必要同时切除另一侧乳房，但若未征得患者同意便实施切除手术，就会涉及患者遭受精神损害的问题。[①] 此时，若从诊疗本身的角度看，似乎并不涉及财产，甚至是身体健康权损害问题，但因未尽告知义务，侵害了患者的自主决定权，并因此使其遭受严重精神损害。财产损失虽然在医疗损害中不是主要的，但也不能否认其存在，如因过失医疗行为导致患者支付了不应支付的医疗费用或不当延长了患者住院治疗时间从而造成患者财产损害等。当然，无论哪种类型的损害，都需要患者举证予以证明。

---

① 王竹：《解释论视野下的侵害患者知情同意权侵权责任》，《法学》，2011年第11期，第98页。

二、医疗机构或其医务人员存在过错

医疗机构损害赔偿责任适用一般过错原则,行为人存在过错是成立损害赔偿责任的必要。然而,至少从《侵权责任法》条文规定来看,此处所谓"行为人存在过错"的认定,需要略加详述。理由是:《侵权责任法》第54条表述为"医疗机构及其医务人员有过错",第55条第2款以及第57条中涉及的过错主体为"医务人员",第58条规定了推定"医疗机构有过错"。学界对这一规定的阐释存在一定分歧。

(一) 关于《侵权责任法》第54条规定的合理解释

《侵权责任法》第54条将医疗机构及其医务人员存在过错并列表述,这样,首先遭遇的问题是:医务人员的过错是否等同于医疗机构的过错?如果不是,则是否意味着在二者中只有一方存在过错的情形下,医疗机构损害赔偿责任均不成立?同时,医疗机构的过错情形应当如何认定?从文义看,存在两种解释:一是本条规定确立了医疗机构损害责任的基本构成要件,若此,则须为医疗机构与其医务人员同时存在过错。二是本条规定确立了医疗损害责任的责任主体,若此,则患者在诊疗活动中受到损害时,无论是医疗机构的过错,还是医疗机构的医务人员的过错所致,均由医疗机构承担损害赔偿责任。显然,这些问题的合理回答还涉及《侵权责任法》关于医疗损害责任规定的体系解释问题以及该法第54条规定本身的合理性问题。

若从前文第一种文义解释结论,即第54条确立了医疗机构损害赔偿责任的基本构成要件,则患者遭受损害时需要证明医疗机构及其医务人员同时存在过错,这不仅并非易事,而且似乎加重了患者的举证责任。① 换言之,需要深究对第54条的这一文义解释结论是否合理或其法理基础何在的问题。对其法理基础的探讨,不仅有助于揭示其立法原意,更是合理确定患者索赔时所负担的举证

---

① 我国已有学者指出,从《侵权责任法》第54条文义之原点出发,可以得出受到损害的患者只有在证明"医疗机构及其医务人员有过错"的基础上,才能够要求医疗机构承担赔偿责任的结论,并认为这会对患者的求偿设置法律障碍,势必对其构成重大限制。参见郑晓剑:《〈侵权责任法〉第54条解释论之基础》,《现代法学》,2014年第1期,第180页。

责任的必要。有观点认为，医疗机构对其医务人员过错承担的责任是替代责任[①]，来自立法部门的解释也持相似观点[②]。也有观点认为，医疗机构承担的责任"是一种与替代责任相类似的责任"，其与用工责任等典型的替代责任的区别主要表现在："在医疗损害责任中，医务人员的过错被视为医疗机构的过错，因此，医疗机构承担的是过错责任。……就此而言，实际上并没有发生行为主体与责任主体的分离。"[③] 还有观点认为，《侵权责任法》第54条规定的医疗机构损害责任之原理乃"组织过错原理"[④]。所谓组织过错，"是指开启社会交往的各种企业组织没有构建与其业务活动相符合的组织体系或者没有对其所属的人员、设备、技术进行妥当的督导、监管和安排，以致存在组织缺陷，导致组织活动风险实现（损害发生），因而应对其所致损害承担损害赔偿责任"[⑤]。

不难看出，上述三种主张中，组织过错原理事实上只是否定了《侵权责任法》第54条规定并非替代责任，并没有从根本上解决学者所主张的文义解释下加重患者求偿难度的问题。而"类似于替代责任"的主张显然也是着眼于回答《侵权责任法》第54条为何规定了医疗机构的过错责任，但其"视为"的做法不仅缺乏根基，而且，若将该解读放置在《侵权责任法》第七章中，则又会造成体系解释上的冲突结论：《侵权责任法》第55条、第57条规定均是典型的替代责任，此二条均未提及医疗机构是否存在过错，而是只要医务人员存在过错，医疗机构就需要承担赔偿责任。显然，此时行为主体和责任主体存在明显的分离。

可见，《侵权责任法》第54条的文义解释只能采前述第二种结论，即该条只是从一般条款的意义上确立了医疗损害责任的责任主体，并非医疗损害责任构成要件的一般性规定。由此，在医疗机构损害赔偿责任中，无论是医疗机构

[①] 杨立新：《侵权责任法》，北京：法律出版社2010年版，第412页；王利明、周友军、高圣平：《侵权责任法疑难问题研究》，北京：中国法制出版社2012年版，第464—465页。

[②] 全国人大常委会法制工作委员会民法室编著的《中华人民共和国侵权责任法解读》一书中指出（该书第273页）：本法第四章规定，用人单位的工作人员因执行工作任务造成他人损害的，由用人单位承担侵权责任。因此，本条（该法第54条——引者注）规定患者在诊疗活动中受到损害，医疗机构及其医务人员有过错的，"由医疗机构承担赔偿责任"。

[③] 王利明：《侵权责任法研究》（下），北京：中国人民大学出版社2011年版，第373—374页。

[④] 郑晓剑：《〈侵权责任法〉第54条解释论之基础》，《现代法学》，2014年第1期，第183页。

[⑤] 郑晓剑：《〈侵权责任法〉第54条解释论之基础》，《现代法学》，2014年第1期，第182页。

存在过错,还是医务人员存在过错,造成患者损害的,依法都应由医疗机构承担损害赔偿责任。但是需要明确的是,因医务人员过错造成损害的,医疗机构承担的是替代责任;因医疗机构过错造成患者损害的,医疗机构承担的是过错责任。

(二) 医疗机构、医务人员存在过错的认定

医疗机构及其医务人员有过错,是指医疗机构及其医务人员在应当尽到诊疗义务或履行其他法定义务而没有履行,以致造成患者损害的主观心理状态。一如前文所言,从体系解释角度看,《侵权责任法》第54条为医疗机构损害责任的一般条款,因而,《侵权责任法》本章其他条文关于医疗机构或医务人员存在过错的列举,自当属于医疗机构及其医疗人员存在过错的典型情形。如此,医务人员违反第55条规定之义务,或者未尽到与当时医疗水平相应之诊疗义务者,为医务人员存在过错;医疗机构具有第58条规定之情形之一者,为医疗机构存在过错。同样,基于第54条的一般条款性质,所覆盖的"医疗机构及其医务人员"的过错行为当然不应限于《侵权责任法》第七章的列举。理论上,只要受害人能够证明医疗机构及其医务人员在诊疗过程中存在故意或过失,医疗机构依法就应当承担损害赔偿责任。当然,考虑到医疗损害中过错判定的特殊性,《侵权责任法》在总结人民法院裁判经验的基础上,参考借鉴发达国家和地区关于"过错客观化"的判例学说,专设若干法律条文明确规定判断过错的客观标准,以方便法庭正确判断过错。[①] 因此,被告是否存在过错,原告的举证和人民法院对此的判定,应根据《侵权责任法》有关条文规定的判断标准予以进行。具体来说,包括以下方面。

1. 医务人员未尽患者病情和医疗措施的告知义务

《侵权责任法》第55条规定,医务人员在诊疗活动中应当向患者说明病情和医疗措施。需要实施手术、特殊检查、特殊治疗的,医务人员应当及时向患者说明医疗风险、替代医疗方案等情况,并取得其书面同意;不宜向患者说明的,应当向患者的近亲属说明,并取得其书面同意。医务人员未尽告知义务以及在需要实施手术、特殊检查、特殊治疗时并取得患者或其近亲属书面同意的,

---

[①] 梁慧星:《论〈侵权责任法〉中的医疗损害责任》,《法商研究》,2010年第6期,第36页。

对于造成患者的损害，医疗机构应当承担赔偿责任。该条对医疗机构的告知义务进行了明确，除了一般的告知义务外，在需要实施手术、特殊检查、特殊治疗时，还需要取得患者或其近亲属的书面同意。医疗机构承担告知义务的正当性基础，则是患者享有的知情权和自我决定权。同时，由于我国相关法律法规均明确规定了患者的知情权和医疗机构的告知义务，因而，告知义务也是法定义务。[①] 医疗机构有应当履行此项法定义务而不履行，是其存在过错的基本表现，既包括了未尽本条所概括的"向患者说明病情和医疗措施"义务，也包括在实施手术、特殊检查、特殊治疗时未尽告知并取得同意的义务。

当然，基于医疗活动的复杂性和特殊性，医疗机构的告知义务也存在例外。《侵权责任法》第56条规定，因抢救生命垂危的患者等紧急情况，不能取得患者或者其近亲属意见的，经医疗机构负责人或者授权的负责人批准，可以立即实施相应的医疗措施。立法做出该项例外规定，主要动因源自对我国医疗实践经验教训的总结。2007年发生的孕妇李丽云因其男友拒绝签字而不能采取适当救治措施致其死亡一案，对于我国立法确立紧急情况下知情同意例外规则具有直接的推动作用。该规则的正当性还在于，生命权相对于知情同意权而言，具有保护上的优先性。实践中，在适用此项例外规则时，需要严格遵循立法设置的条件：第一，前提必须是出现了抢救生命垂危的患者的紧急情况，且不能取得患者或其近亲属的意见。除了患者生命垂危需要抢救外，条文还为其他在救治上具有时间紧迫性的紧急情况的适用留下了解释上的空间。同时，对于不能取得同意的理解，在适用中应当侧重这一事态的客观性，包括医疗机构客观上不能履行告知义务因而也不能取得同意的情形，如患者处于昏迷状态且无法及时联系到患者近亲属；也包括医疗机构虽然履行了告知义务，但患者或近亲属未表示同意的情形。而对于患者明确表示反对的情形，则不宜适用本条，虽然救死扶伤是医疗机构的职责，但患者的人身权利也应受到尊重。第二，医疗机构应当履行法定的程序，即经过医疗机构负责人或授权的负责人批准。

2. 医务人员未尽到与当时医疗水平相应的诊疗义务

《侵权责任法》第57条规定，医务人员在诊疗活动中未尽到与当时的医疗水平相应的诊疗义务，造成患者损害的，医疗机构应当承担赔偿责任。这是医

---

① 杨立新：《侵权责任法》，北京：法律出版社2010年版，第435页。

务人员就诊疗行为本身是否存在过错的基本判定标准。《侵权责任法》采纳了全国统一的标准。对此，在立法过程中曾有争议。有专家指出适用全国统一的医疗水平标准的优点：有利于对受害人的保护、有利于法官判断医疗过错、有利于满足公众的合理期待、有利于提高医疗水平、深化医疗体制改革。[1] 根据这一标准，医疗技术过错的判断，要以诊疗活动发生的当时为准，不能以事后的技术进步作为判定依据；要以全国范围为准，不能以某一医疗水平较低的地域为限，也不能以国际范围内的医疗水平为据；要以同等级别的医疗机构的通常医疗水平为准，不能以较高级别的医疗机构的医疗水平作为判定较低级别的医疗机构医疗水平的依据，也不能以同一级别中具体医务人员的较高或较低医疗技术为准。

3. 医疗机构未尽不得违反诊疗规范对患者实施不必要检查的义务

《侵权责任法》第63条规定，医疗机构及其医务人员不得违反诊疗规范实施不必要的检查。据此，若医疗机构及其医务人员违反诊疗规范对患者实施不必要的检查，则应当认定为医疗机构存在过错。实践中，医疗机构所实施的检查是否为不必要检查，需要从两个方面予以判定：一是是否违反了诊疗规范；二是有关检查与患者病情的关联程度，即对于诊断和治疗病患是否有相当的关联，如果没有关联、关联程度极低或者所谓的关联明显不合理，就可以判定为不必要的检查。同时，应当以诊断之初患者对病症的描述和医务人员的预判作为判定的依据，一般不能以检查结果为依据来判定所实施的某项检查是否有必要。医疗机构及其医务人员所实施的许多检查事实上是通过排除法来辅助确定病灶，因而从检查结果来说，可能会发现与病患关联程度并没有医务人员预判的那么高。此外，还要考虑患者或其近亲属对有关检查的愿望，对于可以实施、也可以不实施的检查项目，如果是患者及其近亲属同意或要求医疗医务人员实施的，则尽管可能与病患关联程度较低，也不应当认定为不必要的检查。当然，有专家对此提出了相对更宽的认定标准，即如果所从事的检查与需要治疗的疾病没有关系，就属于不必要的检查。[2] 我们不太赞同，理由是基于诊疗活动的特殊性以及病患的多样性，在绝大多数情况下，很难排除检查项目与病患的起码

---

[1] 王利明：《侵权责任法研究》（下卷），北京：中国人民大学出版社2011年版，第395—396页。
[2] 王利明：《侵权责任法研究》（下卷），北京：中国人民大学出版社2011年版，第450页。

的关系。

4. 医疗机构存在过错的法定情形

《侵权责任法》第58条还规定了三种医疗机构存在过错的法定事由，即患者的损害系因下列情形之一所造成的，推定医疗机构有过错：违反法律、行政法规、规章以及其他有关诊疗规范的规定；隐匿或者拒绝提供与纠纷有关的病历资料；伪造、篡改或者销毁病历资料。一如前文所述，只要受害患者能够证明损害系因这些原因所造成，人民法院即可认定医疗机构存在过错。需要指出的是，根据《侵权责任法》第61条规定，医疗机构隐匿或者拒绝提供与纠纷有关的病历资料，伪造、篡改或者销毁病历资料，是典型的违背医疗机构法定义务的行为。按照违法即有过错的常理，此时直接认定医疗机构存在过错，并无不妥。但这与医疗机构是否要对患者所造成的损害承担赔偿责任不是一一对应的。损害赔偿责任的成立尚需其他要件的成就，特别是医疗机构违背法定义务的行为应当与患者所遭受的损害之间存在因果关系。若患者不能证明此行为与其所受损害之间有因果联系，则人民法院不能仅凭存在这种过错就令医疗机构承担损害赔偿责任。

三、存在医疗损害行为

与其他特殊侵权责任构成不同的是，作为医疗损害责任构成要件的"行为"要件在学说表述上存在明显不同。有的著作未将"行为"要件进行单独叙述[①]，有的则表述为"医疗机构和医务人员的诊疗行为"[②]，还有的著作所表述的医疗损害责任构成要件并不包含行为要件，而只涉及损害、过错以及"医疗过错与损害之间存在因果关系"[③]。本书认为，"无行为即无责任"的基本原理在医疗损害责任构成中仍然是适用的；同时，尽管患者遭受损害只能是医疗行

[①] 程啸博士在论及医疗损害责任的构成要件时，谈到了"加害人""在诊疗活动中受到损害"和"过错"三个要件，并在前述第二个要件中，依次分析了"诊疗活动""患者遭受损害"和"诊疗活动与损害之间具有因果关系"。参见程啸：《侵权责任法》，北京：法律出版社2015年版，第556—567页。

[②] 最高人民法院侵权责任法研究小组：《中华人民共和国侵权责任法条文理解与适用》，北京：人民法院出版社2016年版，第386页。

[③] 王利明：《侵权责任法研究》（下卷），北京：中国人民大学出版社2011年版，第387页。

为或诊疗行为所致，但在责任成立要件界定上，只能将导致患者损害的那些诊疗行为作为评价内容，而不宜扩展至全部诊疗活动。因此，本书将行为要件表述为"存在医疗损害行为"，旨在说明诊疗行为对患者造成了损害。换言之，医疗机构及其医务人员实施了损害患者利益的诊疗行为，是医疗机构承担医疗损害责任的前提和要件之一。其中，诊疗行为是指医疗结构及其医务人员借助医学知识、专业技术、仪器设备及药物等手段，为患者提供的紧急救治、检查、诊断、治疗、护理、保健、医疗美容以及为此服务的后勤和管理等维护患者生命、健康所必需的专业性活动的综合。[①] 医疗损害行为既可以是作为形态，也可以是不作为形态。所谓作为，系指不当为而为之。通常是指医疗机构实施的诊疗行为对患者的合法权益造成了客观的损害，结合《侵权责任法》关于医疗损害责任的具体规定，作为还包括以对患者实施不必要的检查而造成患者人身损害或财产损失。所谓不作为，系指当为而不为。具体而言，是指医疗机构及其医务人员负有实施某种行为的法定义务，能够履行而不履行，以致造成患者损害的客观事实。《侵权责任法》明确列举了一些医疗机构以不作为方式实施的损害行为，如不履行告知义务等。

四、医疗损害行为与患者受损之间存在因果关系

此处的因果关系是指医疗机构及其医务人员实施的医疗行为是造成患者遭受损害的原因。实践中，基于医疗行为的专业性和技术性，对于因果关系存在与否的判断，应采纳相当因果关系理论来判定。[②] 同时，还需要经过专门的医疗科学技术鉴定方能证明。需要指出的是，《侵权责任法》对于《民事诉讼证据规定》所确立的因果关系推定的做法保持了沉默。因而，医疗机构实施的医疗损害行为与患者所受损害之间是否具有因果关系，需要患者举证加以证明。

[①] 程啸：《侵权责任法》，北京：法律出版社2015年版，第557—558页。
[②] 王利明：《侵权责任法研究》（下卷），北京：中国人民大学出版社2011年版，第400页。

第三节 医疗损害赔偿责任的承担

一、承担主体

根据《侵权责任法》第 54 条之规定,医疗损害责任的承担者是医疗机构。因医疗损害行为具体是由医务人员实施的,因而,学者指出,医疗损害责任是一种与替代责任相类似的责任。[1] 这样的规定是合理的。我国相关法律规定,医生必须隶属于一定的医疗机构方能从事诊疗行为,因而,医务人员从事诊疗服务的行为是执行职务的行为,造成患者损害的,应当由所属的医疗机构承担责任。

顺便提到的是,在医疗产品损害责任中,除了医疗机构应向患者承担损害赔偿责任外,医疗产品的生产者、销售者也是承担损害赔偿责任的主体。而且,医疗产品损害责任是不真正的连带责任,因而,医疗机构最终要么承担全部损害赔偿责任,要么不承担赔偿责任。[2] 后者发生的前提是,医疗机构对于医疗产品的缺陷的存在没有过错。在该种情况下,若患者在起诉医疗机构的同时并未起诉医疗产品的生产者、销售者,则在医疗机构向患者承担损害赔偿责任后,有权向医疗产品的生产者、销售者追偿。

二、责任减轻或免除事由

(一) 医疗机构减轻或免责的一般事由

由于医疗损害责任适用一般过错原则,因而《侵权责任法》第三章规定的有关加害人不承担责任的原则性规定是适用于医疗机构的。若损害是由患者故

---

[1] 王利明:《侵权责任法研究》(下卷),北京:中国人民大学出版社 2011 年版,第 373 页。
[2] 杨立新:《侵权责任法》,北京:法律出版社 2010 年版,第 454 页。

意造成的，医疗机构不承担赔偿责任；损害系因不可抗力造成的，医疗机构也不承担赔偿责任。对此，学界解释较为一致①，本章不再赘述。其中，比较有疑问的是，出现该法第 26 条、第 28 条规定的情形时，医疗机构应当如何承担责任？我们以为，鉴于医疗损害责任适用过错原则，因而，在法律没有做出例外规定的情形下，该两条的规定也是应当适用的。

需要说明的是，《侵权责任法》第 60 条第 2 款规定了一种患者存在过错的特殊情形，即"患者或者其近亲属不配合医疗机构进行符合诊疗规范的诊疗"，若医疗机构及其医务人员也存在过错，则医疗机构"应当承担相应的赔偿责任"。对此规定的性质，学界解释并不一致，有学者认为是与有过失②，另有学者主张是分配责任的规定③。我们以为，将该规定理解为与有过失并无不妥。理由是，尽管从第 60 条整体来看，是关于医疗机构免责事由的规定，但第 2 款具有相当的独立性，将其理解为过失相抵并不会影响到本条第 1 款规定的免责事由的完整性。同时，虽然第 2 款未使用"减轻"医疗机构的责任的措辞，但该款所使用的"相应的"赔偿责任的确定，还是要依据医疗机构和患者一方的过错对于损害发生的原因力的相对大小。加之《侵权责任法》第 26 条确立了与有过失规则，因而，可将第 60 条第 2 款的规定看成第 26 条的一种特殊情形。

而对于第 28 条适用与否，学者并未阐明。我们以为，基于医疗机构还具有场所性特征，对于损害是因第三人造成的，不应简单地令第三人承担侵权责任，而排除医疗机构承担责任的可能。事实上，若医疗机构存在管理上的过错，或未尽到安全保障义务，则应当承担与其过错相应的赔偿责任。前者如因医疗机构管理疏漏，致使他人假冒其医务人员为患者实施诊疗活动造成损害的；而在后一种意义上，医疗机构与其他负有安全保障义务的场所并无不同，毋宁说，此事损害尽管发生在诊疗活动中，但很难说是该法第七章规定的"医疗损害责任"。

---

① 王胜明：《中华人民共和国侵权责任法解读》，北京：中国法制出版社 2010 年版，第 293 页；杨立新：《侵权责任法》，北京：法律出版社 2010 年版，第 473 页。
② 杨立新：《侵权责任法》，北京：法律出版社 2010 年版，第 472 页。
③ 王利明：《侵权责任法研究》（下卷），北京：中国人民大学出版社 2011 年版，第 448 页。

（二）医疗机构免责的特别规定

《侵权责任法》除了将主要适用过错原则的医疗损害责任加以特别规定外，在医疗损害责任立法上的特殊性还表现在规定了医疗机构的特别免责事由。《侵权责任法》第60条第1款规定，患者有损害，因下列情形之一的，医疗机构不承担赔偿责任：患者或者其近亲属不配合医疗机构进行符合诊疗规范的诊疗；医务人员在抢救生命垂危的患者等紧急情况下已经尽到合理诊疗义务；限于当时的医疗水平难以诊疗。据此，除了《侵权责任法》第60条第2款规定的情形外，医疗机构的特殊免责事由包括以下。

1. 患者或者其近亲属不配合医疗机构进行符合诊疗规范的诊疗

诊疗活动的特殊性在于其直接作用于患者人体，因而非同于一般的合同行为，医疗机构及其医务人员对患者进行诊疗，必须得到患者或其近亲属的同意。因而，就一定病灶的去除而言，医疗机构及其医务人员的行为具有某种意义上的共同性，其中任何一个环节出现问题，不但可能导致诊疗无法达到效果，而且还对患者造成其他损害。因而，《侵权责任法》在规定医疗机构对因其过错造成患者损害应承担损害赔偿责任的同时，规定因患者一方存在过错导致损害发生时医疗机构不承担赔偿责任，是合理的，也是必要的。此项免责事由的构成，需要如下条件：首先，医疗机构的诊疗行为符合诊疗规范。反之，患者及其近亲属即便不予配合，对于最终造成的患者损害，医疗机构也不应免责。其次，存在患者或其近亲属不配合医疗机构进行诊疗的事实。这是医疗机构免责的事实基础，从另一方面表明了医疗机构在诊疗过程中没有过错。最后，患者或其近亲属不配合诊疗的行为与患者所受损害之间具有因果关系。这是医疗机构不承担赔偿责任的正当性基础。换言之，医疗机构只应对自己行为引起的损害承担责任，不应对他人行为负责。

2. 医务人员在抢救生命垂危的患者等紧急情况下已经尽到合理诊疗义务

医疗活动具有相当的风险性。抢救生命垂危的患者等紧急情况下所实施的诊疗行为，本身具有"紧急避险"的性质，为了挽救患者生命而实施的诊疗行为造成其他损害的可能性相对更高。因而，立法专门规定此项免责事由，适当降低此种情况下医疗机构的注意义务，是合理的；同时，也有利于促进医学事业的进步。根据规定,此项免责事由的成就,应满足以下条件:首先,必须是发生了需要抢救生命垂危的患者等紧急医疗情况,这是降低医疗机构在诊疗活动中应尽的注意义务的前提条件。其次,医务人员已经尽到了合理的诊疗义务。所谓合理的诊疗义务的判定,一般要低于当时的医疗水平所要求的注意义务,只要医务人员已经尽到了一个普通的、谨慎的医务人员应尽的诊疗义务,即可认为满足了这个条件。反面来说,"只有在当时存在明显优于医务人员所采取的急救措施并且医务人员没有正当的理由却未采取时,才能认为医务人员有过错"①。

3. 限于当时的医疗水平难以诊疗

医疗技术和医疗水平的发挥和人对自身的认识一样,都有一定的局限性。即便是已经被人类认识并有相当程度了解的一些疾病,可能至今仍无法绝对治愈,如癌症等。随着人类社会的发展,生态环境的变化,能够感染人类的新型病毒并不鲜见,在此情形下,一些患者无法治愈,也常有发生。因而对医疗机构做出此项免责的规定,符合医疗事业发展的客观实际。在判定该事由是否成就时,需要注意:首先,"难以诊疗"强调不可治愈的客观性,既包括了医治无效的情形,也包括了不能治愈的情形。其次,"当时的医疗水平"是指诊疗行为发生时全国范围内平均医疗水平,其判定应与《侵权责任法》第57条的规定保持一致。

---

① 王利明:《侵权责任法研究》(下卷),北京:中国人民大学出版社2011年版,第445页。

第九章 环境污染责任

环境污染的民事责任在《民法通则》中就有涉及，该法第124条规定："违反国家保护环境防止污染的规定，污染环境造成他人损害的，应当依法承担民事责任。"此后，在国家制订的一系列有关环境保护的法律法规中，也规定了一些污染环境致人损害的侵权法规范，如《环境保护法》（2014）第64条、《水土保持法》（1991）第39条、《环境噪声污染防治法》（1997）第61条、《海洋环境保护法》（2000）第90条、《大气污染防治法》（2000）第62条、《放射性污染防治法》（2003）第59条、《固体废物污染环境防治法》（2005）第84条、《水污染防治法》（2008）第85条等。《侵权责任法》第八章通过4个条文对环境污染责任进行了专门规定，"虽然条文不多，但其极大地完善了环境污染责任制度，对于保护受害人的利益、维护环境，都具有重要作用。"[①] 这些主要法律规范确立了我国环境污染侵权民事责任制度的基本规则。

第一节 环境污染责任概述

一、环境与环境污染

根据《环境保护法》规定，环境是指影响人类生存和发展的各种天然的和经过人工改造的自然因素的总体，包括大气、水、海洋、土地、矿藏、森林、草原、野生生物、自然遗迹、人文遗迹、自然保护区、风景名胜区、城市和乡村等。环境污染一般是指由于人为的原因致使环境发生化学、物理、生物等特

---

① 王利明：《侵权责任法研究》（下卷），北京：中国人民大学出版社2011年版，第452页。

征上的不良变化,从而影响人类健康和生产生活,影响生物生存和发展的现象。① 以损害范围和对象是否确定为标准,环境污染可有广义和狭义之分。狭义的环境污染即"公害",是对不特定多数人的民事权益造成损害的环境污染;而广义的环境污染,则还包含了对于特定主体民事权益造成损害的环境污染,如居住于毗邻不动产者对邻人造成的噪声等污染,该种污染又称作"私害",与"公害"相对。对于此处所谓"私害"与"公害"的区别,学者已进行过详细探讨,主要包括:当事人特定与否不同、造成污染的原因行为性质有别、法律规范以及归责原则不同等。②

二、环境污染责任及其特点

环境污染责任,是指污染者因污染环境造成损害,依法应当承担的侵权责任。《侵权责任法》中"环境污染责任"的提法,是我国立法上首次对因环境污染造成他人民事权益损害的责任的概括③,统一了学理上关于环境污染责任名称的分歧。由此,《侵权责任法》上环境污染责任的形态不限于损害赔偿责任,还包括了停止侵害等其他民事责任类型。同时,尽管从该术语本身来看,似乎还涉及行政、刑事责任,但结合该法的侵权法本质以及其第65条之规定,本章规定的情形实际上就是环境污染侵权责任,并不涉及其他公法上的责任。环境污染责任具有如下特点。

(一)环境污染责任是特殊侵权责任

环境污染责任是一种特殊的侵权责任。一方面,《侵权责任法》分则部分对环境污染责任做了专门规定,并在损害赔偿责任承担上适用无过错责任原则,具有特殊性;另一方面,环境污染侵权责任除了《侵权责任法》的规定外,有关环境保护的专门立法中绝大多数都对环境污染侵权责任进行了特别规定。从这些规定的内容看,环境污染责任在构成上与适用过错原则的一般侵权责任相

---

① 王胜明:《中华人民共和国侵权责任法解读》,北京:中国法制出版社2010年版,第324—325页。
② 程啸:《侵权责任法》,北京:法律出版社2015年版,第570—572页。
③ 王利明:《侵权责任法研究》(下卷),北京:中国人民大学出版社2011年版,第453页。

比有明显不同。

（二）环境污染责任是因经营活动污染环境而应承担的责任

环境污染责任是针对"公害"的侵权责任，没有环境污染，就没有环境污染责任。是否对环境造成了污染，是承担责任的前提。因而，对于行为虽然影响到他人的环境利益，但不是因环境污染而引起的，如居民之间因日常生活相邻关系发生的妨害环境利益纠纷，因一般不会对环境造成损害，通常也不构成环境污染，因而不适用《侵权责任法》"环境污染责任"规定部分的调整。正如有专家所指出的："从侵权纠纷角度研究环境污染责任，根据不同的污染源，适用不同的归责原则。居民之间生活污染适用过错责任，主要由物权法规定的相邻关系解决，不受本章调整。而企业生产污染等污染环境的适用无过错责任，主要由侵权责任法、环境保护法、大气污染防治法、水污染防治法等相关法律调整。"[①]

（三）环境污染责任的责任形态具有多样性

从《侵权责任法》以及各环境保护的专门立法规定来看，环境污染侵权责任的形态具有多样性，不仅包括损害赔偿责任，还可适用停止侵害、排除妨碍等民事责任。《侵权责任法》第八章使用了"环境污染责任"的表述，第65条使用了"侵权责任"，而该法第15条又规定了多种民事责任形态。同时，在环境保护的专门立法中，都明确要求"排除危害"。如《环境保护法》（1989年）第41条第1款规定，造成环境污染危害的，有责任排除危害，并对直接受到损害的单位或者个人赔偿损失。在《水污染防治法》《大气污染防治法》等环境保护专门立法中，都有类似规定。相比较医疗损害责任等而言，环境污染责任的责任形态具有多样性。

---

① 王胜明：《中华人民共和国侵权责任法解读》，北京：中国法制出版社2010年版，第325页。

第二节 环境污染责任的构成

对于污染者应承担的损害赔偿责任,因在归责原则和构成要件上均具有特殊性,以下分别阐述。

一、环境污染损害赔偿责任的归责原则

在我国长期的立法、司法实践以及世界各主要国家中,对于环境污染损害赔偿的归责原则,大都适用无过错原则或与之类似的归责原则。我国1983年施行的《海洋环境保护法》第42条首次确定了环境污染的无过错责任[1],此后有关环境保护和环境损害责任的立法均采用了这一原则。在比较法上,环境污染损害赔偿适用无过错责任也是各国通例。如:德国将环境侵权纳入危险责任,在民法典之外通过特别法加以规范。日本的环境立法中对一般的环境侵权依据其民法典第709条承担过错责任,但在公害事件中适用无过错原则。[2] 而在英美法中,对环境污染致人损害的责任,主要采用严格责任的规定,适用"妨害法(private nuisance)"和赖兰兹诉弗莱彻案(Rylands v. Fletcher)规则。[3]

基于这些经验和先例以及环境污染责任的特殊性,在《侵权责任法》制订过程中,对于环境污染损害赔偿适用无过错原则,意见分歧不大,该法第65条对此原则进行了明确:"因污染环境造成损害的,污染者应当承担侵权责任"。适用无过错责任原则,不仅符合环境侵权案件中有效救济受害人的实际,还有利于预防损害的发生,更好地保护环境。环境污染侵权不同于其他侵害行为,往往具有不确定性,污染环境行为的实施与损害后果出现之间往往跨度较长,

---

[1] 该法第42条规定:"因海洋环境污染受到损害的单位和个人,有权要求造成污染损害的一方赔偿损失。赔偿责任和赔偿金额纠纷,可以由有关主管部门处理,当事人不服的,依照《中华人民共和国民事诉讼法(试行)》规定的程序解决;也可以直接向人民法院起诉。"

[2] 王胜明:《中华人民共和国侵权责任法解读》,北京:中国法制出版社2010年版,第322—324页。

[3] 王利明:《侵权责任法研究》(下卷),北京:中国人民大学出版社2011年版,第475页。

期间掺杂因素复杂，受害人通常很难举证污染者就其损害存有过错或违法行为，若采用过错或过错推定原则，受害人则很难得到充分救济。同时，无过错原则的适用，有利于促使人们保护环境意识的提高，特别是促使潜在的污染者事先采取必要的预防措施，避免污染环境。此外，环境污染具有一定的不可避免性，也是伴随大工业发展的必然后果，无过错原则的适用符合风险控制理论，也体现了"污染者付费"原则的要求。

二、环境污染损害赔偿责任的构成要件

目前，民事一般法和环境法的相关规定共同构成了我国环境污染侵权责任构成的基本制度框架。民事一般法的规定包括《民法通则》第 124 条和《侵权责任法》第 65 条。尽管在文义上，二者定位有所差异，但学界一致认为，后者取代了前者。比较而言，环境法中的规定较多，它们又可分为环境一般法的规定和环境污染防治特别法的规定。前者即《环境保护法》第 64 条；后者则涵盖了《水污染防治法》第 85 条、《固体废物污染环境防治法》第 84 条、《放射性污染防治法》第 59 条、《大气污染防治法》第 62 条、《环境噪声污染防治法》第 61 条等。

（一）行为人实施了污染环境行为

行为人实施了污染环境行为，是成立环境污染责任的前提，也是令行为人承担责任的客观基础。对此，有专家指出："引起自然因素总体不良变化之行为，均为污染环境的行为。"[1] 在行为样态上，既包括作为，也不能排除不作为，因为保护环境、进而不污染环境是法律明确规定的义务，但一般都是通过作为方式来实施的。当然，关于污染环境行为存在的认定，理论和实务中均存在一定争议，下文第三节还将详述。

（二）造成了损害

侵权法上的损害一般是指行为造成人身或财产等方面的不利益状态。需指

---

[1] 张新宝：《侵权责任法》，北京：中国人民大学出版社 2010 年版，第 285 页。

出的是,《侵权责任法》第 65 条去除了《民法通则》对损害对象的指定,没有将损害限定为"他人"的损害,由此也带来了解释上的不便。如有观点指出,环境污染的损害,既包括作为传统民法保护对象的他人人身、财产损害,也包括对于环境权利的损害。① 杨立新教授指出,就环境污染责任对应的损害而言,并不仅指自然人的人身损害和财产损害,还包括更为广泛的损害。② 也有观点认为,"环境污染责任"制度仅适用于因污染而变坏了的环境介质间接地对特定人的人身和财产造成损害的救济,不适用于环境生态功能损害的救济,也不适用于对环境介质本身造成的损害。③ 徐祥民教授认为,《侵权责任法》"环境污染责任"中的损害,只能是民法上损害。④ "如果行为人只是造成生活环境或生态环境的污染,那么就不属于《侵权责任法》第 8 章规制的范围,而应当由环境保护法加以规制。"⑤ 此外,学者主张,现行法上的"造成损害"的规定并不周延,应当包含已经造成损害和具有造成损害的现实危险两种状况。⑥

  从历史解释的角度看,立法的这种变化表明立法者有意将损害扩大到他人人身权益、财产权益之外的损害,而《侵权责任法》第 2 条就该法所保护的民事权益做出一般规定时,又将其限定在"人身、财产权益",因而,该历史解释似乎又与体系解释出现了不契合之处。但若从体系解释,则又不宜理解《侵权责任法》做出此种变化的动因。与此同时,新修订的《民事诉讼法》又明确因环境污染可提起公益诉讼。在此背景下,是否有从历史解释的必要,显然是值得研究的。此处对污染环境行为造成损害的阐释,将基于传统民法理论而展开,即污染者因其污染环境行为而承担侵权责任所对应的损害,限于特定民事

---

① 最高人民法院侵权责任法研究小组:《中华人民共和国侵权责任法条文理解与适用》,北京:人民法院出版社 2016 年版,第 549 页。
② 杨立新:《侵权责任法》,北京:法律出版社 2010 年版,第 478 页。
③ 邹雄、蓝华生:《环境污染责任适用范围辨析——〈侵权责任法〉第八章解读之一》,《海峡法学》,2011 年第 1 期,第 14 页。
④ 徐祥民:《环境污染责任解析——兼谈〈侵权责任法〉与环境法的关系》,《法学论坛》,2010 年第 2 期,第 19 页。
⑤ 高飞:《论环境污染责任的适用范围》,《法商研究》,2010 年第 6 期,第 41 页。
⑥ 最高人民法院侵权责任法研究小组:《中华人民共和国侵权责任法条文理解与适用》,北京:人民法院出版社 2016 年版,第 549 页;黄萍:《环境污染责任构成要件再探讨——兼评〈侵权责任法〉的相关规定》,《行政语法》,2011 年第 3 期,第 79 页。

主体所遭受的民事权益的损害。

（三）污染环境行为与损害之间有因果关系

行为与损害之间存在因果关系是一切侵权责任成立的要件之一，环境污染侵权责任也不例外，它要求污染者实施的污染环境的行为与特定民事主体所遭受的损害之间具有引起与被引起的客观联系。"但由于污染环境行为的复杂性、渐进性和多因性，以及损害的潜伏性和广泛性，其因果关系之证明较之普通侵权行为案件更为复杂。"[1] 因而，为保护受害人，西方国家在环境侵权因果关系的证明上形成了盖然因果关系说、社会流行病学的证明方法以及间接反证法等证明方法。[2] 我国对此也采取了特殊的规则。1995 年制定的《固体废物污染环境防治法》第 86 条首次规定了环境污染侵权构成中因果关系是否存在的举证责任应由加害人承担："因固体废物污染环境引起的损害赔偿诉讼，由加害人就法律规定的免责事由及其行为与损害结果之间不存在因果关系承担举证责任。"此后，最高人民法院在《民事诉讼证据规定》第 4 条第 3 项中也进行了重申，并将此特殊的举证责任规则扩展适用于所有"因环境污染引起的损害赔偿诉讼"。2008 年修订的《水污染防治法》第 87 条规定，因水污染引起的损害赔偿诉讼，由排污方就法律规定的免责事由及其行为与损害结果之间不存在因果关系承担举证责任。《侵权责任法》第 66 条再次予以确认："因污染环境发生纠纷，污染者应当就法律规定的不承担责任或者减轻责任的情形及其行为与损害之间不存在因果关系承担举证责任。"然而，对于我国在因果关系证明规则上的这种特殊安排，学理解释上存在一定分歧，主要有因果关系推定说和因果关系举证责任倒置说两种观点。[3] 应该说，从文义解释来看，该条所采用的规则应当是因果关系举证责任倒置的规则。也就是说，受害人证明了所遭受的损害与污染者实施的环境污染行为有关后，污染者即应就其行为与受害者损害之间不存在因果关系承担举证责任，若其举证不能，便要承担侵权责任。与污染环境行为认定

---

[1] 张新宝：《侵权责任法》，北京：中国人民大学出版社 2010 年版，第 287 页。
[2] 张新宝：《侵权责任法》，北京：中国人民大学出版社 2010 年版，第 287—200 页；王利明：《侵权责任法研究》（下卷），北京：中国人民大学出版社 2011 年版，第 487—491 页；杨立新：《侵权责任法》，北京：法律出版社 2010 年版，第 492—494 页。
[3] 王利明：《侵权责任法研究》（下卷），北京：中国人民大学出版社 2011 年版，第 492 页。

中的分歧一样,关于因果关系判定,理论和实践中也存在一定分歧,下文将予以详述。

第三节 环境污染侵权行为认定及责任成立证明问题

侵权责任成立中的证明问题涉及举证责任分配和证明标准两个方面。许多年来,此二方面分别都是学界争议的热点。加之环境侵权在事实层面的复杂性和法律认定方面的特殊性,理论上更有分别探讨之必要。但因本节分析对象主要是人民法院做出的环境侵权裁判,出于举证责任与证明标准二者的紧密关联性,特别是对裁判进行全面、系统探讨的考虑,姑且将此二者合并于"证明问题"之下。

从立法上看,《侵权责任法》不再要求环境污染侵权行为须具备"违反国家保护环境防止污染的规定"要件,新《环境保护法》在环境污染侵权责任问题上完全指向《侵权责任法》[①],但现行一些环境保护专门立法对于特定环境污染的界定仍然要求污染行为须具备违反环境保护法律或"超标排放"要求[②]。因而,在环境污染侵权责任构成中,适用何种依据认定存在环境污染行为尚有一定争议。《侵权责任法》施行后,学界就构成污染环境行为是否应具备违法性要求也未形成一致意见。加之环境污染侵权是一种特殊侵权行为,所具有的长期性、累积性、潜伏性、间接性等特征[③],进一步增加了环境污染侵权行为认定的复杂性。实务中,不同法院的做法亦存在明显差异。同时,尽管最高人民法院《关于审理环境侵权责任纠纷案件适用法律若干问题的解释》(以下简称《环境侵权纠纷解释》)(法释〔2015〕12号)中就原告起诉所应提供的证明材料、被告证明因果关系不存在以及环境污染侵权赔偿归责原则等问题进行了一些明确,但结合法院司法裁判来看,如下问题仍有待明确:不违反环境保护法律法规或达标排污是否会影响污染环境行为存在的认定?原告是否具有证明污

---

① 《环境保护法》第64条。
② 《环境噪声污染防治法》第2条第2款。
③ 王利明:《侵权责任法研究》(下卷),北京:中国人民大学出版社2011年版,第482—483页;叶知年:《环境民法要论》,北京:法律出版社2014年版,第297—298页。

染环境行为与损害事实之间因果关系存在的初步责任？原告未能妥善保存受污染样本是否会影响侵权责任成立及承担？被告证明因果关系不存在的标准是什么？对这些问题的回答，既是阐释法律规范内容以更好地发挥立法指引作用的需要，也是统一司法裁判尺度、平衡环境污染侵权诉讼中双方当事人利益的需要。

一、污染环境行为认定及侵权责任成立证明问题规范分析

（一）污染环境行为认定的立法现状与学说分歧

尽管从立法的整体定位角度看，现行规定形成了三个层次（详见右图），但因环境保护一般法系新法，在环境污染侵权责任法律适用上完全指向民事一般法（《侵权责任法》），因而，环境污染侵权责任构成要件的规定，遵照《侵权责任法》来确定并无异议。

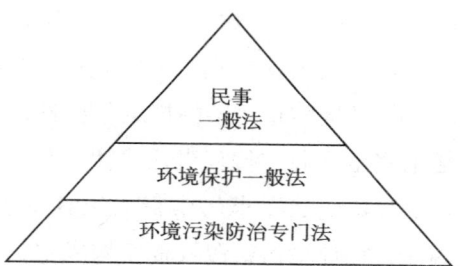

问题在于，《侵权责任法》对污染环境行为并未做出明确界定，同时又删除了《民法通则》中"违反国家保护环境防止污染的规定"要求；而有的环境污染防治法对特定环境污染进行了定义，且不同立法的规定又有所不同。① 这样，学说和司法实务中就必须回答环境污染行为的认定依据或标准，核心问题是不违反国家环境保护法律或达标的排污行为是否构成环境污染行为？

《侵权责任法》颁布之后，学界围绕该问题形成"损害标准说""违法或超标排放标准说""排污标准说"三种主张。按照"损害标准说"，污染环境行为认定应当以排污行为是否侵害了他人合法权益为标准。学者指出："即使污染者

---

① 《水污染防治法》[第91条第（一）项]、《放射性污染防治法》[第62条第（一）项]、《环境噪声污染防治法》（第2条第2款）明确定义了水污染、放射性污染、环境噪声污染，后二者都以超标排放为必要条件；但《大气污染防治法》《固体废物污染环境防治法》中并未有类似定义。

的行为没有违反国家排污标准,但是如果造成民事主体的民事权益损害,不具有法定的免责事由,也应当承担侵权责任。"① 按照"违法或超标排放标准说",污染环境行为的存在需要以违法、超标排放污染物为评判标准,不能仅以存在排放污染物的事实存在就认定存在污染环境行为。学者指出:"环境污染行为须违反国家环境保护法律,表现为违反环保法律的禁止性规范,未履行环保法律赋予的防止环境污染的义务,或者滥用环保法律授予的权利。"② 而"排污标准说"则认为只要原告证明了存在排污行为,即认为存在侵权责任构成所要求的污染环境行为。如有学者从《环境保护法》对环境污染损害行为的界定出发,认为只要原告证明污染者实施了水污染、海洋污染、噪声污染、固体物质污染等行为之一,即认为完成了举证责任,而不论该行为是否违法、排放是否超标。③

(二) 环境污染侵权责任成立证明问题的立法现状与学说分歧

1. 举证责任分配的立法现状与学说分歧

举证责任横跨实体法和程序法,是个典型的"两栖"问题。分析民事诉讼举证责任的分配问题,需要综合民事实体法和民事程序法。④《民事诉讼法》第64条、《最高人民法院关于适用〈中华人民共和国民事诉讼法〉的解释》(法释〔2015〕5号) 第90条规定了举证责任分配及其适用的一般规则。这些立法表明,"谁主张、谁举证"是民事诉讼中举证责任分配的基本原则。其中,"主张"不仅限于起诉之始,它覆盖了民事诉讼全过程。法院虽可依职权或申请调查收集证据,但此举并不影响举证责任的分配,亦不影响承担举证责任一方举证不能时承担不利诉讼后果。实体法对举证责任所做出的例外或特别规定,在适用上优先于程序法上一般规则。具体到环境污染侵权构成中,根据《侵权责

---

① 王利明:《侵权责任法研究》(下卷),北京:中国人民大学出版社2011年版,第485页。相似的主张还可参见刘雪荣、刘立霞:《论环境污染侵权诉讼中的证明责任》,《河北法学》,2006年第10期,第121页。

② 杨立新:《侵权责任法》,北京:法律出版社2010年版,第481页。

③ 陈开样:《环境污染侵权诉讼的举证责任实务探讨》,《商丘师范学院学报》,2010年第8期,第101页。

④ 李浩:《民事举证责任分配的法哲学思考》,《政法论坛》,1996年第1期,第36页。

任法》规定，构成环境污染侵权需要具备污染环境行为、损害、行为与损害之间存在因果关系三个要件。结合上文叙述及《侵权责任法》第 66 条、《水污染防治法》第 87 条、《固体废物污染环境防治法》第 86 条等规定可知：原告负担证明污染环境行为及损害存在的举证责任；而对于污染环境行为与损害之间不存在因果关系的证明责任，则由被告负担。

学界分歧主要集中在原告是否负有证明因果关系存在的初步责任。主流观点持肯定说。如王利明教授指出，尽管《侵权责任法》第 66 条非常清楚明确地将举证责任置于被告一方，而非原告一方①，但并非说原告就因果关系存在不承担任何举证责任。相反，在具体案件中，原告应当负有初步证明的责任。其内涵是指，原告应当证明损害事实与污染环境行为之间存在一定联系，损害具有由污染环境行为引起的可能性。②杨立新教授也有相似主张，认为原告应当按照盖然性因果关系规则，证明了存在因果关系的可能性之后，法院才实行举证责任倒置规则。杨教授还特别强调，原告证明盖然性的标准，不是高度盖然性，仅仅能够使得法院形成可能存在因果关系的确信即可。③也有学者持否定说，认为是否存在因果关系不是原告的法定证明义务，但是，基于化被动为主动的策略考虑，原告应当尽可能地提供出初步证明因果关系存在的证据。④

2. 侵权构成要件证明标准的立法现状与学说分歧

证明标准是裁判者据以衡量诉讼双方证明的事实存在的确定性程度的标尺。它表达了卸除当事人举证责任所要达到的范围和程度。⑤尽管学界曾认为民事诉讼证明标准问题在我国比较混乱，⑥但法释〔2015〕5 号司法解释第 108 条第 1 款对此进行了明确："对负有举证证明责任的当事人提供的证据，人民法院经审查并结合相关事实，确信待证事实的存在具有高度可能性的，应当认定该事实

---

① 王利明：《侵权责任法研究》，北京：中国人民大学出版社 2011 年版，第 492 页。
② 王利明：《侵权责任法研究》，北京：中国人民大学出版社 2011 年版，第 494 页。
③ 杨立新：《侵权责任法》，北京：法律出版社 2010 年版，第 495 页。
④ 陈开梓：《环境污染侵权诉讼的举证责任实务探讨》，《商丘师范学院学报》，2010 年第 8 期，第 103—104 页。
⑤ 牟军：《民事证明标准论纲》，《法商研究》，2002 年第 4 期，第 27 页。
⑥ 详见吴泽勇：《中国法上的民事诉讼证明标准》，《清华法学》，2013 年第 1 期；郝振江：《民事诉讼证明标准》，《现代法学》，2000 年第 10 期。

存在。"这一规定对《民事诉讼证据规定》第 72 条、第 73 条规定做了调整，改为采用高度盖然性标准。

就环境侵权构成要件的证明标准而言，民事诉讼法及其他法律均未做出特别明确。因而在逻辑上，环境污染侵权构成要件的证明标准应适用前述一般规定。其中，学界对于污染环境行为、损害的证明标准没有专门涉及，分歧主要集中在被告证明因果关系不存在的证明标准。学者曾指出，不应适用与原告所应证明事实相同的标准，即民事诉讼的一般证明标准，而应适用"排除合理怀疑"的高度盖然性标准，亦即被告必须排除存在因果关系的可能性，否则，就会推定存在。[1]

二、污染环境行为认定与责任成立证明问题实证分析

（一）分析样本及裁判概况

为了解环境污染侵权司法实务中举证责任及证明标准的适用情况，本节以"污染责任纠纷"为关键词，在北大法宝"司法案例"数据库中检索到 2010 年 7 月 1 日（《侵权责任法》施行）之后法院判决的裁判文书共计 291 件。去除撤诉、申请法院执行、合并一方当事人及案情相同案件后，剩余案件共计 128 件。9 件为上诉案件：除 1 件为管辖权纠纷外[2]，二审法院在环境污染侵权构成方面均做出了维持原判的判决[3]。在一审法院审理的 119 件纠纷中：污染者构成犯罪的有 4 件，1 件以原告对人身损害鉴定的依据适用不当为由认定原告举证不

---

[1] 吕忠梅：《环境侵权诉讼证明标准初探》，《政法论坛》，2003 年第 5 期，第 32 页。
[2] 北京市第三中级人民法院民事裁定书（2015）三中民终字第 01479 号。
[3] 安徽省池州市中级人民法院民事判决书（2014）池民一终字第 00146 号、北京市第三中级人民法院民事判决书（2015）三中民终字第 00700 号、山东省青岛市中级人民法院民事判决书（2014）青民五终字第 1454 号、湖南省常德市中级人民法院民事判决书（2014）常民一终字第 395 号、广西壮族自治区桂林市中级人民法院民事判决书（2014）桂市民一终字第 565 号、山东省东营市中级人民法院民事判决书（2015）东环保民终字第 2 号、云南省楚雄彝族自治州中级人民法院民事判决书（2014）楚中民一终字第 586 号、江苏省高级人民法院民事判决书（2014）苏环公民终字第 00001 号。

能①，3件认定侵权成立②；7件实质上系合同纠纷，不涉及环境污染侵权构成认定③；1件因无法向被告送达而驳回④。因在这12起案件中侵权认定均非实质争议焦点，故而从分析样本中排除，仅以剩余107件裁判为分析样本。在分析样本中：2件涉及电磁辐射污染，均认为不构成侵权；4件涉及大气污染，1件认定不构成侵权；30件涉及噪声污染，16件认定不构成侵权；其余63件涉及污水、工业及养殖业废物排放污染等，其中又以水污染为主（44件），共有18件认定不构成侵权。

在法院认定不构成环境污染侵权的全部37件裁判中，19件都与原告未能举证证明存在环境污染行为有关，9件完全缘于原告对损失的举证未得到法院采信，在多达15件裁判中，法院的裁判理由与因果关系无法确定或不唯一有关。而在法院认定原告履行了举证责任的案件中，大多数情形下都以被告未能举证证明行为与损害结果之间不存在因果关系而认定侵权成立。此外，有2件裁判确定未适用《侵权责任法》第65条、第66条的规定，而是适用了普通侵权责任的构成要件。其中，在季某某诉某某公司噪声污染责任纠纷案中，法院援引《侵权责任法》第6条作为裁判依据⑤；在"原告诉被告一、被告二环境污染责任纠纷一案"中，法院指出，一般侵权损害赔偿应当符合存在损害后果，加害行为具有违法性，违法行为与损害后果之间存在因果关系，加害人具有过错等构成要件。相应的，在整个裁判中，事实上都让原告承担了全部四要件的

---

① 江苏省仪征市人民法院民事判决书（2013）仪民初字第0436号。
② 广西壮族自治区岑溪市人民法院民事判决书（2015）岑民初字第164号；湖南省桃江县人民法院民事判决书（2013）桃民一初字第1150号；福建省连城县人民法院民事判决书（2014）连民初字第1806号，该案系公益诉讼案件。
③ 杭州市拱墅区人民法院民事判决书（2012）杭拱民初字第908号、山东省青岛市城阳区人民法院民事判决书（2012）城环民初字第1号、石门县人民法院民事判决书（2011）石民一初字第104号、宁波市江北区人民法院民事判决书（2014）甬北庄民初字第248号、南京市溧水区人民法院民事判决书（2013）溧洪民初字第376号、河北省平山县人民法院民事判决书（2013）平民一初字第382号、淮安市清浦区人民法院民事判决书（2014）浦民初字第0294号。
④ 神农架林区龙溪电站诉湖北晶宝矿业有限责任公司固体废物污染责任纠纷案（湖北省神农架林区人民法院民事裁定书（2015）鄂神农架民初字第00003号）。
⑤ 江苏省泰州市姜堰区人民法院民事判决书（2013）泰姜民初字第0593号。

举证责任。① 有1件判决在侵权认定中没有适用《侵权责任法》。②

分析样本表明，在环境污染侵权司法实务中，前述学说上的分歧都得到了展现。此外，还出现了一个新的分歧：原告未妥善保管受污染样本对于环境污染侵权责任成立的证明是否具有影响？

（二）污染环境行为认定中的分歧：排污达标是否影响行为的性质

在分析样本中，占九成以上的裁判事实上都以是否有证据证明被告存在超过国家或地方污染物排放标准排污作为认定污染环境行为存在的依据。这与前述"违法或超标排放标准说"有所不同：后者中，违反环保法律的禁止性规范、未履行防止环境污染义务、滥用环保法律授权三者之间系并列关系；而在实务中，真正发挥作用的只有超标排放或滥用环保法律授权，其他类型的违法性并未涉及。为区分和表述方便，下文将实务中这一做法简称为"超标排放标准说"。许多裁判对此进行了明确陈述。③ 有的判决在坚持超标排放污染物标准的同时还对"排污行为说"明确否定，指出，原告不能仅以被告存在排污行为就证明污染了环境，是否造成环境污染，还需要考虑是否存在超标排污行为、是否超过了区域环境容量造成污染损失。在被告未超标排放的情况下，不能仅

---

① 上海市金山区人民法院民事判决书（2011）金民三（民）初字第4074号。
② 江福杭诉广州快速交通建设有限公司噪声污染责任纠纷案。
③ 典型的如：陕西省山阳县人民法院民事判决书（2014）山民初字第00478号（该案法院援引《环境噪声污染防治法》第44条第2款的规定，以原告未能提供数字依据证明被告移动基站排放的噪声是否超过国家规定的排放标准为由认定损害事实无法确定，赔偿依据不足）。

以被告有排放行为即认定其污染环境。① 有的判决虽未明确表明合法、合标排污不构成污染环境行为，但从原告举证及法院认定情况来看，均十分倚重排污行为是否超过了国家标准以及污染物是否未经处理就直接进行了排放。② 当然，也有裁判明确适用了《民法通则》124 条规定，认定原告未能适当证明存在超标排污行为，也未能举证证明被告是否具有违反国家环境保护法律规定污染环境的行为。③

另有不到 10% 的裁判总体上采纳了"损害标准说"，认为取得排污许可，或者排污未超过国家标准，与排污行为是否造成环境污染，从而对他人合法权益造成损害无关。④ 其中，在邹功建诉重庆市元森实业有限公司环境污染责任纠

---

① 浙江省温岭市人民法院民事判决书（2014）台温民初字第 813 号。持相同观点的判决还有：浙江省温岭市人民法院民事判决书（2013）台温民初字第 519 号、江苏省盐城市亭湖区人民法院民事判决书（2013）亭民初字第 1139 号、河南省登封市人民法院民事判决书（2013）登民一初字第 308 号、四川省宜宾市翠屏区人民法院民事判决书（2013）翠屏民初字第 1398 号、上海市徐汇区人民法院民事判决书（2012）徐民四（民）初字第 187 号、汉寿县人民法院民事判决书（2011）汉民初字第 689 号、上海市嘉定区人民法院民事判决书（2014）嘉民一（民）初字第 3461 号、河南省栾川县人民法院民事判决书（2008）栾城民初字第 27 号、广州市花都区人民法院民事判决书（2013）穗花法民一初字第 1878 号、四川省宜宾市翠屏区人民法院民事判决书（2014）翠屏民初字第 1403 号、山东省宁阳县人民法院民事判决书（2013）宁民初字第 3580 号、上海市松江区人民法院民事判决书（2013）松民一（民）初字第 640 号、四川省宜宾市翠屏区人民法院民事判决书（2013）翠屏民初字第 503 号、北京市朝阳区人民法院民事判决书（2014）朝民初字第 10699 号、四川省宜宾市翠屏区人民法院民事判决书（2014）翠屏民初字第 1381 号、辽宁省盖州市人民法院民事判决书（2014）盖民一初字第 488 号。

② 云南省楚雄彝族自治州中级人民法院民事判决书（2014）楚中民一终字第 586 号、上海市浦东新区人民法院民事判决书（2014）浦民一（民）初字第 42482 号、北京市第三中级人民法院民事判决书（2015）三中民终字第 00700 号、浙江省武义县人民法院民事判决书（2014）金武民初字第 430 号、辽宁省庄河市人民法院民事判决书（2014）庄民初字第 5369 号、湖南省常德市中级人民法院民事判决书（2014）常民一终字第 395 号、浙江省宁海县人民法院民事判决书（2014）甬宁力民初字第 166 号、安徽省安庆市宜秀区人民法院民事判决书（2014）宜秀民一初字第 00461 号、安徽省安庆市宜秀区人民法院民事判决书（2014）宜秀民一初字第 00459 号、安徽省安庆市宜秀区人民法院民事判决书（2014）宜秀民一初字第 00460 号、浙江省温岭市人民法院民事判决书（2015）台温民初字第 8 号、浙江省温岭市人民法院民事判决书（2015）台温民初字第 9 号、浙江省温岭市人民法院民事判决书（2015）台温民初字第 10 号。

③ 辽宁省盖州市人民法院民事判决书（2014）盖民一初字第 487 号。

④ 南京市建邺区人民法院民事判决书（2014）建环民初字第 1 号、广西壮族自治区玉林市玉州区人民法院民事判决书（2013）玉区法民初字第 2565 号、南京市白下区人民法院民事判决书（2011）白民初字第 213 号、南京市白下区人民法院民事判决书（2012）白民初字第 199 号、渑池县人民法院民事判决书（2013）渑民一初字第 1053 号。

纷案①、贝荣宽诉兰献禄环境污染责任纠纷案中②,两家法院还对达标排污同样可能构成污染环境行为的理由做出了明确说明:国家或者地方规定的污染物排放标准,是环境保护主管部门决定排污单位是否需要缴纳排污费和进行环境管理的依据,企业是否达标排放废弃物,是其是否承担行政责任的标准,不是应免责的条件。即使排污符合标准,给他人造成损害的,也应当根据有损害就要赔偿的原则,承担赔偿责任。

(三) 环境污染侵权责任成立证明问题中的主要分歧

1. 原告是否负担证明因果关系存在的举证责任

分析样本表明,不同法院在此问题上的做法差异很大。归结起来,主要有三种做法:(1) 因原告无法证明损害系因污染环境行为所致而认定侵权不成立。该类裁判共有 10 件。其中,有 3 件判决明确未适用举证责任倒置规则,而是令原告承担环境污染侵权构成全部要件的举证责任。③ 有 7 件判决虽未明确、

---

① 重庆市荣昌县人民法院民事判决书 (2013) 荣法民初字第 04145 号。
② 广西壮族自治区荔浦县人民法院民事判决书 (2013) 荔民初字第 1397 号。
③ 北京市密云县人民法院民事判决书 (2014) 密民初字第 01708 号 (该案法院指出,当事人对自己的主张,有责任提供证据。原告远红合作社要求二被告赔偿肉鸡死亡的经济损失,应当对其鸡舍肉鸡的死亡结果与二被告的行为之间存在因果关系承担证明责任。但远红合作社并未提供充足有效的证据证明在云建公司施工过程中,鸡舍肉鸡死亡与云建公司的施工行为之间存在因果关系)、河南省新郑市人民法院民事判决书 (2011) 新民初字第 38 号 (该案法院适用一般举证责任规则认为,原告闫××未能举证证明房屋损坏及所饲养的山鸡的损失是铁路运营振动所致,亦没有证据证明原告及妻子所患病症是因噪声、粉尘污染造成的,并因此未支持原告的诉讼请求)、上海市徐汇区人民法院民事判决书 (2012) 徐民四 (民) 初字第 187 号 (该案法院指出,原告以侵权为请求权基础提出精神损害赔偿的主张,但原告未能就其主张的侵权行为的存在及其违法性、损害结果的实质性存在及其严重性、二者之间的因果关系等事实要件提供确实而充分的证据予以证明)。

但实质上仍然令原告承担了因果关系存在举证不能的不利后果。①（2）原告应履行证明因果关系存在的初步证明责任，该类裁判共有 7 件。但在此初步证明责任应达到的标准上，做法不一。有裁判认为，只有原告就污染环境行为及因此而遭受的损失举证达到高度盖然性标准后，才由被告对其排污行为与原告损失之间不存在因果关系承担举证责任。②有的法院则明确指出，因果关系举证责任倒置规则不排除原告就因果关系承担初步的举证责任。若原告对此举证不能，应承担相应的不利后果。③而在另外 3 件判决中，法院指出，原告证明了污染环境行为与损害事实之间有一定关系，因而履行了证明因果关系存在的初步证明责任。④（3）明确否认原告负有证明因果关系存在的初步责任。在天津市南洋胡氏家具制造有限公司与邵某某等环境污染责任纠纷上诉案中，两审法院均指出："受害人实际上根本无须就因果关系作哪怕最初的证明，而加害人则应就法律规定的免责事由及其行为与损害结果之间不存在因果关系承担举证责任。即

---

① 福建省云霄县人民法院民事判决书（2013）云民初字第 515 号（该案法院指出，对于原告所称的死鱼事实、死鱼原因及死鱼体内含致死物质化学成分与被告所排污水成分是否相符的鉴定结论，原告不能举证，因死鱼原因不明、死鱼数量不清，无法判定被告的排污行为与原告主张的损害事实之间存在必然的因果关系，原告主张证据不足，本院对其诉讼请求不予支持）、山东省莱阳市人民法院民事判决书（2012）莱阳团民初字第 227 号（该案法院指出，原告未提交证据证实从虎道水库东面入水口流入水库的三被告化粪池中的污水是否能够污染水面进而将水库内的养殖物致死，并综合损害难以具体确定而未认定构成侵权）、湖南省桂阳县人民法院民事判决书（2013）桂阳法民初字第 763 号（该案法院驳回原告诉讼请求的理由是，原告未提供科学、可信、权威性的证据证实其病系被告方在生产过程中所产生的环境污染所致）、上海市金山区人民法院民事判决书（2011）金民三（民）初字第 4074 号（该案法院指出，假如鱼确实存在死亡或体形瘦小等情形，则是否就是施工产生噪声传播所致，但该施工所产生的噪声究竟有多大，传播的距离有多远，对鱼又会产生多大程度上的损害，原告未提供能够证明二者之间存在联系的具有科学依据的鉴定结论）、河南省漯河市源汇区人民法院民事判决书（2013）源民四初字第 125 号（该案法院认为，原告未能提供谷×所经营的 A8 酒吧造成的噪声污染与其所患疾病存在直接因果关系及参与度的充分证据证明，故其所主张损失证据不足，不予支持）、新乡市辉县市法院民事判决书（2012）辉民初字第 3292 号（该案法院驳回原告诉讼请求的原因是，原告未能就其诉称受牛粪污染致病及花费提供有效证据）、安徽省萧县人民法院民事判决书（2014）萧民一初字第 00928 号（该案法院认为，原告不能提供证据证明其生活环境已被污染及其病情就是环境污染所致）。

② 浙江省温岭市人民法院民事判决书（2014）台温民初字第 813 号。

③ 浙江省温岭市人民法院民事判决书（2015）台温民初字第 8 号、浙江省温岭市人民法院民事判决书（2015）台温民初字第 9 号、浙江省温岭市人民法院民事判决书（2015）台温民初字第 10 号。

④ 云南省楚雄彝族自治州中级人民法院民事判决书（2014）楚中民一终字第 586 号、重庆市万州区人民法院民事判决书（2014）万法环民初字第 00001 号、福建省厦门市翔安区人民法院民事判决书（2013）翔民初字第 373 号。

举证责任倒置。"① 有的判决则对原告是否应当负担或已经履行证明因果关系的初步证明责任未发表明确意见,而是认为,在原告证明了污染环境行为及损害事实存在后,被告应当举证证明因果关系不存在,若被告举证不能,则推定因果关系存在。②

2. 原告是否妥善保存受污染样本对因果关系证明的影响

在分析样本中,有 5 家法院做出的 8 件裁判明确涉及了该问题,占总数的 7.5%。

是否影响侵权构成因果关系要件的证明	在涉及该问题裁判中所占的比例	审理法院	案件受理年度（年）	案件数量
没有影响	50%	安徽省安庆市宜秀区人民法院	2014	3
		广东省佛山市南海区人民法院	2012	1
有实质影响	50%	天津市东丽区人民法院	2013	1
		辽宁省盖州市人民法院	2013	1
		湖北省公安县人民法院	2014	1
		辽宁省盖州市人民法院	2014	1

上表表明,有 2 家法院审理的 4 件裁判认为,原告是否妥善保存受污染样本对于被告证明因果关系不存在没有影响。理由是:原告没有为被告保存因果关系方面证据和证明因果关系的法定义务;本案死鱼样本的妥善保管具有很大难度,且本案中死鱼样本并非因果关系的唯一证据;对不存在因果关系负有举证责任的主体应为被告;本案中原告未保管死鱼样本不导致因果关系举证责任的任何改变。③ 其中,1 件裁判虽未令原告承担因果关系不存在的不利后果,却在确定被告所应承担的损害赔偿责任大小时予以考虑。④ 与此不同,在另外 3 家法院审理的 4 件案件中,原告未保存受污染样本或受污染环境已不存在对于因

---

① 山东省青岛市中级人民法院民事判决书（2014）青民五终字第 1454 号。
② 浙江省宁海县人民法院民事判决书（2014）甬宁力民初字第 166 号、辽宁省庄河市人民法院民事判决书（2014）庄民初字第 5369 号。
③ 安徽省安庆市宜秀区人民法院民事判决书（2014）宜秀民一初字第 00461 号、安徽省安庆市宜秀区人民法院民事判决书（2014）宜秀民一初字第 00459 号、安徽省安庆市宜秀区人民法院民事判决书（2014）宜秀民一初字第 00460 号。
④ 广东省佛山市南海区人民法院民事判决书（2012）佛南法民一初字第 2572 号。

果关系不存在的证明产生了实质性影响。①

3. 被告证明因果关系不存在的证明标准：从排除到必然

在原告证明污染环境行为和损害事实的证据被法院采信的案例中，除个别裁判外②，绝大多数案件都以被告未能证明因果关系不存在而认定构成环境污染侵权。尽管如此，但法院在被告证明因果关系不存在的证明标准上做法比较混乱。有 2 件判决采用了较低的证明标准，认为只要被告能够证明其行为与原告所受损害之间不存在必然或直接因果关系，就不令被告承担侵权责任。③ 也有 2 件判决表明，在污染者证明其行为并非单一致害原因时，法院即不令被告承担侵权责任。④ 与此不同，有 3 件判决在无法排除行为与损害结果的因果关系，同

---

① 天津市东丽区人民法院民事判决书（2013）丽民初字第5614号（该案法院认为，原告所主张的遭受污染环境现场已不存在，进一步核实上述因果关系亦无可能，并结合被告对于因果关系不存在的其他举证以及原告对于损害的举证认定，认定不构成环境污染侵权）、湖北省公安县人民法院民事判决书（2014）鄂公安民初字第01275号（该案法院认为，原告不能提交小龙虾及种植在鱼塘周围黑麦草的死亡样本和事发时的鱼塘水体样本，亦即不能排除非水体污染导致鱼塘养殖的小龙虾及种植在鱼塘周围黑麦草死亡的可能性）、辽宁省盖州市人民法院民事判决书（2013）盖民一初字第2332号（该案法院认为，原告诉讼时未保存西瓜和受污染作物样本，也没有向本院提供受损财产在受损时经有关部门鉴定系污染造成的证据。因未存样本，导致本案无法鉴定是否造成污染的责任在原告方）、辽宁省盖州市人民法院民事判决书（2014）盖民一初字第488号。

② 广西壮族自治区河池市金城江区人民法院民事判决书（2013）金民初字第628号。

③ 福建省云霄县人民法院民事判决书（2013）云民初字第515号（该案法院指出，被告的举证能证明其排污行为与原告主张的损害事实之间不存在必然的因果关系，并据此驳回了原告的诉讼请求）、钦州市钦南区人民法院民事判决书（2012）钦南民初字第843号（该案法院以证据没有表明被告排放污水是直接导致原告养殖场的淡水鱼大量死亡的原因为据，认定原告养殖场淡水鱼大量死亡与被告没有直接的因果关系）。

④ 天津市东丽区人民法院民事判决书（2013）丽民初字第5614号（该案法院认为，被告除证明其排水未超标外，又提供证据证明原告所主张的诉争污染事件发生于河道清淤期间，无法排除原告所主张的秧苗死亡与被告或有污染行为外的其他因素存有因果关系的可能性。同时，河道漂浮大量垃圾以及水位较低等因素亦不应被忽视。现有证据均足以动摇该院对原告所主张的因果关系的内心确信。法院最终以被告污染环境行为并非造成损害的单一因素，而是还有其他可能性为由认定因果关系不存在）、四川省合江县人民法院民事判决书（2012）合江民初字第460号（该案法院一方面确认了原告生活环境受到一定粉尘、噪音污染的事实客观存在；另一方面指出，因原告房屋地处交通要道，过往车辆多，附近煤场也不止被告一个，其房屋梯间、花窗、外墙、楼顶等灰尘较多的形成原因也并不能确定为被告，把多因一果的责任归于被告承担显然有失公平，故对原告诉讼请求未予支持）。

时也无法确定唯一性时，认定侵权成立，并在损害赔偿的数额上进行了考虑。①有1件判决的法院则适用了较高的证明标准，在被告不能举证排除其行为与原告损害之间存在因果关系时，令被告承担侵权责任。② 法院指出，该案八被告企业不能排除其排放污水的行为与原告承包鱼塘中发生大面积死鱼之间的因果关系，并综合其他证据认定侵权成立。

三、污染环境行为认定及侵权责任成立证明问题的明确

（一）污染环境行为的认定宜采用排污标准说

1. 排污标准说的合理性

实务表明，在存在环境污染行为的认定中，"超标排放标准说"得到了最广泛适用。尽管如此，这并非当然地表明，"超标排放标准说"最符合立法原意或是最合理的标准。事实上，其他各说亦不能认为没有合理性。更为重要的是，污染环境行为认定依据的确定，不能离开侵权法原理和对相关立法的合理解释。

首先，存在环境污染行为是环境污染侵权责任构成的独立要件。历史地看，尽管我国学界在一般侵权责任构成要件方面素来有"三要件"和"四要件"之争，但在污染环境侵权责任构成要件中，从来都没有否认污染环境行为要件的独立性。相反，正是由于环境污染侵权构成不要求过错，因而，存在污染环境行为就成了责任构成的基本前提。据此，"损害标准说"具有将证明存在污染环境行为与证明存在损害事实混同的倾向。而按照《侵权责任法》规定，侵权行为与损害事实是侵权责任构成的两个独立要件，在逻辑上，不能以损害事实的存在来证明存在污染环境行为。而且，污染环境行为的评价对象为行为本身，

---

① 广东省佛山市南海区人民法院民事判决书（2012）佛南法民一初字第2572号（该案法院认为，本案证据不能证实氨氮超标是造成塘鱼死亡的唯一原因。综合原告其他方面的过错，法院判决原告对鱼类死亡亦应承担一定的责任）、浙江省衢州市衢江区人民法院民事判决书（2011）衢民初字第619号[该案法院根据被告申请委托衢恒司鉴所（2013）监鉴字第54号司法鉴定意见，确认被告不符合国家标准的噪声系原告患病的辅因，参与度为10%]。

② 南京市建邺区人民法院民事判决书（2014）建环民初字第1号。

损害事实的评价对象则为权益受损的结果。这样，若以损害结果之有无评价排污行为是否构成侵权，便从根本上混淆了行为违法性和损害事实两个独立要件的评价对象。

其次，环境污染行为认定依据的确定不能脱离现行立法。众所周知，《侵权责任法》在环境污染责任规定方面较之《民法通则》的重大变化在于删除了行为"违反国家保护环境防止污染的规定"要求。从文义及沿革解释角度看，排污行为是否违反环境保护法律法规不应继续成为污染环境行为是否存在的评判依据。就此而言，实务中最多采用之"超标排放标准说"并未对立法修改做出应有响应。此外，污染物排放许可及国家标准只是征收环境污染税费及环境管理、治理的依据，而非环境是否受到污染的红线或排污者是否承担损害赔偿责任的界限。① 就此而言，不能认为达标的排污就不可能污染环境。从有关立法和司法解释规定来看，也间接地否定了"超标排放标准说"。《中华人民共和国水污染防治法实施细则》第 48 条规定："缴纳排污费、超标排污费或者被处以警告、罚款的单位，不免除其消除污染、排除危害和赔偿损失的责任。"法释〔2015〕12 号司法解释第 1 条规定："污染者以排污符合国家或者地方污染物排放标准为由主张不承担责任的，人民法院不予支持。"该解释第 6 条规定被侵权人起诉时应当提供"污染者排放了污染物"的证明材料，并未涉及排放是否达标的问题。

最后，污染环境行为认定依据的确定需要顾及其所具有的不同于其他侵权行为的特殊性。特别是环境污染的累积性，即尽管单次或短时间的合法、合标排污行为不会立即造成环境污染，但当污染物质的累积超过当地环境容量和自净能力时，环境污染就会形成。因而，若以超标排放污染物为评判依据，则事实上会放纵一些环境污染侵权行为。就此而言，"损害标准说"具有一定的合理性。

综上所述，"排污标准说"更为合理和符合立法原意，它既顾及环境污染行为的特殊性，也回应了环境污染侵权责任构成要件方面的立法修改。《侵权责任法》第 65 条的规定表明，排污行为是否违反国家环保法律、是否达标均与环

---

① 国家环境保护总局：《关于确定环境污染损害赔偿责任问题的复函》（〔91〕环法函字第 104 号）。

境污染行为无关，是否对单位或个人造成了损害也与是否存在污染环境行为无关。污染环境行为只是损害发生的前提；只是侵权责任成立的根据，而非责任成立的充分必要条件。污染环境行为直接针对环境要素，而损害的发生是受到污染的环境要素作用于人身或财产而形成的损害，二者往往并非同时发生。况且，按照侵权责任法关于侵权责任类型的规定以及其他环境污染防治专门立法的规定，即便污染环境行为尚未实际造成损害，但在危及他人合法权利的情形下，污染者亦得依法承担停止侵害、消除危险等侵权责任。

2. 采用排污标准说并非旨在否定污染环境行为的违法性本质

需要强调的是，讨论污染环境行为认定依据的直接目的和意义在于正确回应立法变化，从而服务于正确和统一司法。就此而言，采用排污标准说的重要意义在于否定达标排污行为不会构成环境污染侵权行为的主张，并非意味着环境污染侵权行为不具有违法性的属性。否则，又会再次在理论上陷入"合法行为亦需承担侵权责任"印象，并需要对其做出合理解释。事实上，尽管实务中只是展现了达标排污是否影响污染环境行为认定，但如何认定污染环境行为的法律性质——行为的违法性有无及其内涵问题是学界长期争论之另一核心问题。

对此，应将污染环境行为的侵权法评价与污染物排放的不可避免性区别看待，这既是回归侵权行为法律评价本质、回答侵权责任承担正当性的需要，也有助于厘清这一争论。排放污染物在人类生产生活中具有不可避免性。现行环境保护立法也只是规定了单位和个人保护环境、防止环境污染的义务[①]，无法也不可能禁止全部排污行为。环境保护立法是在正视污染物排放具有不可避免性的前提下限制排放，而不在受损民事权益救济。侵权责任法首先是权益受损恢复之法。因而，作为侵权行为的排污行为的违法性评价，不应以环境保护立法为据，而应当从环境遭受污染后对民事权益的侵害角度加以阐明。质言之，污染环境侵权行为之违法性评价，不限于环境保护法律法规，还应着眼于民事权益保护。正如有学者多年前所言，排污是否超过排污标准，与民事责任之构成无关；从侵权法的角度看，污染环境行为是一种违法行为，它并不以必然或直接违反环境保护立法为必要。[②] 当然，现代侵权法功能之另一极是保障行为自

---

① 《环境保护法》第 6 条第 1 款、第 3 款、第 4 款。
② 张新宝：《侵权责任法原理》，北京：中国人民大学出版社 2005 年版，第 375 页。

由，也就是说，它必须在权益保护与行为自由、经济社会发展需要之间取得适当平衡。归结起来，在违反环境保护法律法规排放污染物致人损害时，行为之违法性自不待言；若排放污染物本身并未违反环境保护法律法规，则侵权法在评价该种行为之违法性时，就需要兼顾人们的生产、生活行为自由与他人权益保护。生产、生活的行为自由一方面源自法无明文禁止，他方面在于人类生存、繁荣之当然要求，人人相互负有容忍义务；而权益保护同样是社会秩序维护、人与人之间和谐相处的需要，因而，前述容忍义务必然有一定的限度。这一限度就是排污行为违法性的认定依据。当然，是否超过了容忍限度，又是一个需要个案衡量的问题，除违反环保法律法规的情形外，需要结合行为对他人损害的有无及轻重、排污区域周边环境要素状况是否存在显著差异、排污方所从事生产经营活动的公共性等多方面加以综合认定。

（二）原告不负担证明因果关系存在的初步证明责任

厘清原告是否负担证明因果关系存在的举证责任，不能离开现行法律规定。结合侵权责任法和民事诉讼法的规定可知，原告不负有法定的证明因果关系存在的任何举证责任。至于实务中原告通常都会就损害系因被告污染环境行为所致而进行举证，则既不应当理解为策略性安排，也不应当理解为法律的默示要求。毋宁说，这是原告确定被告以请求司法裁判的必然结果，也是原告就损害事实承担举证责任的必然结果。试想，如果原告无法初步确认所受损害的原因及加害者，将如何满足民事诉讼法关于提起诉讼条件的要求、如何向法院主张就何种损害的赔偿责任、又该请求法院向谁人科处侵权责任？反之，如果将原告的此种举证事实视为其在法律上应当负有因果关系存在的初步证明责任，则除了体现了重复要求之外，事实上并未为原告科加证明损害事实之外的任何额外负担，须知举证责任在本质上是一种负担。如此，实务中一些裁判以原告未能证明其所受损害系污染行为所致而认定不构成环境侵权的做法显属适用法律错误；以原告就因果关系存在的举证未达到高度盖然性标准而令其承担不利后果的做法亦属不当。至于原告已就因果关系存在进行了初步举证，法院依法对相关证据进行采信的做法当然并无不妥，立法令一方承担举证责任并不会阻止和影响另一方就相同事实进行举证，而且，此举有利于查明案件事实。然而，在法释〔2015〕12号司法解释中，却明确规定被侵权人应当提供污染者排放的污染物或者其次生污染物与损害之间具有关联性的证明材料。显然，该规定肯定了一些裁判中要求原告负担证明因果关系存在的初步责任的做法。在此情形下，实务中对该解释的适用应当采用严格把握，也就是说，只要证明存在"关联"即可，不可区别强弱，关联性的有无应止于最低程度的可能性，不可要求具有必然性关联。否则，将在一定程度上影响到《侵权责任法》规定的因果关系举证责任倒置的立法目的的实现。

（三）原告应根据诚实信用原则妥善保管受污染样本

前文表明，尽管学说和司法实务中曾对此予以否认，但若抛开诉讼策略，回到纠纷裁判的本质及因果关系存在举证责任倒置的立法初衷上看，令原告负担保管相关原始资料等的诚信义务，更能彰显公平和利益平衡。民事诉讼纠纷裁判的本质在于尽可能使得法律关系恢复到本来状态，而之所以在环境污染侵权诉讼中倒置因果关系的举证责任，主要缘于相对原告而言被告更接近于致损原因事实，举证能力往往更强；反之，则因原告对致损原因多处于无证据状态而负担过重，且不利于查明案件事实。那么，站在被告的角度看，损害与污染环境行为之间是否存在引起与被引起的客观联系，既需要从污染环境行为出发依靠普遍推理和科学测试加以判定，也需要从损害事实出发进行反推演。在后一种情况下，若原告能够妥善保留受损样本等原始资料却基于诉讼策略等考虑不加保留，则对于被告适当履行举证责任而言，也是不公正的。当然，此项义务只是基于诚实信用原则的要求，只有在原告有能力适当保存而不为，且实质上影响到因果关系存在判定时，方可影响责任承担。由此，对于保存方法就不应做出特别要求。原告可根据受污染样本的不同采用现场公证或保存实物等方法。其中，所谓实质上影响因果关系存在的判定，主要是指受污染样本灭失，而被告又无其他正当替代方法举证证明因果关系不存在。需要强调的是，原告未能基于诚实信用原则履行妥善保存受污染样本而致因果关系是否存在无法确定时，只能影响侵权责任的承担，对于环境污染侵权的成立不应产生影响。理由是，因果关系不存在的举证责任在被告，立法上亦未具体明确原告对此负有协助义务，因而，原告如何作为，都不应影响被告证明此项责任构成要件的举证责任履行。

此外，尽管非法定义务，但原告妥善保存受污染样本，也是其履行证明损害事实的举证责任的需要。相反,从实务来看,若原告不能妥善保留受污染样本,则还可能会影响到其对损害事实举证的认定。①

(四) 因果关系是否存在的证明宜区别情形采用不同标准

在理论和司法实务中,被告负有证明因果关系不存在的举证责任,若其举证不能,则法院应当推定因果关系存在,这一点并无多少争议。对于实务中反映出的被告证明因果关系不存在的证明标准问题,从法律适用角度看,首先应当考虑适用民事诉讼的一般证明标准,即高度盖然性标准。但是,这一证明标准适用于被告对因果关系不存在的举证中,尚有问题。从条文用语来看,它是一种正向推定,即只要负有举证责任的当事人提供的证据能够令法院形成待证事实存在具有高度可能性的内心确信,就应当认定该事实存在。而被告对因果关系不存在的证明,实质上是一种反向推定,默示前提是已经推定因果关系存在而令被告举反证推翻。即便被告已经证明了因果关系不存在具有高度可能性,依然不能完全否定可能存在因果关系,因而法院据此认定侵权不成立便与因果关系举证责任倒置的前提不甚吻合,而且,也不符合客观实际。同样,若法院据此认定侵权成立并令被告承担全部损害赔偿责任,则有悖于责任自负的法律原理。

不难看出,这一分歧的核心在于没有区分决定责任构成的因果关系与影响责任承担的因果关系。前者具有客观性、复杂性,本质上属于事实认定的范畴,存在与否不以事后认定者的意志、所持的立场为转移。同时,事物之间的联系是多样的,引起一定后果者,可为单一原因,也可为数个原因的共同作用。后者则属于规范评价,与权益保护程度、社会治理政策、归责原则及司法政策关联紧密。特定后果客观上是否与一定行为有关,并非行为者承担责任的充分必要条件。如按照法律规定,在致人伤亡的交通肇事案件中,如驾驶人对于损害结果的发生并无过失,就不负刑事责任,但这一规范评价并不能否定交通事故与他人伤亡之间的因果联系。这表明,在环境侵权责任构成认定中,区分决定责任构成的因果关系与影响责任承担的因果关系并对二者采用不同的证明标准

---

① 天津市东丽区人民法院民事判决书 (2013) 丽民初字第 5614 号、福建省云霄县人民法院民事判决书 (2013) 云民初字第 515 号、辽宁省盖州市人民法院民事判决书 (2014) 盖民一初字第 487 号。

十分必要。此外，不区分二者，还不利于说明污染者法定免责事由立法的正当性。事实上，在二者之间进行区分，已有外国学说经验可借鉴。① 区分之后，方可针对不同因果关系的评价属性，采用不同的证明标准：对于决定责任成立的因果关系，因其只属于客观事实认定，在被告证明因果关系不存在的意义上，具有"全有或全无"的属性，不具有或然性，因而应采用排除合理怀疑证明标准。只有在污染环境行为没有引起损害发生的可能性时，方能阻却侵权责任的成立。因为按照反向推定的逻辑，法院已经推定因果关系存在，如果负有举证责任者不能排除合理怀疑和可能性，自然无法推翻此种推定；反之，从法律执行效果来看，受污染者将在很多情形下难以获得必要救济，污染环境行为也将无法得到及时和有效制止。而对于影响责任承担的因果关系，则属于规范评价，宜遵照民事诉讼法规定，采用高度盖然性标准。按照自己责任原则，在被告已经举证污染环境行为之外的其他因素同样是致害原因或具有导致损害发生的高度可能性时，法院就不能无视这一事实，将全部损害均转移至被告承担。

　　法律适用及纠纷裁判，是将抽象的法律规定适用于具体案件的过程。只有当法律条文中所规定的事实条件已经具备，才能发生和执行条文所预设的结果或命令。换言之，一切法律后果是否发生，均须以是否存在作为其前提的事实情况为依据来决定。这意味着在一切诉讼中，法院的中心任务便是对当事人所主张事实的真实性进行认定。为此，从实体上看，作为一切诉讼的前提，立法应当就事实条件的成就依据做出明确规定，这一依据是权利保护和个人行为自由之间的边界，它会从根本上影响到裁判尺度的统一。同时，因诉讼中的事实大多已成既往，往往无法完全真实再现，总有一些重要事实或细节是否存在是难以查明的。但是，法院却不能据此拒绝裁判。因而，立法还需要事先告诉法院在案件事实无法真实再现、当事人主张的真实性不能认定的情况下应当做出裁判的内容，这正是举证责任和证明标准。② 由此可见，尽管举证责任和证明标准通常只是在程序法上作为技术问题出现，但其更重要的价值还在于借此实现实体法的立法意图。

---

① 王利明：《侵权责任法研究》（上卷），北京：中国人民大学出版社2010年版，第379—381页；于敏：《日本侵权行为法》，北京：法律出版社2015年版，第260—262页。

② 〔德〕莱奥·罗森贝壳：《证明责任论》，庄敬华译，北京：中国法制出版社2001年版，第2—3页。

具体到环境污染侵权责任构成认定中，明晰污染环境行为的认定依据，科学、合理地分配举证责任，确定恰当的证明标准，能够起到平衡权益保护与保障行为自由、节约诉讼成本以及使得裁判尽可能贴近真实的效果。本节针对理论和实务的主要分歧，尝试得出如下见解，以作为环境法治完善之参考：

1. 鉴于存在环境污染行为系环境污染侵权责任成立的必要和非充分条件，且从法的沿革解释及效力位阶角度看，污染环境行为的认定依据宜采用"排污标准说"，排污是否获得许可、是否超标均不影响污染环境行为存在的认定。

2. 基于原告提起诉讼以及证明损害事实存在的需要，必然不可能无视致害原因，加之《侵权责任法》第66条的明确规定，不应额外要求原告负担污染环境行为与损害之间存在因果关系的初步证明责任。反之，容易导致不同案件裁判标准的不统一。

3. 基于平衡诉讼双方利益以及环境污染侵权举证责任分配特殊规定的实际，便于法院查明案件事实，原告应当依据诚实信用原则妥善保管受污染样本等证据材料。

4. 基于环境污染损害的间接性、复杂性，事物之间普遍联系的客观性以及责任自负的法律原理等方面考虑，对于被告证明因果关系不存在的标准问题，立法和实务宜区别决定环境污染侵权责任成立的因果关系和影响责任承担的因果关系，采用不同的证明标准：对于决定责任成立的因果关系，采用排除合理怀疑标准；对于影响责任承担的因果关系，采用民事诉讼通行的高度盖然性标准。

第四节　环境污染责任的承担

一、环境污染责任的承担主体

（一）因污染者行为造成环境污染时责任的承担

根据《侵权责任法》第65条之规定，环境污染责任是自己责任，即污染者应就其污染环境所致损害，承担侵权责任。同时，因为环境的区域共同性以及环境污染造成的损害在时间跨度上往往较长、掺杂因素较多等原因，实践中多会发生多个污染者分别实施了污染环境行为造成同一损害的情形，《侵权责任法》第67条对此种情形下环境污染责任如何承担也做出了规定："两个以上污染者污染环境，污染者承担责任的大小，根据污染物的种类、排放量等因素确定。"这就是学界所谓"比例负担规则"或"市场份额规则"。据此，数人共同污染环境的责任是按份责任，而不是连带责任。在适用本条规定时，需要注意以下两个问题：

一是需要厘清其与《侵权责任法》第8条、第11条、第12条之间的关系。本条所谓"两个以上污染者污染环境"所涉及的情形，首先应当排除污染者之间存在意思联络的共同污染行为，因为该种情形属于严格意义上的共同侵权行为，应当适用第8条之规定，令行为人承担连带责任。但就第67条是否排除了第11条、第12条的适用，则有不同意见。我们以为，答案是肯定的。一方面，第67条与第12条没有本质不同，毋宁说，前者是对后者的具体化，即按照"污染物的种类、排放量等因素"确定污染者各自应当承担的责任份额。同时，之所以认为第67条也排除了第11条的适用，主要理由是，从文义上看，本条并未区分每个污染者的行为是否足以造成全部损害，而且，相对于第11条而言，第67条可谓特别规定，因而，在数人污染环境造成损害的责任承担上，第67条的规定应优先适用。

二是确定责任大小的因素。第67条主要根据污染者行为在导致损害结果中所占的原因力的比例进行了列举,但是非穷尽式的。因而,在"污染物的种类""排放量"两个因素外,还包括其他因素。对此,有专家指出:"还应考虑其他因素,如排放距离、排放持续时间、污染物的致害程度等等。"①

(二)因第三人行为造成环境污染时责任的承担

对于第三人原因造成环境污染致人损害时责任由污染者承担,还是由第三人承担,在我国现行立法上,存在不同的规定。从《环境保护法》(1989年)第41条的规定来看,即便是因第三人原因造成了环境污染,承担责任的主体仍是污染者。其后的《海洋环境保护法》中改变了这一规则。该法第90条规定:"造成海洋环境污染损害的责任者,应当排除危害,并赔偿损失;完全由于第三者的故意或者过失,造成海洋环境污染损害的,由第三者排除危害,并承担赔偿责任。"据此,承担责任的主体应是第三者。而2008年《水污染防治法》则规定:"水污染损害是由第三人造成的,排污方承担赔偿责任后,有权向第三人追偿。"紧随其后制订的《侵权责任法》第68条对此予以重申:"因第三人的过错污染环境造成损害的,被侵权人可以向污染者请求赔偿,也可以向第三人请求赔偿。污染者赔偿后,有权向第三人追偿。"新《环境保护法》在侵权责任的规定上完全指向《侵权责任法》。据此,因第三人的原因造成环境污染时,污染者和第三人都是承担责任的主体,被侵权人可以选择进行追偿,同时,污染者对第三人享有追偿权。此外,还须说明,该规定表明,《侵权责任法》第28条之规定不应适用于环境污染责任的承担。

二、环境污染责任的形式

污染者既可能要承担损害赔偿责任,又可能要承担停止侵害、排除妨碍以及恢复原状等民事责任。它们在责任构成上是有区别的。对于前者而言,上文已做详述;对于前述其他民事责任而言,不牵涉归责原则的问题。同时,根据现行法律规定及学理通说,只要行为人实施了污染环境的行为,即应承担停止侵害、排除妨害的责任,至于是否已经对特定的民事主体造成实际的损害,在

---

① 王胜明:《中华人民共和国侵权责任法解读》,北京:中国法制出版社2010年版,第339页。

所不问。事实上，污染环境的行为本身，已经包含了对环境的破坏，因而，要求行为人承担民事责任，具有合理性。对此，有关环境保护的专门立法大多进行了明确。除上文列举的《环境保护法》（1989 年）第 41 条第 1 款规定外，《水土保持法》第 39 条第 1 款规定，造成水土流失危害的，有责任排除危害；《环境噪声污染防治法》第 61 条第 1 款规定，受到环境噪声污染危害的单位和个人，有权要求加害人排除危害；《海洋保护法》第 90 条规定，造成海洋环境污染损害的责任者，应当排除危害，并赔偿损失；《大气污染防治法》第 62 条第 1 款规定，造成大气污染危害的单位，有责任排除危害；《固体废物污染环境防治法》（2005）第 85 条规定，造成固体废物污染环境的，应当排除危害，依法赔偿损失，并采取措施恢复环境原状；《水污染防治法》（2008）第 85 条第 1 款规定，因水污染受到损害的当事人，有权要求排污方排除危害和赔偿损失。

在实现机制上，除上述立法明确了受到损害的当事人有权请求污染者承担责任以排除危害外，《民事诉讼法》第 55 条还首次在立法上明确了公益诉讼制度："对污染环境、侵害众多消费者合法权益等损害社会公共利益的行为，法律规定的机关和有关组织可以向人民法院提起诉讼。"据此，在没有特定的受害人或者特定受害人没有主张污染者承担责任以排除危害的情形下，负有保护环境职责的法定机关也有权向人民法院提起诉讼，请求污染者排除危害。

然而，从实践来看，损害赔偿之外的其他侵权责任的适用，还存在一些困难。[①] 以停止侵害责任为例，因环境污染责任系因经营活动污染环境所致，往往具有不可避免性，而且造成环境污染的经营活动往往都是侵权人依法设立的、符合环保部门要求的正常营业。因而，法院在适用停止侵害责任时存在一定的顾虑，似乎只要符合环保部门要求，就不能令其停止侵害。事实上，这种推理不甚合理，停止侵害不等于停止生产，符合环保部门要求也不等于不会对环境造成污染，只要因污染环境造成了损害，法院依然应当判令侵权人停止侵害。同样，就恢复原状责任而言，应该说，此责任形式最为契合环境保护的要求，理应得到大力提倡。在 2013 年修订的《固体废物污染防治法》中就对此责任进行了明确。然而，一些法院、法官往往会以环境污染具有不可逆性、难以恢复

---

① 陈美治：《环境污染侵权救济的制度完善》，《人民司法·应用》，2014 年第 17 期，第 38—43 页。

原状为由而不适用此责任形式。事实上，恢复原状责任的充分适用，既需要法院改变传统思维，即恢复原状责任较之损害赔偿具有优先性、损害赔偿具有替代性；更需要在侵权责任体系下构建生态修复等配套制度，将环境污染责任中的恢复原状责任与环境治理责任对接起来，通过环境保护专业机构、环境保护行政管理部门的辅助、监督，使得该责任形式能够发挥应有的重要作用。

三、环境污染损害赔偿的减轻和免除

（一）责任减轻事由

因环境污染损害赔偿责任适用无过错原则，因而，污染者通常只有在法律明确规定的情形下才能减轻赔偿责任。《侵权责任法》第66条规定："因污染环境发生纠纷，污染者应当就法律规定的不承担责任或者减轻责任的情形及其行为与损害之间不存在因果关系承担举证责任。"该法仅明确了关于是否存在减轻责任的事由，应由污染者承担举证责任，但对于减轻责任的具体事由并未予明确。根据《水污染防治法》第85条的规定，污染者减轻责任的事由应当仅限于受害人存在重大过失的情形。

（二）免责事由

根据《侵权责任法》和环境保护专门立法的规定，污染者的免责事由主要包括以下方面。

1. 不可抗力

不可抗力，是指不能预见、不能克服和不能避免的事件。《侵权责任法》虽未专门明确不可抗力可以作为污染者的免责事由，但从环境保护的专门立法来看，污染完全是由不可抗力造成的，污染者可以不承担赔偿责任。如《环境保护法》（1989）第41条第3款规定："完全由于不可抗拒的自然灾害，并经及时采取合理措施，仍然不能避免造成环境污染损害的，免予承担责任。"《水土保持法》第39条第3款也有类似规定。不难发现，污染者要基于不可抗力免责，需要符合三个条件：一是不可抗力限于自然灾害，不包括其他的不可预见事件，如政府行为和社会异常事件等；二是环境污染完全由该不可抗力造成；

三是污染者须采取了合理的措施。如果不可抗力只是造成污染发生的部分原因或者污染者没有采取合理措施制止污染及其损害的扩大，也不应当完全免责。

2. 受害人故意

对污染者适用无过错责任原则，原则上不排除受害人对于损害的发生具有故意时可以免于承担赔偿责任。同时，若从责任构成上看，受害人具有主观故意的过错时和损害是因为不可抗力引起时一样，均使得污染者污染环境的行为与造成损害之间存在因果关系的要件难以成就。除《侵权责任法》的一般性规定外，受害人具有故意的过错时污染者可以免责的依据还在于环境保护法律的专门规定。如《水污染防治法》第85条第3款规定："水污染损害是由受害人故意造成的，排污方不承担赔偿责任。水污染损害是由受害人重大过失造成的，可以减轻排污方的赔偿责任。"

第十章 高度危险责任

第一节 高度危险责任概述

一、高度危险责任的概念和特征

高度危险责任，是指因从事高度危险作业或保有和管领高度危险物品造成他人损害，行为人依法应当承担的侵权责任。《侵权责任法》第九章对高度危险责任做了专门规定。在此之前，我国关于高度危险责任的立法，主要由《民法通则》123条和《铁路法》《民用航空法》《电力法》等法律中的民事责任条款所构成。从这些法律的规定来看，高度危险责任包括两种类型：一是从事高度危险作业致人损害；二是保有或管领高度危险物致人损害。高度危险作业致害和保有或管领高度危险物致害的主要区别在于装置或物本身是否具有固有的危险性。高度危险作业着眼于行为所具有的高度危险性；而高度危险物重在物本身所具有的高度危险性，与该物是否处于经营或使用之中无重要关联。前者如经营民用航空器，民用航空器本身不具有致害的高度危险性，其高度危险主要发生在航空器的运行当中。后者如易燃、易爆、剧毒、放射性等物，无论其与占有人的关系如何，也不论处于何种状态之中，致害的高度危险性都是一样的。在此意义上，《侵权责任法》把使用易燃、易爆、剧毒、放射性等高度危险物的行为归入保有或管领高度危险物致害责任中，而不是从事高度危险作业致害责任中，是合理的。也就是说，高度危险物致害是物致人损害责任，是准侵权行为的一种，而危险作业致害是行为致害，属于行为责任的范畴。总体上说，我国法所规定的高度危险责任具有如下特征。

（一）适用于对周围环境具有高度危险的作业或物品的责任

高度危险责任的归责基础是行为或物品本身对周围环境所具有的高度危险。高度危险，一般是指行为或物品本身所具有的风险，往往远远超出一般活动所具有的风险发生几率。也就是说，从事该种作业对于周围环境可能造成的损害具有不可避免性，并且一旦发生损害，后果较为严重。如从事高空、高压作业，高速运输，或生产、管理、使用易燃、易爆、剧毒、放射性等物品等。一般的机动车交通运输、环境污染、使用缺陷产品等虽然也具有一定的危险，但通常不被列入高度危险作业。同时，虽然高度危险责任属于危险责任，其归责基础是危险，但不等同于大陆法上的危险责任。应该说，高度危险责任仅仅是大陆法上的危险责任的一种类型。

（二）对合法行为承担的责任

"高度危险责任所规范的高度危险作业是一种合法行为，至少是不为法律所禁止的行为。"[1] 一方面，高度危险作业是现代科技文明的重要成果，它虽然对周围环境具有高度危险性，但有利于国计民生，实为现代社会之必要经济活动，能大幅度增进人类福祉。现代国家不但不禁止这些作业活动，相反，往往采取鼓励发展的态度。另一方面，因其本身的高度危险性，法律对其实施多采用许可制度，以尽可能地加强规范和管理，减少损害。因而，凡依法获得许可从事的高度危险作业，本身并无不法可言。当然，对于未经许可擅自从事高度危险作业致人损害的，不但要适用高度危险责任的规定，而且往往还要承担行政责任、刑事责任。

（三）无过错责任

高度危险责任的基础在于作业本身的高度危险性，而不在于有关行为人的过错；适用的行为也以合法行为为主，而不在于行为本身的违法性；适用的目的首先在于对被侵权人进行必要的补偿，制裁侵权人和预防侵权行为尚在其次，

---

[1] 张新宝：《侵权责任法》，北京：中国人民大学出版社2010年版，第294页。相同见解也可见杨立新：《侵权责任法》，北京：法律出版社2010年版，第503页。

是一种典型的无过错责任。因而，在责任减免事由上与一般过错责任是不同的。同时，基于高度危险作业本身的合法性，高度危险责任不完全适用完全赔偿原则，而是可由法律对其赔偿限额做出限定。但在我国法下，高度危险责任不等同于无过错责任。我国法下适用无过错责任的行为形态，有的只限于一般危险，如污染环境侵权，有的便无危险可言，如监护人责任等。

（四）自己责任

高度危险责任是高度危险活动的实施者或高度危险物品的保有人或管领人对自己的经营活动所造成的损害承担的侵权责任，与监护人责任、用工者责任等对他人行为承担的责任是不同的，后者多被认为是替代责任。

二、高度危险责任的立法演进

（一）高度危险责任的产生

高度危险责任是立法应对大工业生产方式背景下危险活动持续增加的产物。自19世纪以来，随着工业化水平的不断提高，因工业化产生和设施所引发的危险活动不断增加，依照过错责任原则为中心的侵权法律制度已不能满足有效救济受害人的需要。一方面，工业化生产方式具有农业社会生产方式难以企及的优越性，给人类生产、生活方式带来了积极的重要变化。另一方面，由于一些生产活动本身具有致人损害的严重潜在危险性，即使作业者已经尽到了足够谨慎的义务，往往也不能避免损害的发生。在此背景下，危险责任理论逐渐被接受并得到立法确认。1838年的《普鲁士铁路企业法》首开现代高度危险作业赔偿制度之先河。[①] 此后，许多国家相继通过立法对高度危险责任做出了规定。

（二）域外高度危险责任的立法例

从立法模式来看，各国做法不一。有些国家或地区，如德国、瑞士、法国、日本等都通过单行法或者民法典个别条款对高度危险责任进行规范。1838年

---

① 张新宝：《侵权责任法》，北京：中国人民大学出版社2010年版，第295页。

《普鲁士铁路法》规定了铁路运营造成旅客或第三人损害时，营运人应负无过错责任。1871 年德国《帝国责任法》中规定了两类危险责任，即铁路事故责任和电力、煤气设备责任，进一步明确了危险责任的思想。到《德国民法典》，只规定了动物致人损害适用无过错责任，而且，与该法施行之初相比，紧随其后的立法修订限缩了动物致人损害适用无过错责任的范围，使得《德国民法典》的危险责任范围很窄。也正是基于这一不足，此后德国通过颁布特别法，确立了许多危险责任类型。"需要指出的是，德国法虽存在危险责任制度的概念和制度，但并不存在高度危险责任的独特的概念和制度。在危险责任的概念中包括了高度危险责任。"① 德国立法者和多数专家认为，具体危险行为或者危险物品是否需要承担危险责任，必须通过立法来加以明定，不允许法院类推适用。因此，到目前为止，德国关于高度危险作业的立法，主要是一些特别立法中的规定，不存在高度危险责任的一般条款。② 而且，德国特别立法中的危险责任范围甚广，自成体系，包括了高速责任、能源生产和传输责任、动物风险责任、矿山责任、环境污染责任、药品责任以及基因技术责任。③

在法国，其民法典起草时，因作为危险责任生成背景的工业化生产模式尚未形成，高度危险责任并未在立法中得到反映。但自 19 世纪末以来，缺少无过错原则的情形已经完全不适应社会发展的需要。工业化的发展带来了工业事故不断增加，被告所犯过错却须由受害者证明。为应对这种局面，法国最高法院起初通过扩大解释《法国民法典》第 1386 条来加以应对；但到 1896 年，法国最高法院在 The Teffaine 一案中，对《法国民法典》第 1384 条第 1 款进行了创造性解释，认为依据该条意旨，损害系出于偶然事故或不可抗力时，方可免责。这样，通过对《法国民法典》第 1384 条第 1 款进行创造性解释，法国法院将其扩张适用于所有他人保管之下的物致人损害的情况，并且规定被告不能通过举证证明自己没有过错而免责。学者指出，法国最高法院的这一做法的重要意义之一是确立了危险事故在侵权法体系上的地位。④ 到 1930 年，法国最高法院在

---

① 王利明：《侵权责任法研究》（下卷），北京：中国人民大学出版社 2011 年版，第 525 页。
② 王胜明：《中华人民共和国侵权责任法解读》，北京：中国法制出版社 2010 年版，第 344 页。
③ 〔德〕埃尔温·多伊奇、汉斯-于尔根·阿伦斯：《德国侵权法》，叶名怡、温大军译，北京：中国人民大学出版社 2016 年版，第 172 页。
④ 李昊：《法国危险责任的生成与演进》，《比较法研究》，2012 年第 4 期，第 88—89 页。

判决中正式确立了物之管领人责任。学者指出，按照法国最高法院在该案审理中的见解，物之损害责任，是一种当然责任；即若损害系由物所致，则该物之管理人或控制人即便无过错，仍需负侵权责任；除非损害系由不可抗力或完全由受害人过错所致。① 与此同时，法国还颁布了一系列的特别法，规定了危险责任，涉及民用航空、核能设施、水体污染、机动车责任等。由此，我国语境下的高度危险责任，在法国法中只是整个危险责任的一部分。一如我国学者认为，严格来说，法国并未形成系统的、独特的高度危险责任制度，在危险责任中包括了高度危险责任。② 然而，从学界和法律修改动议看，高度危险责任在法国法中具备了独立的倾向：在 2005 年学者起草的法国债法改革草案中，起草者独创了专门适用于"异常危险活动"致害责任条款。③

在有的国家，如意大利、荷兰等，则在民法典中对危险责任做了一般性规定。

而在《美国侵权法重述·第二次》《欧洲侵权法基本原则（草案）》中，则采取了另外的规定模式，即对危险行为不采取列举或下定义的方式界定，而是明确规定认定高度危险行为需要考虑的因素，确认某个行为是否属于高度危险，由法院根据这几个因素进行判断。如《美国侵权法重述·第二次》第 520 条规定了确定异常危险行为的六种因素：该行为的危险程度；该行为导致损害的几率；损害是否难以避免；该行为是否具有普遍性；进行该行为的场所是否适当以及该行为的社会价值。《欧洲侵权法基本原则（草案）》则规定了构成异常危险活动的两个条件，分别是：即使在从事活动过程中采取所有防护措施，该活动仍造成可预见的和极高的风险、该活动并非通常作业。④

（三）我国的高度危险责任立法

在我国，《民法通则》第 123 条首先对高度危险责任进行了一般性规定，在此后制订的《铁路法》《民用航空法》《电力法》等专门立法中，对有关高度危

---

① 李昊：《法国危险责任的生成与演进》，《比较法研究》，2012 年第 4 期，第 90 页。
② 王利明：《侵权责任法研究》（下卷），北京：中国人民大学出版社 2011 年版，第 526—527 页。
③ 李昊：《法国危险责任的生成与演进》，《比较法研究》，2012 年第 4 期，第 95—97 页。
④ 王胜明：《中华人民共和国侵权责任法解读》，北京：中国法制出版社 2010 年版，第 345—346 页。

险作业的责任也进行了规定。《侵权责任法》则在总结以往立法经验的基础上，并考虑到高度危险作业的范围会随着科技的发展而不断发生变化，因而在第九章对高度危险责任进行了专门规定。一方面，确立了高度危险责任的一般条款，体现了相当的灵活性和超前性；另一方面，对常见的高度危险责任进行了专门的列举。学者认为，从民事立法的角度来看，《侵权责任法》设置高度危险责任一般条款的做法，具有创新意义。[①] 从立法体例上说，我国的高度危险责任立法模式的鲜明特色是：单列高度危险责任，创立高度危险责任一般条款。

对照《侵权责任法》的规定和前述比较法中的危险责任立法例来看，我国高度危险责任只包括两类：高度危险作业致害责任和高度危险物品致害责任；不包括产品责任、机动车交通事故责任、动物损害责任以及物件损害责任。因而，在范围上与传统大陆法国家的危险责任并不相同。《侵权责任法》还在明列具体高度危险责任的同时单设了规范高度危险责任的一般条款，使得高度危险责任规范体系具有了开放禀性。学者指出，这种首创性的立法模式为我国全面、有效调整高度危险作业损害提供了足够的制度空间，体现了立法者的匠心独具。[②]

此外，鉴于我国高度危险责任规定在多部立法当中，而且《侵权责任法》又采用了一般条款加具体列举的立法模式，因而在具体适用时，需要厘清这些规定之间的关系。首先，就各个立法之间的关系来看，《侵权责任法》对高度危险责任的规定基本上包容了《民法通则》以及其他特别立法的规定，且它们之间是新旧法的关系，因而总体上说，应适用《侵权责任法》的规定。其次，就《侵权责任法》的规定来看，第69条具有一般条款性质，但就该条适用范围上是否包括保有或管领危险物品，学界有分歧。我们赞同否定说的观点。理由是：一方面，该法第72条在规定占有或者使用高度危险物时采用了开放性规定，即该条所指的高度危险物包括了"易燃、易爆、剧毒、放射性等高度危险物"，因而本条列举之外的其他高度危险物，完全可被本条所包容，没有援引第69条的必要。另一方面，第69条明确使用了"高度危险作业"一语，而从

[①] 王利明：《侵权责任法研究》（下卷），北京：中国人民大学出版社2011年版，第538页。
[②] 方乐坤：《我国〈侵权责任法〉中高度危险责任解释论》，《广西社会科学》，2012年第2期，第102页。

"作业"的文义来看,主要指一定行为或活动,虽然通常都牵涉使用高度危险物,但保有或管领高度危险物本身很难说是一种作业活动。最后,就高度危险作业而言,因《侵权责任法》明确列举了一些常见的因从事高度危险作业致害的情形,因而在发生这些情形时,应适用这些规定。相反,若出现这些列举之外的高度危险作业致人损害,则可通过解释第69条来加以规范。

第二节 高度危险责任的构成

一、高度危险损害赔偿责任的归责原则

对高度危险作业适用无过错责任原则是各国的普遍做法,我国学者指出:"在这一点上,几乎没有例外。"[1] 从各国实际规定的情况看,有些国家或地区也存在适用过错推定责任的立法例。如《意大利民法》第2050条关于"危险活动"的规定,适用过错推定,即从事一个本身或使用工具有危险性活动而加损害于他人者,应负损害赔偿责任,若不能证明已采取所有适于防止损害发生之措施。其后制订的《葡萄牙民法》第493条,仿照《意大利民法》,也采用过错推定责任。[2] 王泽鉴先生认为,我国台湾地区民法第191条之3的规定也属于过错推定责任。此外,我国台湾地区还通过特别立法,对于民用航空器责任、核设施责任、商品责任和服务责任适用无过错责任。[3] 如其《民用航空法》第89条规定,航空器失事致人死伤,或毁损他人财物时,不论故意或过失,航空器所有人应负损害赔偿责任;因不可抗力所生之损害,亦应负责。自航空器上落下或投下物品,致生损害时,亦同。其《核子损害赔偿法》第18条规定,核子设施经营者,对于核子损害之发生或扩大,不论有无故意或过失,均应依本法之规定负赔偿责任。[4]

---

[1] 王利明:《侵权责任法研究》(下卷),北京:中国人民大学出版社2011年版,第531页。
[2] 王泽鉴:《侵权行为》,北京:北京大学出版社2009年版,第523—524页。
[3] 王泽鉴:《侵权行为》,北京:北京大学出版社2009年版,第535—536页。
[4] 王泽鉴:《侵权行为》,北京:北京大学出版社2009年版,第558、561页。

我国立法对此的态度较为一致。《侵权责任法》之前，无论是《民法通则》第123条，还是其后制订的一些专门立法，都对高度危险作业适用无过错责任原则。《侵权责任法》第69条确认了这种做法，该条规定："从事高度危险作业造成他人损害的，应当承担侵权责任。"据此，只要是高度危险作业致人损害，无论作业人有无过错，都要承担侵权责任。对于高度危险责任适用无过错责任原则的依据，学者们研究较多。有学者指出，高度危险责任产生的出发点就是基于无过错责任。[①] 换言之，从法律开始规范高度危险作业致人损害以来，就是以无过错责任为基础的。[②] 通常认为，1838年通过的《普鲁士铁路企业法》首次通过立法确立了高度危险作业的无过错责任原则。该法规定："铁路公司所运输的人及物，或者因转运之事故对他人人身和财物造成损害，应当承担赔偿责任。容易致人损害的企业的企业主即使没有任何过失，也不得以无过失为由请求免除赔偿。"因而，高度危险责任适用无过错责任原则是有其历史根源的。同时，高度危险致人损害适用无过错责任具有社会经济方面的正当性，主要理由有：（1）无过失责任制度着眼于损害的原因，而高度危险致害中，相关作业、活动以及危险物具有致害的高度可能性以及损害的严重性。（2）从损害避免的角度看，高度危险责任中危险的防范属于专业性活动，且这些作业活动或物件属于所有人或经营者的支配领域，被侵权人无法防范，适用无过错责任，有利于使潜在的侵权人投资于必要的危险管控。（3）从权利义务相对应的角度看，因从事危险事务而获其利益者，应负赔偿责任，以承担可能的外部成本。（4）从损害分担的角度看，从事危险事务者，多是企业，具有较强的负担损害赔偿的能力。同时，可以通过价格机制向消费者转移成本，通过责任事故保险制度分散风险。[③]

尽管《侵权责任法》第69条以一般条款的形式确定了高度危险责任适用无过错责任原则，但在该章所列举的高度危险责任中，也存在严格程度上的差异：主要表现在各种列明的高度危险责任中，免责事由存在明显不同，如该法第70条规定的民用核设施致害责任、第71条规定的民用航空器致害责任，在严格性

---

① 杨立新：《侵权责任法》，北京：法律出版社2010年版，第508页。
② 张新宝：《侵权责任法原理》，北京：中国人民大学出版社2005年版，第325页。
③ 王泽鉴：《侵权行为》，北京：北京大学出版社2009年版，第543—544页。

程度上显著强于其他高度危险责任。对此，下文在阐述免责事由时还将详述，此处不展开。

二、高度危险损害赔偿责任的构成要件

（一）行为人从事高度危险作业或保有、管领高度危险物品

依据损害赔偿制度的基本原理，行为人从事了对周围环境有严重危害的高度危险作业或保有或管领高度危险物品是承担损害赔偿责任的前提。换言之，高度危险损害赔偿责任构成在行为方面的要求包括了危险作业活动和保有或管领危险物品的行为。《侵权责任法》对这两类危险事实的存在都进行了明确。

1. 从事高度危险作业

所谓高度危险作业，是指对周围环境具有较高危险性的生产或营业活动。其中，"周围环境"泛指该类生产或营业活动波及时空范围内不特定多数人的人身和财产安全，在性质上类似于刑法理论上的公共安全。对于作业危险性属性的判断，则没有固定或量化标准。从《侵权责任法》第九章的规定模式来看，我国法下的"高度危险作业"包括两类：一是《侵权责任法》第70条规定的经营民用核设施、第71规定的经营民用航空器、第73条规定的从事高空、高压、地下挖掘活动或者使用高速轨道运输工具的行为。其中，民用核设施、民用航空器的认定按照《放射性污染防治法》《民用航空法》及其他相关法律法规的规定确定；二是《侵权责任法》虽未明确列举，但为其他立法所列明或实质上与这些情形具有相当危险的作业活动。该类危险作业的民事一般法依据则在于《侵权责任法》第69条的规定。需要注意的是，第69条系一般条款意义上对"从事高度危险作业"的事实进行的明确；而《侵权责任法》又对所列举的诸如民用核设施等危险作业规定了更为严格的归责原则，因而法律没有列明，须以一般条款确定的危险作业的危险性程度不应以完全达到民用核设施、民用航空器的危险性为标准，而要采用相对较低的标准。一般认为，在判定这些行为是否构成高度危险作业时，应当具备以下几个条件：一是作业本身具有高度的危险性。所谓高度危险性，一般是指侵权人所从事的作业对于处于该作业及其所发生事故影响范围内的一切人身和财产所可能造成的损害具有不可避

免性。换言之，作业所具有的危险超出了正常情况下人们的躲避和防范能力，即便是人们已经高度谨慎，也无法避免损害的发生。二是即使采取安全措施并尽到了相当的注意也无法避免损害。从高度危险作业人来看，这是指对于高度危险作业致害，作业人是无法防范和避免的；从高度危险作业周围环境而言，一般人对危险的发生也是无法预见和防范的。此外，有学者还指出，应当考虑高度危险作业损害的异常性以及高度危险作业的社会价值因素。[①] 对此，在《美国侵权法重述·第二次》中已有先例，但是其合理性还值得研究。一方面，就损害的异常性的内容而言，判断标准在于该作业是否通常的做法，若是，则不应属于高度危险作业。应该说，这个判断标准脱离了高度危险致害责任着眼点在于作业本身的固有危险标准，不能以一项作业是否为大多数人所使用，或采用了行业通行标准，就否定其本身的固有危险性。另一方面，对于考虑作业的社会价值因素的合理性，道理也是一样的，而且，高度危险作业之所以为法律所允许或可以为被许可人所从事，本身就已经包含了社会价值因素的考虑。另有学者还指出，不应考虑高度危险作业人对造成损害是否有过错。[②] 毫无疑问，从归责说，这是正确的。但不应作为考虑某一作业是否属于高度危险作业的条件，因为某一作业活动本身是否存在固有的高度侵害可能性，与过错本身没有关联。

2. 占有和使用高度危险物品

高度危险物品是指那些因其本身的物理化学属性而易对人身或财产安全带来损害的物品。典型的如《侵权责任法》第72条列明的易燃、易爆、剧毒、放射性等高度危险物。《侵权责任法》第九章规定的高度危险物品与建筑物、坠落物等物件是有区别的，本章规定的高度危险物品的危险来自物品对周围环境所具有的潜在的严重危害可能性；建筑物、坠落物等物件的危险则来自于所有人或管领人的管理、使用不当，而非该些物件自身的潜在危害性。

（二）他人遭受损害

高度危险作业造成损害是承担赔偿责任的前提。这里的损害既包括人身损

[①] 王利明：《侵权责任法研究》（下卷），北京：中国人民大学出版社2011年版，第550—551页。
[②] 王胜明：《中华人民共和国侵权责任法解读》，北京：中国法制出版社2010年版，第348页。

害，也包括财产损害。同时，若高度危险作业还对他人造成了严重的精神损害，侵权人也应依法予以赔偿。此外，有学者还谈道，最高人民法院《民通意见》第 154 条的规定将仅仅出现致害的危险这一事实也作为了起诉的诉因，因而认为是将损害事实要件的内容作了扩大解释。① 我们以为，该条明确被侵权人可以适用的责任形式是消除危险，而不是损害赔偿。而在合法权利受到损害时，依法请求侵害人承担停止侵害、排除妨碍、消除危险责任通常均不以造成实际损失为必要，这在所有侵权行为中均有体现。但若从损害赔偿责任的承担上说，仅仅是出现了危险状态，则不能请求承担损害赔偿责任。

（三）行为和他人所受损害之间有因果关系

高度危险作业与他人所受损害之间须存在因果关系，是高度危险作业一方承担损害赔偿责任的关键。对此，受害人负有举证责任。在通常情况下，此因果关系是否存在的证明难度并不大，如民用航空器坠落致使地面人员人身、财产受损，或者易燃、易爆物品燃烧、爆炸致损等。但在有的情况下，因果关系存在的证明也会有一定的难度，如在发生民用核设施泄漏事故致人损害时，受害人有的时候难以确切证明己方所受之人身伤害系因核辐射所致。在类似的情况下，可以在一定程度上适用因果关系推定的理论，只要求行为证明存在表面上的因果关系即可，因为涉及高科技以及在双方当事人信息严重不对称的情况下，令加害一方举反证证明不存在因果关系更为妥当。

三、高度危险责任的承担主体及责任方式

（一）责任主体

一般而言，从事高度危险作业的人以及保有和管领高度危险物品的人是承担高度危险侵权责任的主体。根据《侵权责任法》规定，具体是指：

1. 高度危险作业经营者。此处的经营者，一般包括高度危险作业的所有人、经营管理者。根据现行立法及实践，因具体高度危险作业种类的不同，经

---

① 杨立新：《侵权责任法》，北京：法律出版社 2010 年版，第 510 页。

营者包括以下情形：（1）民用核设施的经营者。《侵权责任法》第70条是民用核设施的经营者承担侵权责任的法律依据。对于何为民用核设施的经营者，2007年国务院在对国家原子能机构《关于核事故损害赔偿责任问题的批复》（国函〔2007〕64号）中进行了明确。根据该批复第1条、第5条规定，中华人民共和国境内，依法取得法人资格，营运核电站、民用研究堆、民用工程实验反应堆的单位或者从事民用核燃料生产、运输和乏燃料贮存、运输、后处理且拥有核设施的单位，为该核电站或者核设施的营运者。核事故损害涉及两个以上营运者，且不能明确区分各营运者所应承担的责任的，相关营运者应当承担连带责任。同时，核设施的运行包括了多个环节，因该法明确将责任主体限定在经营者，因而，应当排除参与核材料生产、运输、储存以及废料处理等环节的其他主体依据本条承担责任的可能。前引批复第2条规定明确规定："营运者应当对核事故造成的人身伤亡、财产损失或者环境受到的损害承担赔偿责任。营运者以外的其他人不承担赔偿责任。"从其第7条的规定中也可以得出这个结论，该条将"核电站的营运者和乏燃料贮存、运输、后处理的营运者"进行了区分。当然，这并非意味着这些主体不可能适用高度危险责任，若其在生产、运输、储存核材料或处理核废料中致人损害的，同样应当承担高度危险责任，只不过其法律依据应当援引《侵权责任法》第72条之规定。此外，学者指出，虽然我国核设施是有国有企业经营的，但在发生核事故致人损害时，应当适用《侵权责任法》，而不适用《国家赔偿法》。（2）民用航空器的经营者。《侵权责任法》第71条规定，民用航空器造成他人损害的，民用航空器的经营者应当承担侵权责任。对于民用航空器的经营者的认定，《民用航空法》有关条文中进行了明确。该法第158条第2款、第4款规定，民用航空器的经营人，是指损害发生时使用民用航空器的人。民用航空器的使用权已经直接或者间接地授予他人，本人保留对该民用航空器的航行控制权的，仍被视为经营人。民用航空器登记的所有人应当被视为经营人，并承担经营人的责任；除非在判定其责任的诉讼中，所有人证明经营人是他人，并在法律程序许可的范围内采取适当措施使该人成为诉讼当事人之一。同时，该法第159条还规定，未经对民用航空器有航行控制权的人同意而使用民用航空器，对地面第三人造成损害的，有航行控制权的人除证明本人已经适当注意防止此种使用外，应当与该非法使用人承担连带责任。（3）从事高空、高压、地下挖掘活动或者使用高速轨道运输工具的经营者。《侵权责任法》第73条对此予以明确。这里的经营者，一般是指危险活动的实际经营者和名义经营者。具体包括：高空和地下挖掘作业的组织者和实施者。高压装置的所有者和经营者，如在高压电流致害时，责任人为电力设施的产权人；高压作业是组织者和实施者，如高压蒸汽装置的所有人和经营管理人等。火车、地铁、磁悬浮机车等高速轨道运输工具的所有人和经营人。由于立法明确使用了"经营者"的概念，因而，对于实践中承包危险作业活动的或者承租危险装置致害时经营者的认定，组织者或出租人并非在所有的情况下都应当承担责任。把握的标准是名义标准，即承包人或承租人以自己名义从事高度危险活动，则在组织者和所有人的发包和出租行为本身没有过错的情况下，组织者和所有人不应当承担高度危险责任。

2. 高度危险物的保有人或管领人。这里的保有人，是指对物之危险有控制能力的人。[1] 在危险物致人损害的情况下，由所有者、占有者、管束者、保养者对损害承担民事责任是近现代民法的通例，做这样规定的目的在于保护被侵权人的利益。[2]《侵权责任法》第72条、第74条、第75条分别规定了易燃、易爆、剧毒、放射性等高度危险物致害的责任主体。根据不同的行为性质，责任主体涉及高度危险物的合法占有人或使用人（72条）、所有人或管理人（74条）、非法占有人、在防止非法占有方面未尽高度注意义务的所有人或管理人（75条）。

（二）责任方式

从《侵权责任法》第九章的规定来看，笼统地采用了"应当承担侵权责任"的表述。据此，高度危险责任的方式，应当根据该法第15条的规定并结合具体高度危险作业所造成的损害状况加以确定。一般来说，主要包括赔偿损失、停止侵害和消除危险等。赔偿损失作为侵权责任的基本形态，在危险作业造成损害时，应当适用自不待言。同时，对于因危险作业造成他人权益正在遭受侵害或有遭受侵害之虞时，权利人或利害关系人请求危险作业的实施者或危险物管领人及时采取停止侵害、消除危险措施，不论从权利的应有内涵上，还是从

---

[1] 张新宝：《侵权责任法》，北京：中国人民大学出版社2010年版，第314页。
[2] 张新宝：《侵权责任法》，北京：中国人民大学出版社2010年版，第314页。

预防损害发生的侵权制度功能上,都是合理的。

四、高度危险责任的减免

虽然高度危险责任适用无过错责任原则,但在法律明确规定的情况下,侵权人承担的损害赔偿责任得以减轻或免除。需要说明的是,《侵权责任法》第三章虽然对于侵权人承担的损害赔偿责任减免事由做出了一般性规定,但因该法第九章以及其他特别立法当中也就高度危险责任的减免做出了专门规定,因而第三章所规定的一般事由不完全适用于高度危险责任的减免。换言之,高度危险责任的减免事由应依据《侵权责任法》第九章及有关特别立法的规定加以确定。而从这些立法开看,针对不同的高度危险责任类型,责任减免事由是不尽相同的,与此同时,立法还专门规定了可适用于高度危险活动和高度危险物致害责任的责任减免事由。因而,为叙述清楚起见,本部分将首先叙述立法针对各高度危险责任的所规定的减免事由,然后再阐释可以适用于高度危险活动和高度危险物致害责任的通用责任减免事由。

(一) 具体高度危险责任的责任减免事由

1. 民用航空器致害责任的减免。《侵权责任法》第 71 条在规定民用航空器致害侵权责任的同时规定:"但能够证明损害是因受害人故意造成的,不承担责任。"据此,《侵权责任法》下民用航空器致害的免责事由仅限于受害人故意。同时,《民用航空法》也规定了免责事由。该法第 157 条规定:"所受损害并非造成损害的事故的直接后果,或者所受损害仅是民用航空器依照国家有关的空中交通规则在空中通过造成的,受害人无权要求赔偿。"第 160 条规定:"损害是武装冲突或者骚乱的直接后果,依照本章规定应当承担责任的人不承担责任。""依照本章规定应当承担责任的人对民用航空器的使用权业经国家机关依法剥夺的,不承担责任。"第 161 条规定:"依照本章规定应当承担责任的人证明损害是完全由于受害人或者其受雇人、代理人的过错造成的,免除其赔偿责任;应当承担责任的人证明损害是部分由于受害人或者其受雇人、代理人的过错造成的,相应减轻其赔偿责任。但是,损害是由于受害人的受雇人、代理人的过错造成时,受害人证明其受雇人、代理人的行为超出其所授权的范围的,不免除或者不减轻应当承担责任的人的赔偿责任。"不难看出,《民用航空法》规定的免责事由要宽泛许多,而且还有一定的冲突。这便产生了一个问题,即民用航空器致人损害的免责事由的依据,应当依据哪个规定来加以确定?对此,应依照一般的法律冲突原则来决定,即新法优于旧法,特别法优于一般法。《侵权责任法》是新法,《民用航空法》是特别法,因而,在其规定不存在冲突的情况下,都应当适用;若规定存在冲突,则表明新法有意做出了改变,应当适用新法。据此,除了《民用航空法》第161条的前段内容,即"依照本章规定应当承担责任的人证明损害是完全由于受害人或者其受雇人、代理人的过错造成的,免除其赔偿责任",不再适用。同时,在责任减轻事由上,应当继续适用《民用航空法》第161条的规定。

2. 民用核设施致害责任的减免。《侵权责任法》第70条规定,民用核设施的经营者能够证明损害是因战争等情形或者受害人故意造成的,不承担责任。其中,受害人故意的认定并无特别之处。而所谓"战争等情形"则有进一步阐释之必要。根据前引国务院《关于核事故损害赔偿责任问题的批复》第6条之规定,这里的"战争等情形"应当是指武装冲突、敌对行动、战争或者暴乱等人为的突发性暴力事件。

3. 从事高空、高压、地下挖掘活动或者使用高速轨道运输工具致人损害责任的减免。根据《侵权责任法》第73条之规定,免责事由包括受害人故意和不可抗力。而被侵权人对于损害的发生有过失的,可以减轻经营者的责任。将不可抗力作为此类高度危险责任的免责事由,是与民用航空器、民用核设施致害责任的重要不同。《侵权责任法》的这种规定,一方面在于民用航空器、民用核设施发生事故的原因中,不可抗力,如恶劣天气、地震等自然灾害往往是主要原因。若在此情形下,经营者可以免责,则不利于对被侵权人的保护。另一方面主要是总结我国现行其他特别立法,如《铁路法》《电力法》等立法经验的结果。如《铁路法》第58条规定:"因铁路行车事故及其他铁路运营事故造成人身伤亡的,铁路运输企业应当承担赔偿责任;如果人身伤亡是因不可抗力或者由于受害人自身的原因造成的,铁路运输企业不承担赔偿责任。"《电力法》第60条规定,电力运行事故由下列原因之一造成的,电力企业不承担赔偿责任:外界不可抗力、用户自身的过错。不难看出,《侵权责任法》第73条所规定的免责事由虽然来自特别立法的经验总结,但同时做出了一定的修正,不但采用了更为科学严谨的表述,还对免责事由的范围做出了限定。如将特别立法中作为免责事由的"受害人自身的原因""用户自身的过错"的表述统一改为"受害人故意",而将前两种表述情形下所包含的"受害人对损害的发生有过失的"情形排除了出去,将其作为责任减轻事由加以规定。这使得该类高度危险责任免责事由的规定更加符合无过错责任的基本思想。而且,从法律适用的角度看,此类高度危险责任的减免事由,应适用《侵权责任法》的规定,不再适用此前有关特别立法中的规定。

4. 其他高度危险作业责任的减免。《侵权责任法》第69条从一般条款的角度规定了从事高度危险作业的侵权责任,但并未规定相应的免责事由。因而,应当如何认定依据本条确定的高度危险作业侵权责任的免责事由便成为一个问题。对此,需要结合本章对具体的高度危险责任的免责事由的列举以及无过错责任原则的基本理论来加以确定。在本章所列举的高度危险作业致害责任中,免责事由的规定并不一致。在民用航空器致害中,只有受害人故意,民用核设施致害责任中,包括了受害人故意和战争等情形,而《侵权责任法》第73条规定的高度危险作业中,免责事由包括了受害人故意和不可抗力。总体上看,免责事由均包括受害人故意,而不包括第三人过错和受害人过失,这是符合无过错原则的基本法理的。但对待不可抗力的态度,在各具体情形中是不同的。我们以为,对于依照第69条认定的高度危险责任,不可抗力也应当成为免责事由。理由是:从第69条作为一般条款的意义上说,免责事由的设定应当能够涵盖本章已经列举的高度危险作业中的免责事由;同时,在认定一般的高度危险致害责任时,免责事由的确定应当以一般意义上的高度危险作业致害为准据,而在本章所列举的三种情形中,民用航空器致害、民用核设施致害责任,是高度危险责任中最严格的责任,第73条的规定相对更为普通,因而依其规定为标准,其他高度危险责任的免责事由是适当的。

对于减轻责任的事由,在无过错责任原则中一般只包括重大过失。因而,对于依据第69条所确立的高度危险责任,在被侵权人有重大过失时,也应当减轻侵权人的责任。当然,这是与《侵权责任法》第73条所规定的情形不相符合的。有学者指出了其中的理由,即第73条之所以将被侵权人具有一般过失的情形也作为减轻责任的事由,是为了兼顾对铁路、电力等行业特殊保护的需要[①],也是受到现行《铁路法》《电力法》的规定影响的结果,而在一般高度危险作业致害中,则不存在这些影响因素。

5. 高度危险物致害责任的减免。相对而言,《侵权责任法》对高度危险物致害责任减免的规定较为明确。根据该法第72条之规定,在损害是因受害人故意或不可抗力造成时,侵权人不承担侵权责任。而在被侵权人对于损害的发生有重大过失的,则可以减轻侵权人的责任。需要说明的是,尽管该法第74条、第75条当中没有明确规定这些问题,但因该两条对危险物品的特殊责任主体的规定,因而在责任减免事由上仍然应当适用第72条的规定。

(二)高度危险活动或高度危险物责任减免的一般事由——自甘风险

所谓自甘风险,是指受害人已经意识到某种风险的存在,或者明知将遭受某种风险,却依然冒险行事,致使自己遭受损害。[②]《侵权责任法》第76条对此进行了规定:"未经许可进入高度危险活动区域或者高度危险物存放区域受到损害,管理人已经采取安全措施并尽到警示义务的,可以减轻或者不承担责任。"首先需要明确的问题是,该条规定的适用范围是基于本章规定的所有高度危险责任,还是只适用于其中的一部分。对此,学者多未明确论述。我们以为,从《侵权责任法》第九章的具体规定来看,应该做出限缩解释,即其不能适用于民用航空器、民用核设施致害责任。在这两种情况下,立法已经明确了其责任减免是由于受害人故意或战争,而且它们并不属于一般意义上的高度危险活动。换言之,自甘风险,可适用于除民用航空器、民用核设施之外的所有高度危险责任。接下来则需要明确本条的具体适用条件。一般认为,在具备如下条件时,高度危险责任的侵权人方能依据本条规定减轻或不承担责任:一是被侵权人未经许可进入高度危险活动区域或高度危险物的存放区域;二是高度危险活动人或高度危险物保有人、管领人已经尽到了充分的保护、警示义务;三是被侵权人因此而受到了损害。当然,在具备上述条件时,是要减轻责任还是要

---

① 王利明:《侵权责任法研究》(下卷),北京:中国人民大学出版社2011年版,第553页。
② 王利明:《侵权责任法研究》(下卷),北京:中国人民大学出版社2011年版,第605页。

免除责任，则需要分别具体情形。一般而言，若未经许可进入高度危险区域是出于过失而非故意，则不能免除侵权人的赔偿责任，而只能减轻其责任。

五、高度危险责任的限额赔偿

《侵权责任法》第77条规定："承担高度危险责任，法律规定赔偿限额的，依照其规定。"立法之所以规定高度危险损害赔偿限额，是考虑到行业的发展与权利义务的平衡。对高度危险责任适用无过错责任原则，有利于充分保护被侵权人，同时，也使得侵权人承担严格的责任。但从事高度危险作业或保有和管领高度危险物的行为本身往往不但不为法律所禁止，反而是应当受到鼓励的对国计民生具有重大益处的行为。这些行为的存在或行业的发展，满足了社会生活需要，被害人作为社会的成员，自然也是从中受惠，因而其与加害人之间应在一定程度上体现危险共担的关系。此外，高度危险作业或高度危险物致害往往具有不可避免性。因而，立法在顾及被侵权人救济的同时应当为这些行业的发展留下必要的空间。正是基于这种考虑，许多国家都对高度危险责任赔偿限额做出了规定。如《德国航空法》规定，对人身伤害的最高限额为20万马克，对财产损害的最高限额为每件5000马克。[①] 因高度危险责任涉及类型众多，且会随着科技的发展而不断变化，因而《侵权责任法》并未对具体的限额做出规定，而是明确依照法律规定的赔偿限额来确定。结合现行其他立法，高度危险责任的限额赔偿主要如下。

（一）民用航空器致人损害的赔偿限额

1996年3月1日起施行的《民用航空法》对国内和国际航空运输承运人的赔偿责任限额分别做出了规定。该法第128条第1款规定，国内航空运输承运人的赔偿责任限额由国务院民用航空主管部门制订，报国务院批准后公布执行。旅客或者托运人在交运托运行李或者货物时，特别声明在目的地点交付时的利益，并在必要时支付附加费的，除承运人证明旅客或者托运人声明的金额高于托运行李或者货物在目的地点交付时的实际利益外，承运人应当在声明金额范

---

① 王利明：《侵权责任法研究》（下卷），北京：中国人民大学出版社2011年版，第611页。

围内承担责任。2006年3月28日起施行的《国内航空运输承运人赔偿责任限额规定》第3条规定,国内航空运输承运人应当在下列规定的赔偿责任限额内按照实际损害承担赔偿责任,但是《民用航空法》另有规定的除外:对每名旅客的赔偿责任限额为人民币40万元;对每名旅客随身携带物品的赔偿责任限额为人民币3000元;对旅客托运的行李和对运输的货物的赔偿责任限额,为每公斤人民币100元。对于国际航空运输承运人的赔偿责任限额,该法第129条规定,国际航空运输承运人的赔偿责任限额按照下列规定执行:对每名旅客的赔偿责任限额为16600计算单位;但是,旅客可以同承运人书面约定高于本项规定的赔偿责任限额。对托运行李或者货物的赔偿责任限额,每公斤为17计算单位。旅客或者托运人在交运托运行李或者货物时,特别声明在目的地点交付时的利益,并在必要时支付附加费的,除承运人证明旅客或者托运人声明的金额高于托运行李或者货物在目的地点交付时的实际利益外,承运人应当在声明金额范围内承担责任。托运行李或者货物的一部分或者托运行李、货物中的任何物件毁灭、遗失、损坏或者延误的,用以确定承运人赔偿责任限额的重量,仅为该一包件或者数包件的总重量;但是,因托运行李或者货物的一部分或者托运行李、货物中的任何物件的毁灭、遗失、损坏或者延误,影响同一份行李票或者同一份航空货运单所列其他包件的价值的,确定承运人的赔偿责任限额时,此种包件的总重量也应当考虑在内。对每名旅客随身携带的物品的赔偿责任限额为332计算单位。该法第130条还对限额的适用做出了强制性规定,即:任何旨在免除本法规定的承运人责任或者降低本法规定的赔偿责任限额的条款,均属无效。

(二) 火车等高速轨道运输工具致人损害的赔偿限额

1991年5月1日施行的《铁路法》在规定火车致人损害应承担无过错责任的同时并未规定赔偿限额,2007年9月1日施行的《铁路交通事故应急救援和调查处理条例》对铁路运输造成损害的赔偿限额做出了规定。该条例第33条规定,事故造成铁路旅客人身伤亡和自带行李损失的,铁路运输企业对每名铁路旅客人身伤亡的赔偿责任限额为人民币15万元,对每名铁路旅客自带行李损失的赔偿责任限额为人民币2000元。铁路运输企业与铁路旅客可以书面约定高于前款规定的赔偿责任限额。

(三) 民用核设施致人损害的赔偿限额

民用核设施致人损害的赔偿限额，当前没有"法律"做出规定，但在国务院《关于核事故损害赔偿责任问题的批复》中有规定。根据该批复第7条，核电站的营运者和乏燃料贮存、运输、后处理的营运者，对一次核事故所造成的核事故损害的最高赔偿额为3亿元人民币；其他营运者对一次核事故所造成的核事故损害的最高赔偿额为1亿元人民币。核事故损害的应赔总额超过规定的最高赔偿额的，国家提供最高限额为8亿元人民币的财政补偿。对非常核事故造成的核事故损害赔偿，需要国家增加财政补偿金额的由国务院评估后决定。

此外，由以上规定可以看出，我国关于高度危险责任赔偿限额的具体规定，尽管存在有关法律的授权，但实际上多非由"法律"直接进行规定。我们认为，由于赔偿限额问题属于基本民事制度的范畴，对于《侵权责任法》第77条中所指的"法律"，应当做狭义解释，即只包括全国人大及其常委会制定的法律。因而，在日后的立法完善中，应当将责任限额的具体规定，上升到法律之中。

第十一章 饲养动物损害责任

第一节 饲养动物损害责任概述

一、饲养动物损害责任的概念和特征

饲养动物损害责任,是指饲养的动物造成他人人身或财产权益损害时,动物饲养人或者管理人依法应承担的侵权责任。《民法通则》第127条就对饲养动物致人损害的责任做出了规定:"饲养的动物造成他人损害的,动物饲养人或者管理人应当承担民事责任;由于受害人的过错造成损害的,动物饲养人或者管理人不承担民事责任;由于第三人的过错造成损害的,第三人应当承担民事责任。"《侵权责任法》在总结以往立法经验的基础上,在第十章对饲养动物损害责任进行了专门规定。

饲养动物损害责任具有如下特征。

(一)饲养动物损害责任系物的责任

在饲养动物损害责任中,动物饲养人或管理人并没有对他人的损害施加积极的行为,同时,尽管也可能存在未适当履行管领义务的情形,但总体上说,饲养动物致人损害,动物之本性乃损害发生的直接原因,因而与一般意义上的行为责任是有不同的。该种责任在学说上称作物的责任。"物之责任者,指物的所有人、占有人或使用人等就因物所加于他人的损害,应负侵权行为损害赔偿

的责任。"① 动物饲养人或管理人之所以要为此负责,系因其与加损害于他人的动物具有一定的关系。因而,饲养动物损害责任是一种特殊的侵权责任。

(二) 饲养动物损害责任是较为严格的责任

从比较法上看,动物责任自古以来都是一种较为严格的责任,即都主要采用过错原则以外的归责原则。不论是古罗马法的规定、近现代各国民法的规定,还是在司法裁判中,概莫能外。所不同的是,在有的国家或地区,采用过错推定原则,如我国台湾地区"民法"之规定;有的国家和地区,根据动物之危险性不同,分别采用过错推定和无过错原则。在《侵权责任法》中,尽管区分了各种不同的饲养动物责任情形,但都没有适用过错原则,而是适用了较为严格的过错推定原则和无过错原则。

此外,学者们还指出,饲养动物责任的责任类型具有多样性,责任主体具有多样性等特征。②

二、饲养动物损害责任的立法例

(一) 比较法上的动物损害责任

饲养动物致人损害时应承担赔偿责任是一项古老的法律规则,在大陆法中,关于动物责任的法律规则,历经两千多年的发展变化。古代社会,动物是侵害人身及财产关系的主要危险来源,在很早就得到了规范。罗马法中的牲畜致人损害,与奴隶、家属致人损害一起,都是"委付诉"的发生原因。按照《十二表法》规定,家属、奴隶、牲畜等造成他人受损害的,"家长或所有人应将他(它)们委付给被害人处理或负责赔偿所致的损害"③。起初的动物仅限于四脚动物,如马、牛等,后来类推适用于非四脚动物。在《十二表法》的规定中,动物所有人应负无过错责任,同时,还涉及动物所有人的免责情形,即对于因

---

① 王泽鉴:《侵权行为》,北京:北京大学出版社2009年版,第464页。
② 王利明:《侵权责任法研究》(下卷),北京:中国人民大学出版社2011年版,第618—619页。
③ 周枏:《罗马法原论》(下册),北京:商务印书馆2014年版,第880—881页。

外力而发生的动物致害行为，所有人不需要负责。

近现代各国民法中，均涉及动物损害责任问题。如《法国民法典》第1385条规定："动物的所有人或者使用人在其使用动物期间，对动物所致的损害，不问是否系动物在管束之时或在迷失及逃逸之时所发生，均应负赔偿的责任"。《德国民法典》第833条规定，因动物致人死亡或伤害人的身体健康，或者损坏财物时，动物饲养人对受害人因此而产生的损害负有赔偿义务。如果损害系由于维持动物饲养人的职业、营业或者生计的家畜所造成的，而动物饲养人已尽必要注意，或者即使已尽必要注意仍难免发生损害的，不发生赔偿义务。《瑞士债法典》第56条规定："动物保有人对动物所生之损害，于不能证明已尽相当保管及监督之注意，或纵加相当注意，而仍不免发生损害时，负其责任。动物系由第三人或第三人之动物所挑动者，对该第三人有求偿权。关于猎兽所生损害之责任，以各邦法定之"。《日本民法》第718条规定，动物占有人对其动物施加于他人的损害，负赔偿责任。但是，按动物种类及性质，以相对注意进行保管者，不在此限。代占有人保管动物者，亦负前项责任。《意大利民法典》第2052条规定，动物的所有人或在利用动物期间对其进行管理之人，无论动物是在其保管下，还是遗失或逃走，都要对动物所致损害承担责任，除非证明损害是意外事件所致。①

学者研究表明，在英美法中，动物责任同样是侵权法中的重要问题。英美法中关于动物责任的规范体系由下列部分构成：一是非法侵入规则。牛羊等家畜侵入他人土地，造成直接侵害时，所有人应负责任。二是危险动物的无过失责任规则。对于基其本性具有危险性的动物，如猛兽、猛禽等致人损害的，所有人即便不知道其危险性，也要承担责任。而对于本性温良的动物，如牛、马等，则一般应自所有人明知或可以推定应当知道其危险时，始应负责。三是不论动物种类，所有人应负过失责任或妨碍他人土地使用的侵权责任。② 在美国法中，还有所谓首次侵害规则，即若动物曾经侵害过他人，那么，再次伤害他人时，所有人就要承担严格责任。③

---

① 杨立新：《侵权责任法》，北京：法律出版社2010年版，第539－540页。
② 王泽鉴：《侵权行为》，北京：北京大学出版社2009年版，第468—469页；王利明：《侵权责任法研究》（下卷），北京：中国人民大学出版社2011年版，第626—628页。
③ 王利明：《侵权责任法研究》（下卷），北京：中国人民大学出版社2011年版，第628页。

（二）《侵权责任法》动物损害责任立法检讨

《侵权责任法》关于动物损害责任的规定在条文数量和细致程度上均远超过了《民法通则》的规定。而且，相比较其他章节，《侵权责任法》关于饲养动物责任的规定多少有点试图"自成体系"或"自立门户"之感。主要体现在以下两点：

一是在第84条规定了饲养动物的一般法律义务。而该规定的内容不仅是民法总则的规范内容，而且在其他危险物品（件、质）致害责任中，并没有同样出现此种再次宣告。有观点指出此规定的必要性和现实性在于，"现实生活中大量存在动物饲养人或者管理人不遵守法律、不尊重社会公德、妨害他人生活的现象"①。但本书不赞同这种规定方式，此举有损《侵权责任法》体系的严谨性，应当在未来民法典制定或编撰中加以调整。

二是本章主要责任条款在免责事由或归责原则的规定方面比较杂乱，同样在一定程度上影响了该法整体上的高超立法水平。详言之，该法第78条的规定明显具有饲养动物损害责任的一般条款性质，确立了饲养动物损害责任的基本归责原则以及免责事由。第79条、第80条从规范内容上看，仅仅是对特定情形下免责事由适用的限制性规定，却单独列条，并与第78条并列。第83条涉及第三人过错情形下的责任主体及最终责任问题，单就此而言，单列一条并无妨碍，而且，该法也有其他章节对此问题进行了单列条文规定。② 但在本章中，又会涉及该条所列明情形是否也应当适用于该法第81条动物园的动物损害责任的问题。

为解决上述问题，本书主张可在民法典制定或编撰中，对动物损害责任立法模式进行一些调整：第一条共分两款，将《侵权责任法》第78条、第79条、第80条并合成为第一款，一般性地规定饲养动物损害责任，可表述为："饲养的动物造成他人损害的，动物饲养人或者管理人应当承担侵权责任；能够证明损害是因被侵权人故意或重大过失造成的，可以不承担或减轻责任，但违反规

---

① 最高人民法院侵权责任法研究小组：《中华人民共和国侵权责任法条文理解与适用》，北京：人民法院出版社2016年版，第561页。

② 《侵权责任法》第68条。

定,未对动物采取安全措施或饲养禁止饲养的烈性犬等危险动物造成他人损害的除外。"第二款对遗弃、逃逸的动物损害责任主体做出说明,对应《侵权责任法》第82条。因《侵权责任法》对动物园给予了特殊待遇,采用了不同归责原则,因而,应单列第二条进行规定。在条文表述上,应当对现行条文中所谓"动物园的动物"做出更为明确和细致规定,可表述为:"动物园饲养和管理的动物致人损害的,动物园应当承担侵权责任,能够证明尽到管理职责的除外。"理由是,动物园的动物可能并不尽在动物园的管控之中,如突然造访的飞禽致人损害,此时令动物园承担过错推定责任并不公平,立法显然不能,也不宜令动物园证明其已就飞禽造访尽到了管理职责。第三条规定第三人过错致使动物造成他人损害责任主体及最终责任问题,但在行文表述上,应将动物园也纳入其中。最后,删除现行《侵权责任法》第84条规定。如此,虽然条文数量从现有7个条文变为3条,但在逻辑关系上似乎更加清晰。须知,条文数量的多寡并不是影响是否单列章节的因素,况且,现行《侵权责任法》关于环境污染责任的规定也只有4个条文。

第二节 饲养动物损害责任的构成

一、饲养动物损害赔偿责任的归责原则

前已述及,各国对于饲养动物致人损害时,大都确立了较为严格的责任,即不适用过错责任原则。周枏先生指出,《十二表法》上的委付诉,源自肉体报复,故不因家长或所有人就此种加害是否存有过失而不同,一概不能免除责任。[①] 但因牲畜无意志而不同于家属、奴隶,故罗马法学家提出家长或所有人仅需对动物反常情况下的致害负责,而对出于本能或因他人原因引起的动物致害,则动物的所有人不负责任,以此限制动物所有人的责任。[②] 英美普通法认为,所

[①] 周枏:《罗马法原论》(下册),北京:商务印书馆2014年版,第881页。
[②] 周枏:《罗马法原论》(下册),北京:商务印书馆2014年版,第884页。

有者应当对失散牲畜引起的不动产损害承担严格责任；即便对于野生动物和除牲畜以外的驯化动物，普通法也以适用严格责任为主，当然原告需要证明此类动物与被诉侵权人存在"占有"关系。①

我国法中饲养动物损害赔偿责任的归责原则，在《民法通则》和《侵权责任法》中有不同规定。对于《民法通则》第 127 条规定所适用的归责原则，学界解释也有一定分歧。通说认为，该法确立了饲养动物损害赔偿责任的无过错责任原则。也有一些学者认为，因在过错推定原则中，允许致害责任方通过举证证明自己没有过错来开脱责任，受害人过错、第三人行为以及不可抗力都是免责事由。将此理论与《民法通则》第 127 条对照，认为该条规定完全符合过错推定责任的特征，应当适用过错推定责任。②无论哪种主张，都坚持归责原则上的一元说。学者认为："对饲养动物损害责任采取单一的无过错责任或者单一的过错推定的一元化归责原则，不能符合饲养动物损害责任的本质要求，也不能有效地、合理地保护被侵权人的合法权益，同时，确定的责任会存在不公平的结果。"③《侵权责任法》对《民法通则》的规定做出了调整，形成以无过错责任原则为主，以过错推定原则为辅的归责原则体系。同时，在适用无过错责任的情形中，又因免责事由的不同，严格程度有所差异。

（一）饲养动物致害的无过错责任

无过错责任是我国《侵权责任法》下饲养动物致人损害责任的基本归责原则，适用于所有私人饲养动物致人损害的情形。④ 当然，因饲养动物的种类不同、事先预防义务履行的不同，此无过错责任的严格程度又有所不同。

1. 私人饲养非危险性动物致害。《侵权责任法》第 78 条规定了饲养动物损害责任的一般条款，确立了饲养动物损害责任的基本归责原则："饲养的动物造成他人损害的，动物饲养人或者管理人应当承担侵权责任，但能够证明损害是因被侵权人故意或者重大过失造成的，可以不承担或者减轻责任。"据此，动物

---

① 〔美〕小詹姆斯·A. 亨德森等：《美国侵权法：实体与程序》，王竹等译，北京：北京大学出版社 2014 年版，第 415—417 页。
② 王利明：《民法·侵权行为法》，北京：中国人民大学出版社 1993 年版，第 95 页。
③ 杨立新：《侵权责任法》，北京：法律出版社 2010 年版，第 545 页。
④ 此处之"私人"，系与动物园相对而言，仅表明此类饲养活动及其目的的非公共性。

的饲养人或管理人对其饲养或管领的动物致人损害承担侵权责任,与其有无过错无关。

2. 私人饲养动物违反规定,未采取安全措施致人损害。《侵权责任法》第79条规定,违反管理规定,未对动物采取安全措施造成他人损害的,动物饲养人或者管理人应当承担侵权责任。从条文表述来看,本条规定似乎采用了过错推定原则。但实际上,结合饲养动物损害责任的一般条款,本条实际上规定了一种更为严格的无过错原则。即若具备了本条规定的前提,不但要适用无过错原则,而且《侵权责任法》第78条一般条款所规定的免责事由将不再适用。只有基于这种理解,本条的规定才有价值。反之,本条的内容则会被该法第78条一般条款所包容,本条便没有单独规定的价值了。而本条规定的所谓"未对动物采取安全措施",是指没有按照规范性法律文件的要求,采取保护社会公众安全的措施。①

3. 禁止饲养的危险动物致害的情形。《侵权责任法》第80条规定,禁止饲养的烈性犬等危险动物造成他人损害的,动物饲养人或者管理人应当承担侵权责任。本条和前一情形类似,确立了更为严格的无过错责任,即只要饲养的动物是禁止饲养的烈性犬等危险动物,则在致人损害时,侵权人不能以被侵权人故意或重大过失主张免责。

4. 遗弃、逃逸动物致害。根据《侵权责任法》第82条规定,遗弃、逃逸的动物在遗弃、逃逸期间造成他人损害的,由原动物饲养人或者管理人承担侵权责任。学界认为,该条亦确定了无过错责任原则。② 最高人民法院侵权责任法研究小组主编的著述中也表达了该条采用无过错责任的主张。③ 单从条文表述来看,上述主张并无疑问。而且,该条规定从行文上看,只适用于私人饲养动物的情形。问题是,逃逸的动物是否仅限于私人所有或管理,动物园的动物在逃逸期间致人损害的,该适用何种归责原则?

本书认为,《侵权责任法》第82条是对于饲养动物损害责任主体的特别规定,在适用范围上应包含本章规定的所有情形,因而,凡是遗弃、逃逸的动物

---

① 周友军:《我国动物致害责任的解释论》,《政治与法律》,2010年第5期,第48页。
② 杨立新:《侵权责任法》,北京:法律出版社2010年版,第546页。
③ 最高人民法院侵权责任法研究小组:《中华人民共和国侵权责任法条文理解与适用》,北京:人民法院出版社2016年版,第548页。

致人损害的,原来的管理者、饲养者均应承担无过错责任,包括动物园。相反,如果不做出此种解释,将会出现不符合常理的结论:假若动物园饲养的动物逃逸期间致人损害不适用本条规定,则只能依据《侵权责任法》第81条规定确定归责原则,即会适用过错推定原则,而不是无过错原则。如此,会出现若致人损害之动物系从私人饲养出逃逸,则要适用无过错原则;若从动物园逃逸,则会适用过错推定原则。此等结论显然不具备起码的合理性,更遑论动物园相较私人而言,所饲养的动物在一般意义上危险性更高,更不应该失控。

(二)动物园动物致人损害的过错推定责任

《侵权责任法》第81条规定,动物园的动物造成他人损害的,动物园应当承担侵权责任,但能够证明尽到管理职责的,不承担责任。本条为动物园的动物致人损害责任规定了过错推定原则。动物园的动物造成他人损害时,先推定动物园有过错,应承担侵权责任,但允许动物园举证证明自己已经尽到管理职责,阻却过错,从而不承担侵权责任。

对于动物园这一特殊主体的"优待",学界评价不一。立法机关有关人士解释认为,此规定的理由是:动物园饲养动物具有公益性,并非如普通自然人一样多出于私人精神满足;实践来看,动物园饲养的动物致人损害事件的发生,要么系游客自身原因,要么动物园没有尽到管理职责。这样,对于游客自身原因所致的动物致害令动物园承担无过错责任,过于严苛。[①] 王利明教授对此也做出了类似解读。[②] 程啸博士则认为,立法对动物园的此种优待并不适当。主要理由是:同样具有公益性的民用航空致害责任等并未享有此等优待;动物园饲养的动物种类繁多,不乏高度危险性物种;动物园的开放行为具有有偿性。特别是后二者,均要求动物园应当尽到高度注意义务,而非仅仅是管理职责。[③] 本书赞同程啸博士主张。承担无过错责任并非在任何情况下都不会免责,对于因游客自身原因所致动物致害者,完全可以通过免责事由做出例外规定。由此,现行规定既未体现权责一致的思想,来自实际案件中的立法思路又使得利益平衡

---

① 全国人大常委会法制工作委员会民法室:《侵权责任法立法背景与观点全集》,北京:法律出版社2010年版,第146页。
② 王利明:《侵权责任法研究》(下卷),北京:中国人民大学出版社2011年版,第648—649页。
③ 程啸:《侵权责任法》,北京:法律出版社2015年版,第622—623页。

的天平倒向动物园一方,并未全面揭示和体现出动物园饲养动物与私人饲养动物的本质不同——对源于动物本身危险性致害的有力预防。现代侵权责任法十分强调损害救济,但《侵权责任法》关于动物园的动物损害责任立法方面并未很好地贯彻这一价值取向,容易形成预期之外的政策效果,在一定程度上影响动物园饲养动物的公益性。试想,动物园饲养动物的公益性功能的体现,不在于保留了动物品种,而在于共公众观赏、研究,立法令动物园承担低于私人动物饲养者的注意义务,等同于变相提供了游客的注意义务,而现状和基础事实却是,动物园显然比普通公众更加熟知动物的危险性。

二、饲养动物损害责任的构成要件

饲养动物损害责任的构成,需要具备如下条件。

(一) 须有动物加害于人

在侵权理论上,一般不认可动物也可以有"行为"。动物加害于人,常被认为是事件。尽管如此,只有发生了饲养的动物加害于人的事实,才能谈及是否由某一民事主体承担侵权责任的问题。具体而言,又有以下要求:

1. 须为动物加害于人,植物或微生物等造成人类损害的,不属于动物致人损害。

2. 须为饲养人或管理人、动物园能够管控和应当管控的动物加害于人。并非指所有动物致人损害,此处的动物多系被饲养动物,既包括个人正在饲养或管理的动物,也包括动物园的管理范围内处在动物园管控下的动物。即便是这些动物逃逸或被遗弃后致人损害,也属于饲养的动物加害于人的情形。而从相对的方面说,野生动物致害不属于《侵权责任法》饲养动物损害责任的调整范围。特别是就动物园的动物而言,尽管处在动物园的范围内,但动物园事实上无法管控的动物或不具有管控义务的动物致人损害,不属于动物园的动物致人损害。如游客携带的动物在动物园场所致损的,当按照个人饲养的动物对待;随机造访动物园的猛禽致人损害的,也不属于动物园的动物致人损害。

对此,张新宝的主张具有相当的说服力,即一般认为,构成该法第十章所称的"饲养的动物"，须具备如下条件①：（1）该动物为特定的人饲养或管理，这是所有人或管理人为动物致害承担责任的基础。（2）饲养人或管理人对动物具有适当的控制能力，即便是在饲养动物逃逸或被遗弃，其前提仍然是饲养人或管理人对该动物具有适当的控制能力。因而，完全处于野生状态的动物、自然保护区内的动物，虽然人们可能在一定程度上进行了饲养或管理，但因人们对其缺乏控制能力或控制能力较弱，因而不能认为是饲养的动物。（3）该动物具有可能致人损害的特性。如犬类、兽类、蜜蜂等。此外，学者还指出动物的种类可以为家畜、家禽、宠物或驯养的野兽、爬行类动物等。我们认为，从前述条件中，特别是前列第二个条件，已经涵盖了动物种类的要求，因而，至于动物具体形态为家畜或野兽等，则无关紧要。

3. 加害仅由动物的固有危险所致。所谓动物的固有危险，是指基于动物的固有本性，脱离于具体的人的指使或控制而造成对他人的损害。② 这一要求的核心是动物加害的事实应当与饲养人或管理人的行为具有一定的独立性。也就是说，加害仅是基于动物固有危险的爆发或实现所造成的。换言之，若是饲养人或管理人利用动物的危险本性，实施侵权行为，则该动物事实上成了行为人实施侵权行为的工具。因而，动物加害便不具有独立性，即非仅由动物之固有危险所致，因而，不属于《侵权责任法》规定的饲养动物损害责任，而应是一般侵权责任。当然，对于该种独立性，应在相对意义上去解释，一如学者所指出的，《侵权责任法》规定的动物加害于人的事实应当是人的行为与动物的行为的复合。人的行为是指人对动物的所有、占有、饲养或管理。动物的行为是直接的加害行为。只有这两种行为相结合，才能构成"侵害行为"。否则，缺少其中任何一方面，都不能出现招致赔偿的侵害事实本身。③

（二）须造成了他人损害

被侵权人遭受损害是侵权人承担动物损害责任的前提。对此，《侵权责任

---

① 张新宝：《侵权责任法》，北京：中国人民大学出版社2010年版，第322页；相同见解亦可见王胜明：《中华人民共和国侵权责任法解读》，北京：中国法制出版社2010年版，第390页。

② 〔德〕马克西米利亚·福克斯：《侵权行为法》，齐晓琨译，北京：法律出版社2006年版，第264页。

③ 张新宝：《中国侵权行为法》，中国社会科学出版社1998年版，第554页。

法》也有明确,如该法第78条表述为"造成他人损害"。这里的损害,包括人身损害和财产损害。前者如恶犬撕咬,致人身体损伤;后者如羊群侵入他人农田,致青苗受损等。在致人身体损伤的情况下,还可能会导致他人遭受严重精神损害。在我国《侵权责任法》的语境下,对此精神损害,侵权人也应依法赔偿。值得探讨的问题是,这里的损害是否包含因动物袭扰而对他人正常生产、生活造成的妨碍?有观点指出:"对于动物的噪音或气味问题,也是需要考虑的问题。……如果这种噪音、气味超越了忍受的限度,造成他人的身体损害或财产损害,则可以根据本法第十五条的规定的责任方式要求停止侵害,并请求赔偿损失。"[①] 本书认为,该观点有进一步探讨的必要。《侵权责任法》所规定的饲养动物损害责任是一种特殊侵权责任,根源于动物本身所具有的危险性。相对而言,尽管动物发出的噪声或气味会给人们生活带来不便,甚至是精神上的痛苦,但与动物的危险性相比,并不足以令饲养人或管理人负担较高注意义务。因而,这里的损害,不应包括此类妨碍。但动物的噪声或气味的确也存在给他人正常生活带来妨碍的可能,应当区分不同情况依据其他民法规则加以处理:一是对邻人造成的妨碍,如饲养犬类日夜吠叫,致使邻人无法休息。对此,可适用相邻关系的法律规则予以解决。二是对非邻人造成妨碍,则可以依据一般侵权的规则加以处理。

(三)须有因果关系

这里的因果关系,是指动物加害于人的事实与被侵权人遭受损害之间存在引起与被引起的客观联系。被侵权人应当证明存在因果关系,方能要求侵权人承担饲养动物损害责任。通常,证明内容包括动物系侵权人饲养或管理,该动物加害于己并造成了损害。一般情况下,饲养动物损害责任中的因果关系比较容易判断,如狗咬人或牛羊践踏青苗,因果关系显而易见。但有的时候,却不容易证明。如饲养蜜蜂蜇人致人损害时,要证明蜇人蜜蜂系由某人饲养或管理,有时颇有难度。在此情况下,可以考虑实行举证责任缓和,在被侵权人只要在一定程度上证明了因果关系的存在,则转而由侵权人证明其饲养或管理的动物

---

① 最高人民法院侵权责任法研究小组:《中华人民共和国侵权责任法条文理解与适用》,北京:人民法院出版社2016年版,第541页。

与被侵权人损害之间不存在因果关系，若其举证不能，便须承担侵权责任。

第三节 饲养动物损害责任的承担

一、责任形式

《侵权责任法》第十章没有规定饲养动物损害责任的具体形态，而是采用了"应当承担侵权责任"的表述。这样，饲养动物损害责任的具体形态，应结合该法第15条的规定以及具体的损害形态来加以确定。一般来说，主要是赔偿损失，但根据侵权的形态，也不排除适用停止侵害、消除危险等责任形态。

二、责任主体

（一）饲养人或管理人

学者研究表明，各国法律对于饲养动物损害责任主体的规定，大致可归纳为两种基本类型：一是以所有权为核心建立起的责任主体规则（所有者责任）；二是以对动物的实际控制能力为核心建立的责任主体规则（保有者责任）。保有者一般是指对于动物或物件具有实际控制能力的人。因而，饲养动物的所有人是保有人，管理该动物的人或承租人也是保有人。[1] 若依此标准，则我国《侵权责任法》的规定是以保有者为核心建立起的责任主体规则。无论是该法第78条规定的饲养动物损害责任的一般条款，还是第79条、第80条、第82条、第83条规定的饲养动物损害责任的具体类型，都明确规定动物的饲养人或者管理人应当承担侵权责任。即便是第81条所规定的动物园的动物致人损害责任中，规定"动物园"应当承担侵权责任；而从性质上说，该种情形下，动物园也就是动物的饲养人和管理人。

---

[1] 张新宝：《侵权责任法》，北京：中国人民大学出版社2010年版，第324页。

1. **饲养人**

饲养人，是指饲养并支配动物的人。饲养人可能同时也是所有人，但所有人并不一定同时都是饲养人，如野生动物资源，虽有物权法上的归属，但该所有人并非饲养人。当然，也有学者不这样认为，主张"动物的饲养人视之动物的所有人，即对动物享有占有、使用、收益、处分权的人"[①]。之所以规定饲养人而不是所有人承担责任，主要在于从风险控制的角度来看，动物的饲养人往往更加熟悉动物习性，风险控制能力也较强。对于饲养人的认定，有学者提出应当从如下方面考虑：一是饲养人是占有动物的人。二是饲养人必须对动物有控制能力。三是饲养人必须从事了饲养活动。[②] 我们以为，其中的关键因素是应当占有动物和对动物进行了饲养。在前者来说，包括非法占有和合法占有，理论上也包括长期占有和临时占有。不过，对于临时发生的占有，需要具体问题具体分析。一般既需要考虑有无占有的主观意思，也需要考虑占有在客观上达到了稳定的状态，或按照通常观念已经形成了占有。相反，对于如基于无因管理而在较短时间内临时占有一定动物的，即便该动物致人损害，亦不宜由无因管理人承担侵权责任。而对于基于占有的意思从事了占有行为，则按照通常观念认为形成占有时，若造成他人损害，就要承担侵权责任。对于动物从事饲养行为的认定，则主要表现在，基于饲养人的饲养行为，在很大程度上改变了所饲养动物本来的食物来源途径。而至于对动物需有控制能力，则需要做狭义理解，其虽然适用于自然保护区内饲养的动物致害，但通常情况下不能以客观上不具备控制能力而阻却责任。因而，正如《侵权责任法》所规定的，只要饲养了烈性犬等危险动物或未按照规定对所饲养动物采取安全措施，或者所饲养动物逃逸，只要发生了损害，无论是否对该动物具有控制能力，都应当依法承担侵权责任。

2. **管理人**

动物管理人，一般是指对动物具有管理责任或事实上对动物从事管理的人。如果说，动物的饲养人通常也是所有权人，动物的管理人则不是，其只是根据某种法律关系直接占有和控制动物的人。在实践中，饲养人常常也是管理人，

---

① 王胜明：《中华人民共和国侵权责任法解读》，北京：中国法制出版社 2010 年版，第 390 页。
② 王利明：《侵权责任法研究》（下卷），北京：中国人民大学出版社 2011 年版，第 658 页。

但也存在例外。因而，在动物由非饲养人管理的情况下，一律令其承担饲养动物损害责任，有失公正。因而，《侵权责任法》将管理人也规定为责任主体。据此，对该管理人的解释，只有与饲养人进行区分，才有其存在的价值。正如学者所言，管理人的概念在法律上有特定含义，是指受所有人委托进行管理的人或依法对动物负有管理职责的人。[1] 因而，管理人的判定应以此为据。而且，从《侵权责任法》的规定来看，管理人主要是指管理国家所有的动物的法人或其他社会组织。[2]

（二）第三人

实践中，尽管动物致人损害最终都离不开动物的固有危险性，但导致该危险本能的爆发或实现的诱因却是多种多样的，既有自然的爆发，也有饲养人或管理人的不适当管理，当然也可能是基于第三人的过错行为。对于因第三人过错行为导致的动物损害责任，若一律令饲养人或管理人承担，则未免有失公正。因而，《侵权责任法》第83条规定：因第三人的过错致使动物造成他人损害的，被侵权人可以向动物饲养人或者管理人请求赔偿，也可以向第三人请求赔偿。动物饲养人或者管理人赔偿后，有权向第三人追偿。可见，动物损害系由第三人的过错所致时，第三人也是承担侵权责任的主体。其中，第三人是指动物饲养人、管理人、被侵权人之外的人。第三人承担侵权责任的基础是存在过错，换言之，对第三人适用过错责任原则。有学者指出，此过错通常表现为第三人挑逗、投打、投喂动物或毁坏安全设施、警戒标志等行为。[3] 同时，依据该条规定来看，被侵权人在救济上具有选择权，第三人和动物饲养人、管理人之间是不真正连带责任。立法做出这种安排的理由还在于：动物饲养人、管理人一般都承担无过错责任，第三人过错一般不能成为其当然的免责事由，令其承担责任，也可以促使饲养人、管理人提高注意义务的标准，减少动物伤人机会；对被侵权人赋予选择权，体现对其救济的偏重考虑，使其得到实际赔偿的可能性增大。

---

[1] 王利明：《侵权责任法研究》（下卷），北京：中国人民大学出版社2011年版，第660页。
[2] 王利明：《侵权责任法研究》（下卷），北京：中国人民大学出版社2011年版，第659页。
[3] 张新宝：《侵权责任法》，北京：中国人民大学出版社2010年版，第327页。

三、责任减免事由

《侵权责任法》在规定饲养动物损害责任适用特殊归责原则的同时，也确立了侵权人减轻或免除责任的事由，具体又因所适用的归责原则不同而不同。结合《侵权责任法》总则部分的规定，此处针对适用不同归责原则的饲养动物损害责任，分析其责任减免事由的适用。

（一）私人饲养动物损害责任的减免事由

在损害源于受害人故意所致或受害人对损害发生具有重大过失时，免除或减轻侵权人的责任是侵权法上的普遍做法。除《侵权责任法》第三章规定外，该法第78条在个人饲养动物损害责任一般条款中也对此进行了明确："若损害是因被侵权人故意或者重大过失造成的，动物饲养人或管理人可以不承担或者减轻责任"。故意是指被侵权人明知其行为会导致动物侵害，希望或放任这一结果发生的心理态度。如有意打狗而被狗咬伤。重大过失，则是相对一般过失而言的，通常指严重违反了一般的注意义务，不具有一般人所具有的起码的谨慎和注意。在适用本条所规定的重大过失抗辩时，应当采用严格的标准。因为动物致害，尤其是导致人身伤害，普遍都是由于存在事先接近动物的行为。但若任何接近动物的行为若都被认定为故意或重大过失，则会严重减损《侵权责任法》第十章对饲养动物损害责任进行专门规定的价值。

需要注意的是，尽管个人饲养动物损害责任规定中并没有将责任减轻和免责事由进行区别规定，但不意味着在被侵权人具有故意或重大过失时，法院可以自由决定选择适用，而是需要结合《侵权责任法》总则的规定来确定。鉴于《侵权责任法》第27条已经规定了损害系受害人故意所致时得免除侵权责任，故而在个人饲养动物损害中，如果损害系受害人故意所致，当然可以免除饲养者或管理者责任。而在受害人对于损害具有重大过失时，减轻饲养者或者管理者责任自无疑问，但能否免除责任当有检讨的必要。本书认为，从条文规定来看，应当可以免除，但是，鉴于饲养动物损害适用无过错责任原则，故在免除事由上应当从严掌握，方能实现立法初衷。在认定重大过失是否免责时，一般需要考虑：动物的危险性，若动物具有的危险性较高，且被侵权人对此并不知情，则应当由动物饲养人或管理人承担较重的责任，只能减轻其责任；饲养人或管理人是否存在过错，若是，同样不应免除其责任。

对于不可抗力能否成为个人饲养动物损害责任的免责事由，学界存在分歧。否定说者认为，《侵权责任法》第十章没有将不可抗力作为免责事由，就意味着不能因不可抗力免责。① 肯定说者认为，《侵权责任法》第 29 条对于不可抗力的一般性规定，也应适用于个人饲养动物损害责任，指出："发生不可抗力造成动物损害他人的，动物饲养人或管理人已尽管束义务，实际上是否尽了管束义务与损害的发生没有因果关系，无须承担责任。"② "对于禁止饲养的危险动物，即便存在不可抗力也不能免责；而对于其他动物，则可以因不可抗力而免责。"③ 我们以为，既然《侵权责任法》在明确规定了被侵权人故意或重大过失的免责事由的同时，对于不可抗力能否成为免责事由保持了沉默，即可认为是在立法者看来，不可抗力不能成为免责事由。同时，除动物园饲养的动物损害责任外，饲养动物损害责任均适用无过错原则，不可抗力只可能是导致动物危险性实现或爆发的原因。但此种情形下，损害因动物之危险性所直接引起的事实却是客观的。因而，我们赞同不可抗力不能成为责任减免事由的主张。

（二）动物园动物损害责任的减免

《侵权责任法》规定，动物园的动物损害责任适用过错推定原则，因而，若能够证明已经尽到管理职责，则不承担侵权责任。从英美普通法规则来看，动物致害严格责任的主要例外就是公共动物园饲养者责任，他们仅就饲养动物存在过失时承担赔偿责任；当然，这种例外不包括私人以营利为目的饲养动物的情况。④ 认定动物园是否尽到了管理职责，要在将动物园与饲养动物的个人相比较的意义上加以把握，也就是说，动物园的管理职责不同于个人对所饲养动物致害的注意义务：基于动物园饲养动物种类繁多，危险性各不相同，应当具体问题具体分析；但在总体上，动物园的公益性，游客的不特定性、集聚性等

---

① 王利明：《侵权责任法研究》（下卷），北京：中国人民大学出版社 2011 年版，第 638 页。
② 杨立新：《侵权责任法》，北京：法律出版社 2010 年版，第 553 页。
③ 周友军：《我国动物致害责任的解释论》，《政治与法律》，2010 年第 5 期，第 47 页。
④ 〔美〕小詹姆斯·A. 亨德森等：《美国侵权法：实体与程序》，王竹等译，北京：北京大学出版社 2014 年版，第 417 页。

都决定了动物园的管理职责应当从严掌握。例如，不仅要设置必要的防护栏、隔离带，还要针对儿童等群体采用全面的防护设施。

尽管《侵权责任法》没有明确规定不可抗力能否成为饲养动物损害责任的免责事由，但动物园的动物损害责任适用过错推定原则，因而，若致害的原因系不可抗力，则动物园可据此证明不存在过错。所以，不可抗力能够成为动物园的动物损害责任的免责事由。与此类似，在损害系受害人故意所致时，动物园也应免责。

（三）违规未采取安全措施以及禁止饲养的危险性动物损害责任的减免问题

被害人对损害的发生具有故意或重大过失、不可抗力等通常免责事由是否应当适用于违规未采取安全措施以及禁止饲养的危险性动物损害责任的减免，在学界存在一定争议。有学者认为，被害人故意或重大过失的事由应当适用于第 79 条规定"未采取安全措施"的动物致害责任。理由是：我国《侵权责任法》第 78 条的规定应当理解为"总则性"的规定，如果没有充分的理由，就应当适用于所有的动物致害责任；违反管理规定未采取安全措施，并不会导致动物危险的显著增加，不足以成为过分加重饲养人或管理人责任的理由。同时，不应当适用于第 80 条规定的禁止饲养的危险性动物致害责任。主要理由是：从我国《侵权责任法》第 80 条的条文表述来看，没有像第 78 条那样规定受害人具有故意或重大过失的责任减轻或免除；禁止饲养的危险动物不仅具有高度的危险性，而且不是饲养人或管理人职业上、生计上必须的，要求其饲养人或管理人承担更重的责任，并非过分苛刻。① 我们不完全赞同此种主张。理由是，《侵权责任法》第 79 条、第 80 条所规定的两类饲养动物损害责任，在性质上是相当的，都是该法第 78 条规定的特殊情形，从文义解释的角度看，没有理由得出不同结论。因而，结合该两条的具体规定来看，事实上属于绝对责任，只要具备了法律规定的前提，饲养者或管理人就不能减轻或免除责任。

---

① 周友军：《我国动物致害责任的解释论》，《政治与法律》，2010 年第 5 期，第 48—49 页。

第十二章 物件损害责任

第一节 物件损害责任概述

一、物件损害责任的概念和特征

物件损害责任,是指因自己所管领的物件致人损害依法应承担的侵权责任。《民法通则》涉及物件损害责任的规定是第125条和第126条,前者规定了地下工作物损害责任:"在公共场所、道旁或者通道上挖坑、修缮安装地下设施等,没有设置明显标志和采取安全措施造成他人损害的,施工人应当承担民事责任。"后者规定了建筑物致人损害责任:"建筑物或者其他设施以及建筑物上的搁置物、悬挂物发生倒塌、脱落、坠落造成他人损害的,它的所有人或者管理人应当承担民事责任,但能够证明自己没有过错的除外。"分别涉及建筑物倒塌、建筑物脱落以及建筑物坠落三种情形。其后,在最高人民法院出台的相关司法解释中,对物件损害责任进行了有限的扩张。但从实践来看,建筑物倒塌致人损害与建筑物脱落或坠落不论在造成潜在损害的程度上,还是在损害发生的原因力方面,均存在明显不同;从损害源上看,《民法通则》第126条规定的建筑物仅仅明确涉及建筑物,而在《城市房地产管理法》中,建筑物只是房屋的一种类型,由此,构筑物致人损害的救济不甚明确;此外,物件致人损害的情形范围甚广,需要在立法上加以明确,以充分救济被害人,同时促使物件管领人更好地管理物件,减少损害的发生。基于这两种情况考虑,《侵权责任法》在第十一章用7个条文对物件损害责任进行了较为全面的规定,确立了我国物件损害责任的基本法律框架。

物件损害责任具有如下特征。

(一) 物件损害责任是一种特殊的侵权责任

物件损害责任是物之责任，不同于对行为造成损害所承担的责任，是一种特殊的侵权责任，常被称作"准侵权行为"。由此，决定了其在责任构成、归责原则上都具有不同于一般侵权责任的特殊之处。王泽鉴先生指出，物之责任，涉及以下五个基本问题：一是应就何种之物而设定规范。就现代各国法律规定来看，涉及饲养动物损害责任、工作物损害责任、产品责任以及机动车驾驶人责任等。前两个是古老的物的责任类型，而后两个则是源自现代科技发展的结果。二是如何确定责任主体。现代各国立法规定比较一致，大致涉及物的所有人或管领人，所考虑的因素是谁最能控制风险、分散风险以及因物而受有利益。三是如何确定归责原则。物之责任属特殊侵权行为，在归责原则设定上，大致都采用了比过错责任更加严格的责任，有的情形下采用过错推定，有的情形下则采用无过错原则。四是如何规定应受保护的权益。五是如何规定因果关系的举证责任。[①] 以损害赔偿归责原则为例，物件损害责任主要采用过错推定责任原则。《侵权责任法》规定的多种不同类型的物件损害责任，在归责原则上都采用过错推定原则。也就是说，只要发生损害，就推定物件所有人或管领人具有过错，同时允许其证明已经尽到足够的注意义务而免责。与此同时，物件损害责任属于物件本身致人损害的责任，属于"物伤人"，不同于"人伤人"的侵权责任。

(二) 物件损害责任是广义的替代责任

本质上说，物件损害责任是行为人就其管领下的物件本身致人损害承担的责任，因而属于广义的替代责任。管领人之所以应承担责任，源于要么享受该物件之利益，要么基于其实际控制该物件而具有防范物件致人损害的优越性。当然，从立法目的看，则在于保护受害人的利益。

物件损害责任与行为人使用物件致人损害所应承担的侵权责任不同。前者是特殊侵权行为责任，属物的责任，责任主体不是对自己的行为承担责任，而

---

① 王泽鉴：《侵权行为》，北京：北京大学出版社 2009 年版，第 464—466 页。

是基于其与致人损害之物之间存在管领与被管领的关系而承担的责任,属于准侵权行为责任;后者中之物实为侵权人之工具,因而是为自己行为负责任,是典型的一般侵权责任。

(三)物件损害责任中的物件具有限定性

尽管《侵权责任法》第十一章使用了物件损害责任的章名,但所谓"物件"并非一切致害之物,而是大致相当于域外法上的"工作物"。换言之,物件损害责任中的物件,在范围、属性上均具有一定的限定性。它是人类构造而成的或能为人力控制的有形物,如建筑物、搁置物、堆放物、地下工作物等。非为人力所能控制的物件,虽然也可能致人损害,但不能构成物件损害责任。如陨石坠落致损、房屋或林木积雪坠落致损等。无形物虽然有时也会致人损害,但同样不属于物件损害责任,如电脑病毒致人财产损害、火山喷发释放的有毒气体致人损害等。同时,从《侵权责任法》的规定来看,并非所有因人类构造而成或能为人力控制的有形物致人损害的责任,都适用该法第十一章专门规定的物件损害责任,而是要适用该法的其他规定:如高度危险物致害、缺陷产品致害、机动车交通肇事致害、饲养动物致害等,广义上都属于物之责任,但《侵权责任法》对于这些责任都进行了专门规定。简言之,《侵权责任法》之"物件损害责任"采狭义物件损害责任之立法模式。

二、域外物件损害责任的立法例

物件损害责任是一种古老的侵权行为。早在罗马法中,就有有关物件损害责任的规则。在罗马法中,违法行为有公犯和私犯之分。前者类似于今日之刑法,后者在性质上类似于今日之侵权法律制度。在私犯中,涉及两类与物件损害责任有关的规则。一是堆置和悬挂物件的责任,即因堆置或悬挂物件而造成潜在公共危害的行为的责任。因为在商品经济有所发达以后,罗马的人口剧增,出现了"高楼大厦",而意大利半岛又经常刮大风,因此在阳台上、屋檐下堆置、悬挂物件往往造成人畜和财物的伤亡与毁损,对此理应加以避免。所以大法官为了维护通行的安全,规定只要有人在房屋堆置或悬挂物件,即使尚未造成损害,任何市民都有权告发。只要有堆置或悬挂的事实,就可以判处房屋的居住者向告发者付一万银币以下的罚金。① 二是"倒泼和投掷的责任",即从房屋内向公共道路倒泼流质或投掷固体物的行为的法律责任。《十二表法》对此虽无规定,但在后来,随着城市繁荣,损害增多,大法官便创设了"倒泼和投掷责任诉"。依照规定,该诉不是向行为人提起,而是向房屋的居住者提起。不论他是所有人、用益权人或承租人,也无论其有无过失,均按私犯论处。因为要证明谁是倒泼和投掷的行为人是很困难的,这样规定,也有利于促使房屋的居住人提高注意程度。② 与古代相比,现代社会中,建筑物以及其他工作物范围广、科技含量高,地下高空,无所不及,蔚为大观。相应的,工作物也成了一种主要危险来源,高楼坠物、管线崩塌,常常造成严重损害。因而,现代各国立法对工作物致害责任均有规定。

(一) 欧陆法系的物件损害责任立法概况

欧洲大陆继受了罗马法中物件致人损害的规则,普遍规定了建筑物及其附属物致害责任。《法国民法典》第1386条规定:"建筑物的所有人,对建筑物因维修不善,或者因建筑缺陷、踏损造成的损害,负赔偿的责任。"《德国民法典》对土地占有人的责任、建筑物占有人的责任、建筑物维护义务人的责任进行了分别规定。其第836条之(1)规定:"因建筑物或其他附着于土地的工作物件倒塌,或因建筑物或工作物的部分脱落,致使某人死亡,或某人的身体或健康受到伤害,或物被损坏的,只要倒塌或脱落系因建造有瑕疵或维护不足所致,土地的占有人就有义务向受害人赔偿因此而发生的损害。占有人以避开危险为目的而尽了交易上必要的注意义务的,不负赔偿义务。"第837条规定:"某人因权利的行使而在他人的土地上占有建筑物或其他工作物的,即代替土地的占有人而负担第836条所规定的责任。"第838条规定:"为占有人而承担建筑物或附着于土地的工作物的维护,或根据其所享有的用益权而须维护建筑物或工作物的人,就倒塌或部分脱落所引起的损害,以与占有人相同的方式负责任。"根据该三条规定,在建筑物的倒塌或脱落系因建造瑕疵或疏于管理所致时,建筑物占有人、维护义务人应当对建筑物倒塌或脱落致人损害承担责任。

---

① 周枏:《罗马法原论》(下册),北京:商务印书馆2014年版,第868页。
② 周枏:《罗马法原论》(下册),北京:商务印书馆2014年版,第867页。

相应的,责任人可以其尽到了注意义务作为免责事由。《瑞士债法典》第58条规定了房屋或其他建筑物所有人的责任:"房屋或者其他建筑物的所有人对因设计缺陷,或者结构缺陷,或者维修不足造成的损害承担赔偿责任。所有人可以向应当承担责任的人追偿。"《日本民法典》第717条规定了土地工作物的占有人、所有人的责任,该条共三款,分别是:"因土地工作物的设置或保存有瑕疵,致他人产生损害时,工作物的占有人对受害人承担损害赔偿责任。但是,占有人为防止损害发生已尽必要注意时,损害应由所有人赔偿。""前款规定,准用于竹木的栽植或支撑有瑕疵情形。""于前二款情形,就损害原因另有责任者时,占有人或所有人可以对其行使求偿权。"《意大利民法典》第2053条规定了建筑物倒塌的责任:"建筑物或其他工作物的所有权人,对因这些物的倒塌所致损害要承担责任,但是,证明倒塌不可能由维修或建筑物的瑕疵所致的除外。"

(二)普通法系物件损害责任的立法实践

在英美法国家,物件损害责任并没有一种宏观的类型化形态[①],而是在"间接侵害诉讼"的基础上建立了物件损害责任制度,并将物件损害责任分为建筑物、高度危险物以及动物等致害的责任情形[②]。在英国、美国法中,均要求土地所有人对所有进入其私人土地的人承担一定的注意义务。而且在传统上,此注意义务又因进入者的类型不同而有所不同。但随着现代社会中土地在私人财富中重要性程度的减弱,传统上有区别的注意义务正在趋于单一化。根据《美国侵权法重述·第二次》规定,对受邀者或准入者而言,土地占有人在知悉或有理由知悉其土地具有导致进入者损害的不合理危险、怠于履行合理注意义务降低危险、进入者不知道或无理由知道该危险且占有人对此应当预见时,应当向受损害的进入者承担责任。而对于侵入者而言,则占有人的注意义务降低;通常,仅为不能实施肆意或蓄意行为。[③]

[①] 王利明:《侵权责任法研究》(下卷),北京:中国人民大学出版社2011年版,第672页。

[②] 谷艳辉:《物件损害责任比较法研究》,《东北大学学报》(社会科学版),2012年第3期,第246页。

[③] 〔美〕小詹姆斯·A.亨德森等:《美国侵权法:实体与程序》,王竹等译,北京:北京大学出版社2014年版,第215—217页。

第二节 物件损害责任的构成

一、物件损害责任的归责原则

(一) 物件损害主要采用过错推定责任原则

一如前述,《侵权责任法》第十一章规定的物件损害责任虽然类型较多,但在归责原则的设定上,主要都是适用过错推定原则,个别规定采用无过错责任原则。对此,不论从条文表述来看,还是从学者们的已有研究出发,均可得出这一结论。例外是该法第 87 条的规定,因该条确定的只是由可能加害的建筑物使用人对受害人给予补偿,与损害赔偿责任是不同的,因而也不牵涉归责原则的问题。至于立法对物件损害责任采用过错推定原则的理由,则是考虑到物件致害毕竟不同于一般侵权责任。物件所有人或管理人从所保有物件中获得利益,且相对而言,防范物件致害风险能力较之一般人更强。加之致害物件毕竟处于所有人或实际使用人的管领和支配之下,被侵权人证明物件所有人或实际使用人具有管领上的过错,难度较大,因而,不宜当作一般侵权责任对待而适用过错原则。同时,该章规定的致害物件又与该法第九章规定的高度危险物存在明显不同。本章规范中之物件,本身不具有致害的高度危险。一般情况下,只要所有人或管领人尽到了足够的注意义务,就可以避免致他人损害的发生,因而,也不宜采用无过错责任原则。总之,一如学者所言,物件损害责任采用过错推定原则的目的在于减轻被侵权人的举证负担、防范风险的发生以及体现对人身权的特殊保护。[①]

当然,从条文表述来看,有的条文对过错推定原则的表述比较典型,而有的则不是一目了然。前者有第 85 条、第 88 条、第 90 条、第 91 条,对于这些条文规定了过错推定原则,学界亦不存在分歧;后者有第 89 条。此处略作

---

① 王利明:《侵权责任法研究》(下卷),北京:中国人民大学出版社 2011 年版,第 674—676 页。

探讨。

对于第 89 条规定的公共道路妨碍通行致害责任的归责原则，分歧较大，存在一元论和二元论两种主张。① 有观点指出："鉴于障碍物致害与违反安全保障义务具有同质性，其归责原则也应划分为两种情形：公共道路管理人承担的是过错推定责任，障碍物设置人承担的则是过错责任。"② 另有观点指出，堆放人、倾倒人、遗撒人的责任适用过错推定责任。理由是：从体系解释的角度看，本章总体上采用的是过错推定原则，因而处于该章中的本条也应照此解释；本条中没有出现过错的表述，因而明显不是采用过错原则，同时，本条所涉及物件危险性并不严重，不宜采用严格责任，而采用过错推定比较适当；本条在一定情况下存在免责事由，因而不是严格责任。该学者还指出，对于公共道路所有人或管理人的责任应当适用过错原则。主要理由是：适用过错推定原则会极大增大公路管理成本；过错推定的适用须以法律规定为限；本条所谓"有关单位或者个人"的提法，本身表明应以过错作为确定责任人的考虑因素；道路所有人或管理人的责任仍然属于安全保障义务范畴，因而在归责原则上应与《侵权责任法》第 37 条规定保持一致。③ 也有学者指出："确定障碍通行物责任的归责原则，是过错推定原则。"④ 应该说，本条在承担侵权责任的主体上采用了模糊的对待，学者因而将其解读为包括了堆放人、倾倒人、遗撒人以及公路管理者两类。这样，对于同一条款确立的两个责任主体，适用不同的归责原则，即便是以有关的政策考虑和法律适用的社会效果为据力证，根本上还是难以说服到底对哪一个主体适用过错推定更为适当。因而，我们认为立法者对"有关单位和个人"采用了相同的归责原则。这样，联系本条在《侵权责任法》中所处的位置，有理由相信应当适用过错推定原则。同时，联系 2012 年 12 月 21 日施行的最高人民法院《关于审理道路交通事故损害赔偿案件适用法律若干问题的解释》来看，这种解释与实务中的精神是一致的，该解释第 10 条规定："因

---

① 最高人民法院侵权责任法研究小组：《中华人民共和国侵权责任法条文理解与适用》，北京：人民法院出版社 2016 年版，第 594—595 页。

② 杨彪：《〈侵权责任法〉中物件致害责任的体系解释与结构分析》，《法学杂志》，2010 年第 3 期，第 23 页。

③ 王利明：《侵权责任法研究》（下卷），北京：中国人民大学出版社 2011 年版，第 742—744 页。

④ 杨立新：《侵权责任法》，北京：法律出版社 2010 年版，第 593 页。

在道路上堆放、倾倒、遗撒物品等妨碍通行的行为，导致交通事故造成损害，当事人请求行为人承担赔偿责任的，人民法院应予支持。道路管理者不能证明已按照法律、法规、规章、国家标准、行业标准或者地方标准尽到清理、防护、警示等义务的，应当承担相应的赔偿责任。"不难看出，解释对于此种情况下道路管理者的责任适用了过错推定原则。因而，将作为其解释依据的《侵权责任法》第89条所适用的归责原则解读为过错推定原则，是有说服力的。

（二）建设单位、设计单位应就建筑物倒塌致害承担无过错责任

就第86条规定的建筑物倒塌致人损害适用何种归责原则，分歧很大。有观点认为采纳的是严格责任，因为该条表述与第85条规定的建筑物脱落、坠落责任不同，甚至没有出现"过错"二字。"本条建筑物倒塌致人损害的，是严格责任，只要受害人证明其所受损害系因建筑物倒塌造成的，建设单位和施工单位无论是否存在过错，都必须先直接承担责任。"① 梁慧星教授也指出，建筑物倒塌造成损害的，适用无过错原则，而建筑物脱落、坠落造成损害的，适用过错推定原则。原因是建筑物倒塌实际上源于设计或建造缺陷，从类比缺陷产品责任的意义上，当然应当适用无过错原则。② 另有观点指出，本条在"责任人"的概念中，就包括了对损害的发生有过错的人。③ 杨立新教授指出："建筑物、构筑物或者其他设施倒塌损害责任适用过错推定原则，不适用过错责任原则和无过错责任原则。对此，《侵权责任法》规定十分明确，没有争议。"④ 应该说，单独看本条第1款前段，的确不能认为建设单位和施工单位责任的归责原则是过错推定原则，毋宁说，是典型的无过错原则的表述习惯。因此，至少从条文文义看，建设单位与施工单位就建筑物倒塌致人损害承担的是无过错责任。而虽然该条第1款后段以及第2款中均有"其他责任人"的表述，但应当做不同理解：第1款后段中的其他责任人，是建设单位与施工单位承担连带责任后的追偿权问题，其他责任人的存在并不能排除建设单位与施工单位应当先于承担

---

① 最高人民法院侵权责任法研究小组：《中华人民共和国侵权责任法条文理解与适用》，北京：人民法院出版社2016年版，第576页。
② 梁慧星：《中国侵权责任法解说》，《北方法学》，2011年第1期，第19页。
③ 王利明：《侵权责任法研究》（下卷），北京：中国人民大学出版社2011年版，第697页。
④ 杨立新：《侵权责任法》，北京：法律出版社2010年版，第574页。

的无过错连带责任；第2款则是第1款无过错责任的例外，本质上可以认为是建设单位和施工单位责任的免责事由，该款中的"其他责任人"责任，实际上只能适用过错原则。换言之，从条文文义上看，不能以其中包含了"责任人"的表述，就认为本条规定的建筑物倒塌损害责任适用过错推定原则。至于《侵权责任法》规定建设单位和施工单位应当就建筑物倒塌致人损害承担无过错责任是否适当的问题，则在立法政策上可以继续探讨。程啸博士从倒塌与坠落、脱落的原因以及致人损害的性质和程度上分析认为，《侵权责任法》区分倒塌与坠落、脱落适用不同的归责原则"既无必要也不合理"[①]。本书不赞同这种观点，除灾害等外在原因外，建筑物倒塌虽源于本身缺陷，且建筑物不属于产品，但建筑物倒塌致人损害的程度通常严重于坠落、脱落损害，而且，与坠落、脱落损害不同，建设单位和设计单位通常并非建筑物实际占有人或使用人，加重建造缺陷责任也有利于建筑物实际使用人或管理人履行正常维护，避免损害的发生。

二、物件损害责任的构成要件

（一）存在不动产倒塌、脱落、坠落或动产坠落等事实

物件损害责任的构成须以发生了建筑物等不动产发生倒塌、脱落、坠落或堆放物、林木等动产坠落等事实为条件。在侵权法理论中，行为一词具有特定的含义，一般需以人的自由意志为必要。而在物件致害中，虽损害直接源于物件，但不宜称致害行为。根据《侵权责任法》的规定，物件致害的方式主要包括以下情形：

1. 建筑物、构筑物或者其他设施倒塌、脱落、坠落或者其上搁置物、悬挂物脱落、坠落的。《侵权责任法》第85条、第86条对此予以了规定，第87条也涉及从建筑物中坠落的物品致害责任的承担问题。其中，建筑物是指人工建造的、固定在土地上，其空间用于居住、生产或者存放物品的设施，如住宅、写字楼、车间、仓库等。构筑物或者其他设施是指人工建造的、固定在土地上、

[①] 程啸：《侵权责任法》，北京：法律出版社2015年版，第634页。

建筑物之外的某些设施，如道路、桥梁、堤坝等。建筑物、构筑物或者其他设施上的搁置物、悬挂物是指搁置、悬挂在建筑物、构筑物或者其他设施上，非建筑物、构筑物或者其他设施本身组成部分的物品，如搁置在阳台上的花盆、鸟笼等。建筑物、构筑物或者其他设施的搁置物、悬挂物脱落、坠落，是指建筑物、构筑物或者其他设施的某一个组成部分以及搁置物、悬挂物从建筑物、构筑物或其他设施上脱落、坠落[①]；倒塌是指建筑物、构筑物或者其他设施坍塌、倒覆，造成该建筑物、构筑物或者其他设施丧失基本使用功能[②]。

2. 从建筑物中抛掷物品的。建筑物抛掷物致人损害侵权制度，虽自古罗马时期就已经存在，但因今时之建筑及城市发展状况已与彼时存在很大不同。加之从实务来看，从高楼上抛掷物品致人损害的情形时有发生，许多时候又不易准确认定行为人，因而，给受害人的救济带来了一定的困难。故而《侵权责任法》第87条对此予以专门明确，令可能加害的建筑物使用人承担补偿责任，填补了立法空白。在认定此项行为和适用抛掷物致人损害责任规定时，要注意以下方面：首先，要与建筑物坠落、脱落致害责任规定区分开。对于从建筑物上坠落之物品致人损害，若能决定具体加害人，则应当适用建筑物坠落致人损害责任规定；反之，方能适用第87条规定之抛掷物致人损害责任规定。其次，从建筑物抛掷物品致人损害，本质上并非在于过错推定，而是行为推定[③]，即推定所有可能行为者承担损害；立法作此推定的原因并不在于各行为人均实施了积极的加害，而在于无法查明损害的具体加害源。从立法政策上看，体现了救助被害人和维护公共安全的基本政策导向。条文使用了"补偿"的措辞，清楚地表达了这一导向。

3. 堆放物倒塌的。堆放物是指堆放在土地上或者其他地方的物品。一般而言，它没有固定在其他物体之上，因而，和悬挂物不同。当然，对于建筑物等设施上的堆放物，也可能会符合搁置物的特征，应当适用《侵权责任法》关于建筑物等设施上搁置物坠落的相关规定。《侵权责任法》第88条所指的堆放物，应是指其他条文规定之外一般意义上的临时堆放，包括一种或数种物品堆放在

---

① 王胜明：《中华人民共和国侵权责任法解读》，北京：中国法制出版社2010年版，第414页。
② 王胜明：《中华人民共和国侵权责任法解读》，北京：中国法制出版社2010年版，第418页。
③ 最高人民法院侵权责任法研究小组：《中华人民共和国侵权责任法条文理解与适用》，北京：人民法院出版社2016年版，第583页。

一起，如建筑工地上堆放的建筑材料等。倒塌，包括整体倒塌和部分脱落、坠落、滑落、滚落等，一般是因重力作用而导致的。

4. 在公共道路上堆放、倾倒、遗撒妨碍通行的物品的。《侵权责任法》第89条规定了此种情形下责任的承担。其中，公共道路是指公共通行的道路，在范围上包括但不限于《公路法》《公路管理条例》中的公路以及《道路交通安全法》中的道路。① 公共一词对道路的范围具有限定作用，也就是说，不允许公众随意通行的道路，应当排除在外。所谓妨碍通行的物品，在物品形态上没有要求，既可以是固体物品，也可以是液体。实践中，只要堆放、倾倒、遗撒的物品影响了他人对公共道路的合理使用或正常通行，就符合本条的规定，应当由有关责任人承担侵权责任。当然，实践中，此种情形下的侵权责任，常常涉及机动车发生道路交通事故的情形。此时，对被侵权人的救济还要结合机动车交通事故责任的规定予以综合判定，本书在有关章节中有详细说明，此处不再赘述。

5. 林木折断的。《侵权责任法》第90条规定了林木折断致人损害的责任。其中，林木包括自然生长和人工种植的林木，无论林木生长在公共场所还是私人场所，也不论是成片林木还是零星生长。同时，林木折断，不仅包括林木枝蔓的折断掉落，还包括了果实坠落等其他情形。从坠落的原因看，既包括因林木枝叶繁茂躯干难以支撑所致的折断，也包括因其他自然力的作用而发生的折断，如林木因虫害致中空而折断、大风吹折或积雪、冻雨压断树枝的情形。

6. 在公共场所地面施工或地下设施致人损害的。《民法通则》第125条对此有规定，《侵权责任法》第91条再次予以明确。其中，在公共场所地面施工，包括在公共场所或道路上挖坑、修缮安装地下设施等。如架设电线、铺设管道、维修公路等。地下设施致人损害，是指《侵权责任法》第91条第2款规定的窨井等地下设施造成他人损害的。窨井是指上下水道或其他地下管线工程中，为便于检修而设置的井状构筑物。其他地下设施则包括地窖、水井等在内的各种地下坑道。

---

① 王胜明：《中华人民共和国侵权责任法解读》，北京：中国法制出版社2010年版，第430页。

（二）他人遭受损害

这里的损害既包括人身损害，如死亡、伤残等，也包括财产损害，如从建筑物上坠落之物品砸坏他人所有的车辆等。无论哪种类型的损害，均须以致害物件直接引起为必要。据此，物件致害中的损害，常常表现为有形的损害，而诸如他人隐私、名誉等权益，则难以因物件坠落、倒塌或树木折断等原因而受到严重损害。例如，物件坠落难免会对附近或其他在视觉感知范围内的人带来精神上的紧张，但此种精神紧张一般不属于物件损害责任中的责任范畴。当然，因人身受到严重损害或其他具有特殊性质的财产损毁而遭受严重精神损害的，应当属于此处的损害范畴。

（三）因果关系

因果关系要件是指物件脱落、坠落、倒塌、树木折断等事实与他人遭受损害之间存在引起与被引起的关系，前者是因，后者是果。被侵权人通常需要证明发生了物件脱落、坠落、倒塌、树木折断等事实。同时，自己因此而遭受了人身或财产方面的损害。至于物件脱落等事实发生的原因，则因为物件致害责任不适用过错责任原则，故无需被侵权人举证加以证明；同理，责任人若能证明损害与物件等设施坠落等无因果关系，可推翻法律对因果关系存在的推定，从而得以免除侵权责任。

（四）物件所有人、管理人不能证明自己不存在过错

物件损害责任均适用特殊归责原则。在适用过错推定原则的物件损害责任中，他人因建筑物脱落、坠落等事实遭受损害时，推定致害建筑物所有人、管理人存在过错，应当承担侵权责任。同时，若其能够证明不存在过错，则不承担侵权责任。通常，物件所有人、管理人的过错主要是指对致害物件设置、管理不当，或未适当警示，或存在设计、构筑上的缺陷等，对其认定需要结合《侵权责任法》第十一章的规定进行。而在建筑物倒塌损害责任中，由于立法上采用了无过错原则，因而，此条件实际上不存在。而在推定过错的物件损害责任中，尽管根据致害物件的不同，过错表现形态会有所不同，但均为过失，亦即违反了注意义务。

第三节　物件致人损害责任的承担

一、责任形式

（一）普遍适用的侵权责任形式

《侵权责任法》第十一章对于发生物件致人损害应承担的侵权责任形式基本都没有做出特别规定，除了第87条规定补偿责任外，其他条文均笼统地规定应承担侵权责任。据此，这些物件致害的责任形式，应结合具体的致害情形以及该法第15条的规定予以个案确定。总的来看，因物件致害常常表现为一种结果事实，而非加害行为的持续，因而以侵害行为存续为基本条件的停止侵害责任往往不会适用。相应的，基于物件致害的形态，排除妨碍、消除危险责任则有适用的空间，如窨井盖缺失致使危险状态持续存在的，得请求消除危险；林木折断、堆放物倒塌等妨碍他人正常行为的，得请求排除妨碍。当然，赔偿损失应是主要适用的侵权责任形式，在除第87条规定外的所有物件致害情形下，若对他人造成了实际的损害，有关责任人应当依法承担赔偿责任。

（二）抛掷物致人损害责任

《侵权责任法》第87条规定的抛掷物致人损害责任，则明显不同于同属物件损害责任的其他类型侵权责任。该条规定的目的在于填补被侵权人损失，实现社会正义；合理分散损失，促进社会和谐；有利于保护公共安全，预防损害发生，维护社会秩序。[①] 其适用前提是不能确定具体的侵权人，可能加害的建筑物使用人也只是对受害人所遭受的损失负有补偿义务，与侵权责任的构成及其

[①] 王胜明：《中华人民共和国侵权责任法解读》，北京：中国法制出版社2010年版，第427页；最高人民法院侵权责任法研究小组：《中华人民共和国侵权责任法条文理解与适用》，北京：人民法院出版社2016年版，第584页。

形式均无关。实践中需要考虑的问题是可能加害的建筑物使用人应当承担多大的补偿责任。对此,有学者指出:"各个可能加害的建筑物使用人之间不承担连带责任,而是按份分别对被侵权人进行补偿。被侵权人不能要求某一个或一部分可能加害的建筑物使用人补偿其全部的损害,可能加害的建筑物使用人按照自己应承担的份额对被侵权人进行补偿后,也不能向其他可能加害的建筑物使用人追偿。"[1]

当然,正如学者所言,本条规定还具有真实发现的意义[2],在高空抛掷物品致人损害时,如果能够查明抛掷人,则应当由行为人依据《侵权责任法》关于一般侵权的规定承担侵权责任;若系建筑物上坠落物品致害并能查明责任人的,则应当适用该法第85条的规定,由坠落物使用人或管理人承担侵权责任。

二、责任主体

在物的责任中,依据何种标准令何人承担损害责任是一个重要问题,与受害人救济以及预防损害之发生而言,均具有重要意义。学者指出,现代各国立法规定比较一致,大致涉及物的所有人或管领人,所考虑的因素是谁最能控制风险、分散风险以及因物而受有利益。[3] 工作物之制造者或控制者,负有防范工作物所具有的危险,从而履行保全社会安全的义务。《侵权责任法》采用列举的形式规定了多种物件损害责任,虽然在具体物件损害责任中,责任主体的表述并不相同,但确立责任主体的基础与前引学者指出之考虑因素,并无二致。鉴于《侵权责任法》的规定模式,为明确起见,分别简述如下。

(一)建筑物等设施脱落、坠落致人损害的责任主体

根据《侵权责任法》规定,承担此种侵权责任的主体包括建筑物等设施的所有人、管理人或者使用人。其中,所有人既包括建筑物等不动产的登记所有人,也包括建筑物等设施事实上的所有人。所有人不但理应了解建筑物等设施

---

[1] 王胜明:《中华人民共和国侵权责任法解读》,北京:中国法制出版社2010年版,第428页。
[2] 王利明:《侵权责任法研究》(下卷),北京:中国人民大学出版社2011年版,第716页。
[3] 王泽鉴:《侵权行为》,北京:北京大学出版社2009年版,第465页。

的状况，而且修缮成本较低，因而令其承担责任符合侵权责任制度旨在以最小成本预防侵权发生的效果。管理人是指管理建筑物等设施的人，这种管理关系的形成，或来自于法律规定，或依据合同确立。管理人理应积极履行管理义务，以预防所管理物件致害的发生。若因其不适当履行管理义务而致损害发生，则应承担侵权责任。使用人是指因租赁、借用或其他情形使用建筑物等设施的人。使用人承担建筑物等设施脱落、坠落致害责任的情形主要是使用人依法对使用的建筑物等设施负有管理、维护义务时，如因承租而使用建筑物等设施，当事人未对维修义务另行约定的，则依据《合同法》第220条之规定，使用人负有此义务；或者因其自主设置物件的管理、维护不当坠落致人损害的，如在阳台上搁置花盆坠落致害的。

（二）建筑物等设施倒塌致人损害的责任主体

虽然根据《侵权责任法》第86条规定，建筑物等设施倒塌致人损害的责任主体涉及建设单位、施工单位以及其他责任人，但在承担责任的顺序和责任的性质上是不同的。有学者指出："建筑物等设施因质量不合格而倒塌造成他人损害的，一般适用本条第1款的规定；如果建筑物等设施倒塌是因超过合理使用期限、业主擅自改变承重结构等特殊情形造成的，被侵权人可以根据本条第2款的规定，依法直接请求造成建筑物等设施倒塌的其他责任人承担侵权责任。"[1] 也有学者指出，本条两款中的"其他责任人"是不同的，第1款中是指因建筑或施工阶段的原因导致工作物倒塌的情形，因而其他责任人是指设计人、监理人等；而第2款适用于建筑或施工结束和以后，因业主的原因而导致建筑物等物件倒塌。该学者认为本条第1款适用于施工阶段的原因导致倒塌致害，而第2款适用于交付以后的原因导致倒塌致害。[2] 另有学者将该条第1款对应于"设置缺陷责任"，第2款对应于"管理缺陷责任"。[3] 不难看出，这三种主要观点的分析方法和结论是基本一致的。也就是说，在具体适用时，应当区分两种情形：首先，在建筑物、构筑物或者其他设施倒塌源于建造之外的其他原因时，

---

[1] 王胜明：《中华人民共和国侵权责任法解读》，北京：中国法制出版社2010年版，第423页。
[2] 王利明：《侵权责任法研究》（下卷），北京：中国人民大学出版社2011年版，第701页。
[3] 杨立新：《侵权责任法》，北京：法律出版社2010年版，第578页。

应当由该损害原因的责任人承担侵权责任。如因年久失修等怠于作为原因而倒塌或因危险使用行为而致倒塌时，则均不能归咎于建筑物建造缺陷，因而，应当由怠于作为者或危险使用者承担侵权责任。其次，不能查明存在前述原因时，建设单位、施工单位为连带侵权责任主体，被害人得依法选择责任主体。其中，建设单位是指具有一定经营资格的、自己建造或者委托他人建造建筑物等的法人或其他组织。施工单位，是指具有合法的施工资质，从事施工活动的法人或其他组织。① 还需注意，《侵权责任法》第86条两款中涉及的"其他责任人"，总体上会涉及勘察单位、设计单位和监理单位（第1款）以及擅自破坏建筑物结构的人、怠于履行维护或维修义务者（第2款）等。但该条第1款中的其他责任人，并非建筑物倒塌的直接责任人，而仅可能承担最终责任。换言之，按照条文规定，被侵权人不能直接向这些责任人提出赔偿诉讼请求。另外，该条第2款的适用，不以建筑物交付使用为必要，如在第三人过错加害而致建筑物倒塌致人损害时，无论建筑物的法律状态如何，受何人管领或占有，该第三人均系应承担侵权责任的"其他责任人"。

（三）堆放物倒塌致人损害的责任主体

根据《侵权责任法》第88条的规定，堆放物倒塌致人损害的责任主体是堆放人。堆放人是指将物件堆放于某处的人。包括实际堆放人、指示堆放人和其他应当对于堆放负责的人。② 显然，堆放人可能是所有权人，也可能是所有权人之外的其他人。在后一种情况下，致害物件的所有权人是否要负侵权责任是值得探讨的。从《侵权责任法》该条规定的精神来看，采用"堆放人"的概念，而没有使用"所有权人"一词，因而有理由相信，判定所有权人是否要负担堆放物件致害的责任的标准是，其是否直接或间接地实行了堆放行为。如果回答是肯定的，则应该依据本条负侵权责任。反之则不负侵权责任。对此，有学者持不同观点，主张如果堆放的所有权人或管理人具有过错，就应当依据《侵权责任法》第6条第1款之规定承担过错责任。③ 我们赞同在所有权人对于堆放物

---

① 王利明：《侵权责任法研究》（下卷），北京：中国人民大学出版社2011年版，第702页、第703页。

② 王利明：《侵权责任法研究》（下卷），北京：中国人民大学出版社2011年版，第737页。

③ 王利明：《侵权责任法研究》（下卷），北京：中国人民大学出版社2011年版，第737页。

件致害存在过错时应承担侵权责任的主张，但不赞同按照一般侵权行为对待。理由是，常见的所有权人过错，主要是未履行适当告知义务，或对堆放做出不当的指示。在后一种情况下，所有权人实际上就是指示堆放人，其承担责任的依据当然是《侵权责任法》第88条。而在前一种情况下，通常不能认为堆放人对于堆放物件致害不存在过错，否则，本条关于此种侵权行为的特别规定将在很大程度上失去意义，因而堆放人应依据第88条承担侵权责任。基于所有权人在此种情况下并非前述任何一种类型的堆放人，因而不应当依据第88条承担侵权责任。同时，因所有权人并未参与堆放，换言之，没有直接或间接实施堆放行为，因而允许被侵权人直接请求所有权人承担侵权责任，缺乏客观基础。因而，对于未履行适当告知义务应承担的法律责任，可通过堆放人在承担了侵权责任之后，依据合同关系向所有权人行使追偿权来实现。

（四）妨碍公共道路通行致害的责任主体

《侵权责任法》第89条规定，在公共道路上堆放、倾倒、遗撒妨碍通行物品造成他人损害的，有关单位或个人是承担侵权责任的主体。一般认为，这里的"有关单位或者个人"，应指公共道路管理人和障碍物设置人。[1] 有学者还指出，堆放人、倾倒人、遗撒人承担的是完全赔偿责任，而公共道路管理人承担的是相应的责任，是补充责任。[2] 我们认为，尽管从理论上说，令公共道路管理人只承担补充责任或相应的责任有一定道理，但《侵权责任法》该条非常清楚地对这两类责任主体的责任予以同等对待。因而，此种主张缺乏立法依据。当然，为减轻公路管理人的责任，公路管理人在承担了侵权责任后，可以依据其他相关法律规定行使追偿权来实现这一政策目标。

（五）林木折断致害的责任主体

《侵权责任法》第90条规定，林木折断致害的责任主体是林木所有人或管

---

[1] 王利明：《侵权责任法研究》（下卷），北京：中国人民大学出版社2011年版，第748页；王胜明：《中华人民共和国侵权责任法解读》，北京：中国法制出版社2010年版，第431页；杨彪：《〈侵权责任法〉中物件致害责任的体系解释与结构分析》，《法学杂志》，2010年第3期，第23页。

[2] 王利明：《侵权责任法研究》（下卷），北京：中国人民大学出版社2011年版，第748页、第749页。

理人。需要注意,在林木并非所有人管理或使用时,应由管理人作为侵权责任主体,若他们都负有责任时,被侵权人有权选择责任主体。

(六)在公共场所地面施工或地下设施致人损害的责任主体

根据《侵权责任法》第91条第1款规定,在公共场所或道路上施工致害的责任主体是施工人,具体是指组织施工的单位或者个人。理由是其直接控制施工场地,因而负有保障公共场所或道路安全的义务,对于不适当履行该义务的,应承担侵权责任。根据该条第2款规定,地下设施致害的责任主体是管理人。这里的管理人,是指负责对该地下设施进行管理、维护的单位或者个人。

三、责任减免事由

尽管物件损害责任属于特殊侵权责任,立法上区别不同情形采用了过错推定责任和无过错原则,但除抛掷物致人损害中可能的加害人承担补偿责任外,《侵权责任法》第三章所规定的免责事由,原则上应当适用于物件损害责任。这可以认为是一般免责事由。此外,《侵权责任法》在物件损害责任中还规定了免责事由,这部分可称作特别免责事由。其中,又因物件损害责任适用无过错原则和过错推定原则而有不同,分述如下。

(一)适用过错推定原则的物件损害责任减免事由

在建筑物等设施脱落、坠落致人损害责任中,若所有权人、管理人或者使用人能够证明自己对建筑物等物件脱落、坠落没有过错的,不承担侵权责任。一般情况下,所有权人、管理人或者使用人需要证明存在以下事实,方能免责:损害完全因受害人自己的原因所导致;或者系由第三人的原因、不可抗力所造成,所有权人、管理人或者使用人尽到了妥善的管理、维护义务。当然,若在以上情况下,所有权人、管理人或者使用人未尽到足够的管理、维护义务,并因此对损害的发生也存在原因力的,只能相应地减轻侵权责任。适用过错推定原则的其他物件损害责任的减免事由也应做同样理解。

（二）建筑物等设施倒塌致人损害责任的减免事由

因建设单位和施工单位就此种损害承担无过错责任，故如果建设单位或施工单位等能够证明导致建筑物倒塌致害的唯一原因是由受害人过错或不可抗力所导致的，则不应承担侵权责任。同时，因建筑物实际使用人、管理人等其他责任人的不当行为导致建筑物倒塌致人损害的，建设单位和施工单位不承担侵权责任。若存在前述原因，但建设单位或施工单位对导致建筑物倒塌致害也有过错，则可以相应地减轻侵权责任。

四、追偿权

《侵权责任法》在物件损害责任中规定的追偿权包括以下情形：

1. 建筑物等物件脱落、坠落致人损害时所有权人、管理人或者使用人的追偿权。《侵权责任法》第85条规定，其他人对建筑物等设施脱落、坠落致害负有责任的，所有权人、管理人或者使用人有权向其他责任人追偿。其他人指第三人，不包括被侵权人。所有权人、管理人或者使用人行使追偿权的条件是，存在负有责任的第三人且所有权人、管理人或者使用人已经向被侵权人承担了侵权责任。同时，追偿应当以导致损害发生的原因作为基本依据，可以根据所有权人、管理人或者使用人是否也存在过错全部追偿或部分追偿。

2. 在建筑物等设施倒塌致害中，若还存在其他责任人的原因，则建设单位和施工单位在承担侵权责任后，有权向其他责任人进行相应的追偿。如设计单位或监理单位存在过错、业主或其他第三人对建筑物等设施的倒塌存在过错等。

3. 障碍通行物品致害中的追偿权。公共道路管理人在承担了侵权责任后，有权向堆放人、倾倒人、遗撒人进行追偿。

参考文献

一、论 文

1. Jennifer M. Urban & Laura Quilter, "Efficient Process or "Chilling Effects"? Takedown Notices Under Section 512 of the Digital Millennium Copyright Act", 22 *Santa Clara Computer&High Tech. L. J.* 621 (2006).

2. Mark A. Lemley, "Rationalizing Internet Safe Harbors", 6 *J. On Telecomm. & High Tech. L.* 101 (2007).

3. Pablo Asbo Baistrocchi, "Liability of Intermediary Service Providers in the EU Directive on Electronic Commerce", 19 *Computer & High Technology Law Journal* 111 (2002).

4.〔日〕原有里:《网络服务提供者的损害赔偿责任——以日本法为中心》,《科技与法律》,2004年第2期。

5. 蔡唱:《网络服务提供者侵权责任规则的反思与重构》,《法商研究》,2013年第2期。

6. 曹险峰:《数人侵权的体系构成——对侵权责任法第8条至第12条的解释》,《法学研究》,2011年第5期。

7. 陈邦峰:《论监护人责任》,《中外法学》,2011年第1期。

8. 陈惠谷、苏延俊:《特殊侵权行为范围及其分类》,《上海社会科学院学术季刊》,1989年第8期。

9. 陈开梓:《环境污染侵权诉讼的举证责任实务探讨》,《商丘师范学院学报》,2010年第8期。

10. 陈现杰:《共同侵权的立法规制与审判实务》,《人民司法·应用》,2010年第3期。

11. 邓社民：《网络服务提供者侵权责任限制问题探析》，《甘肃政法学院学报》，2011 年第 3 期。

12. 邓社民：《严厉的法律，举步维艰的网络产业——对〈侵权责任法〉第 36 条的质疑》，《时代法学》，2011 年第 4 期。

13. 邓勇、蔡睿：《网络服务提供者连带责任的解释论基础》，《党政干部学刊》，2015 年第 1 期。

14. 方乐坤：《我国〈侵权责任法〉中高度危险责任解释论》，《广西社会科学》，2012 年第 2 期。

15. 冯术杰：《网络服务提供者的商标侵权责任认定——兼论〈侵权责任法〉第 36 条及其适用》，《知识产权》，2015 年第 5 期。

16. 高圣平：《产品责任归责原则研究》，《法学杂志》，2010 年第 6 期。

17. 谷艳辉：《物件损害责任比较法研究》，《东北大学学报》（社会科学版），2012 年第 3 期。

18. 郭明瑞：《〈侵权责任法〉关于医疗损害责任的规定体现了社会公正》，《法学论坛》，2010 年第 2 期。

19. 郝振江：《民事诉讼证明标准》，《现代法学》，2000 年第 10 期。

20. 贾小龙：《专利法需要怎样的间接侵权》，《电子知识产权》，2008 年第 9 期。

21. 姜强：《交强险的功能定位及其与侵权责任的关系——审理机动车交通事故损害赔偿案件的制度背景》，《法律适用》，2013 年第 1 期。

22. 蒋志培、张辉：《依法加强对网络环境下著作权的司法保护》，《人民司法》，2001 年第 2 期。

23. 李浩：《民事举证责任分配的法哲学思考》，《政法论坛》，1996 年第 1 期。

24. 李华：《我国道路交通事故社会救助基金制度之检讨与完善》，《南京社会科学》，2012 年第 8 期。

25. 李永军：《论监护人对被监护人侵权行为的"替代责任"》，《当代法学》，2013 年第 3 期。

26. 梁慧星：《论〈侵权责任法〉中的医疗损害责任》，《法商研究》，2010 年第 6 期。

27. 梁慧星：《中国侵权责任法解说》，《北方法学》，2011 年第 1 期。

28. 梁志文：《论版权法之间接侵权责任》，《法学论坛》，2006 年第 5 期。

29. 刘保玉：《监护人责任若干争议问题探析》，《法学论坛》，2012 年第 3 期。

30. 刘信业：《特殊侵权行为概念之存废》，《法学杂志》，2006 年第 4 期。

31. 刘海安：《共同侵权之"共同"标准：反思与重构》，《西南政法大学学报》，2010 年第 3 期。

32. 刘锐：《无证、醉酒驾驶情形保险公司应否承担交强险赔偿责任》，《人民司法》，2009 年第 23 期。

33. 刘晓海：《〈侵权责任法〉"互联网专条"对网络服务提供者侵犯著作权责任的影响》，《知识产权》，2011 年第 9 期。

34. 刘雪荣、刘立霞：《论环境污染侵权诉讼中的证明责任》，《河北法学》，2006 年第 10 期。

35. 刘颖、黄琼：《〈侵权责任法〉中网络服务提供者的责任》，《暨南学报》（哲学社会科学版），2010 年第 3 期。

36. 鲁春雅：《网络服务提供者侵权责任的类型化解读》，《政治与法律》，2011 年第 4 期。

37. 卢志刚、章根明：《道路交通事故受害人社会化救济机制探讨》，《社会科学家》，2012 年第 2 期。

38. 吕忠梅：《环境侵权诉讼证明标准初探》，《政法论坛》，2003 年第 5 期。

39. 马新彦、姜昕：《网络服务提供者共同侵权连带责任之反思——兼论未来民法典的理性定位》，《吉林大学社会科学学报》，2016 年第 1 期。

40. 牟军：《民事证明标准论纲》，《法商研究》，2002 年第 4 期。

41. 司晓、范露琼：《评我国〈侵权责任法〉互联网专条——以版权侵权制度为视角》，《知识产权》，2011 年第 1 期。

42. 宋云明：《侵权责任与责任保险之互动与回应》，《人民司法》，2012 年第 13 期。

43. 王成：《关于道路交通事故侵权行为归责原则变迁的考察——以吴军发等诉刘寰道路交通事故人身损害赔偿纠纷案为背景》，《政治与法律》，2008 年第 7 期。

44. 王军、高瑛玮：《现代保险体制下机动车方对非机动车方的责任比较研究》，《环球法律评论》，2008 年第 3 期。

45. 王迁：《P2P 软件提供者的帮助侵权责任——美国最高法院 Grokster 案判决评析》，《电子知识产权》，2005 年第 9 期。

46. 王利明：《侵权概念之研究》，《法学家》，2003 年第 3 期。

47. 王迁：《〈信息网络传播权保护条例〉中"避风港"规则的效力》，《法学》，2010 年第 6 期。

48. 王艳芳：《〈最高人民法院关于审理侵害信息网络传播权民事纠纷案件适用法律若干问题的规定〉理解与适用》，《中国版权》，2013 年第 1 期。

49. 汪峰、肖锋：《监护人承担之侵权责任并非替代责任》，《社科纵横》，2010 年第 12 期。

50. 吴汉东：《侵权责任法视野下的网络侵权责任解析》，《法商研究》，2010 年第 6 期。

51. 吴泽勇：《中国法上的民事诉讼证明标准》，《清华法学》，2013 年第 1 期。

52. 熊琦：《著作权间接责任制度的扩张与限制——美国判例的启示》，《知识产权》，2009 年第 6 期。

53. 徐飞：《美国版权侵权替代责任的认定》，《中国版权》，2011 年第 5 期。

54. 徐伟：《网络服务提供者连带责任之质疑》，《法学》，2012 年第 5 期。

55. 薛军：《走出监护人"补充责任"的误区》，《华东政法大学学报》，2010 年第 3 期。

56. 杨彪：《〈侵权责任法〉中物件致害责任的体系解释与结构分析》，《法学杂志》，2010 年第 3 期。

57. 杨立新：《论侵权行为一般化和类型化及其我国侵权行为法立法模式选择》，《河南省政法管理干部学院学报》，2003 年第 1 期。

58. 杨立新：《〈侵权责任法〉规定的网络侵权责任的理解与解释》，《国家检察官学院学报》，2010 年第 2 期。

59. 杨立新：《医疗损害责任一般条款的理解与适用》，《法商研究》，2012 年第 5 期。

60. 杨立新：《〈侵权责任法〉规定的医疗损害责任归责原则》，《河北法学》，2012年第12期。

61. 姚宝华、王竹：《道路交通安全法第七十六条第一款第（二）项的解读与适用——以分号用法与句式结构为视角》，《人民司法·应用》，2008年第15期。

62. 姚建军：《侵权责任法视野下产品责任问题研究》，《人民司法》，2012年第5期。

63. 叶金强：《共同侵权的类型要素及法律效果》，《中国法学》，2010年第1期。

64. 叶金强：《解释论视野下的共同侵权》，《交大法学》，2014年第1期。

65. 张民安：《替代责任的比较研究》，《甘肃政法学院学报》，2009年第5期。

66. 张今：《著作权法上"技术中立"的反思与评析》，《知识产权》，2008年第1期。

67. 张岚：《产品责任发展史上的里程碑：评美国法学会〈第三次侵权法重述：产品责任〉》，《法学》，2004年第3期。

68. 张先民：《〈关于审理道路交通事故损害赔偿案件适用法律若干问题的解释〉答记者问》，《人民法院报》，2012年12月21日第4版。

69. 张新宝、任鸿雁：《互联网上的侵权责任：〈侵权责任法〉第36条解读》，《中国人民大学学报》，2010年第4期。

70. 周新军、容缨：《论我国产品责任归责原则》，《政法论坛》（中国政法大学学报），2002年第3期。

71. 周友军：《我国动物致害责任的解释论》，《政治与法律》，2010年第5期。

72. 朱广新：《被监护人致人损害的侵权责任配置——〈侵权责任法〉第32条的体系解释》，《苏州大学学报》，2011年第6期。

二、著作

73. 〔法〕勒内·达维：《英国法与法国法：一种实质性比较》，潘华仿、高鸿钧、贺卫方译,北京:清华大学出版社 2002 年版。

74. 〔德〕埃尔温·多伊奇、汉斯-于尔根·阿伦斯:《德国侵权法》,北京:中国人民大学出版社 2016 年版。

75. 〔德〕马克西米利亚·福克斯:《侵权行为法》,齐晓琨译,北京:法律出版社 2006 年版。

76. 〔德〕莱奥·罗森贝壳:《证明责任论》,庄敬华译,北京:中国法制出版 2001 年版。

77. 〔德〕斯蒂芬·沃依格特:《制度经济学》,北京:中国社会科学出版社 2016 年版。

78. 〔美〕墨杰斯等:《新技术时代的知识产权法》,齐筠等译,北京:中国政法大学出版社 2003 年版。

79. 〔美〕戴维·G. 欧文:《侵权法的哲学基础》,张金海等译,北京:北京大学出版社 2016 年版。

80. 〔美〕小詹姆斯·A. 亨德森等:《美国侵权法:实体与程序》,王竹等译,北京:北京大学出版社 2014 年版。

81. 曹明德:《环境侵权法》,北京:法律出版社 2000 年版。

82. 程啸:《侵权责任法》,北京:法律出版社 2015 年版。

83. 高圣平:《中华人民共和国侵权责任法:立法争点、立法例及经典案例》,北京:北京大学出版社 2010 年版。

84. 孔祥俊:《网络著作权保护法律理念与裁判方法》,北京:中国法制出版社 2015 年版。

85. 孔祥俊:《民商法热点、难点及前沿问题》,北京:人民法院出版社 1996 年版。

86. 全国人大常委会法制工作委员会民法室:《〈中华人民共和国侵权责任法〉条文说明、立法理由及相关规定》,北京:北京大学出版社 2010 年版。

87. 邱聪智:《民法研究》(一),北京:中国人民大学出版社 2002 年版。

88. 王成:《侵权责任法》,北京:北京大学出版社 2011 年版。

89. 王利明:《侵权责任法研究》(上卷),北京:中国人民大学出版社 2010 年版。

90. 王利明:《侵权责任法研究》(下卷),北京:中国人民大学出版社 2011

年版。

91. 王胜明：《中华人民共和国侵权责任法解读》，北京：中国法制出版社 2010 年版。

92. 王世杰、钱端升：《比较宪法》，北京：中国政法大学出版社 1998 年版。

93. 王泽鉴：《侵权行为》，北京：北京大学出版社 2009 年版。

94. 王竹：《侵权责任法疑难问题专题研究》，北京：中国人民大学出版社 2012 年版。

95. 杨立新：《侵权责任法》，北京：法律出版社 2010 年版。

96. 叶知年：《环境民法要论》，北京：法律出版社 2014 年版。

97. 于敏：《日本侵权行为法》，北京：法律出版社 2015 年版。

98. 张民安：《现代法国侵权责任制度研究》，北京：法律出版社 2007 年版。

99. 张新宝：《侵权责任法原理》，北京：中国人民大学出版社 2005 年版。

100. 张新宝：《侵权责任法》，北京：中国人民大学出版社 2010 年版。

101. 郑玉波：《民法债篇总论》，北京：中国政法大学出版社 2003 年版。

102. 最高人民法院侵权责任法研究小组：《中华人民共和国侵权责任法条文理解与适用》，北京：人民法院出版社 2016 年版。

103. 周枏：《罗马法原论》，北京：商务印书馆 2004 年版。

后　记

　　本书的写作多少有点"临时起意"。五六年前，因研习知识产权侵权相关问题之需，我首次较为系统地关注了侵权法的一般性问题，从而也是首次较为深刻地感受到了侵权法的独特魅力。此后两三年中，除了点滴记录学习心得外，对于数人侵权问题、网络侵权问题、环境污染侵权问题、机动车交通事故责任问题有了一些较为系统的思考，也感受到其中诸多学说的分歧。期间，曾因机缘巧合，赴本地几家基层法院就《侵权责任法》的适用问题进行过专题调研，了解到了一些有关《侵权责任法》的实务分歧。与此背景下，萌生系统探讨特殊侵权责任问题之念。

　　本书的写作过程漫长而艰难。单从时间来看，本书写作的时间跨度是截至目前我的写作经历中最长的。当然，这并不意味着我试图或能够将本书打造成精品之作。毋宁说，历时长恰恰是写作过程艰难的表象。艰难之处源于：一是没有集中精力、"一鼓作气"，难免频频"再而衰"。侵权法的研究始终都非我的主要精力所在，甚至直到此刻，我的研究兴趣仍然主要在知识产权领域。研习侵权法很多时候都"有意无意"地让位给主要学术兴趣点。雪上加霜的是，在攻读知识产权法方向博士学位期间，出于"同情"，甚至是"悔恨"，我还意图对主动放弃了的、最初的博士论文选题做一点"弥补"，故而在读博期间事实上需完成两个选题的研究，这几乎耗尽了我的全部可自由支配时间。二是出于兴趣的写作并未同时考虑到我的研究基础和知识储备，因而，试图较为系统地析论特殊侵权责任便意味着首先对侵权法的系统学习，这样，时间跨度较长便是在所难免的了。欣喜的是，同样对侵权法抱有浓厚兴趣的王祎敏同志及时加入本书的写作过程，并承担了第一章、第九章及其之后内容的写作。尽管这种表述多少有点责难"兴趣"之意，但正所谓"成也萧何"，侵权法自身的魅力和出于"兴趣"的研究时刻催促着著者，才最终结出了这一青涩果实。

除了兴趣及伴此而生的坚守外,本书能够最终面世,还要感谢许多人为此所做出的"牺牲"或重要帮助:甘肃省哲学社会科学重大研究基地"甘肃生态建设与环境保护研究中心"给予了慷慨资助;近五六年来我无日无夜般沉溺于办公室,家人为此付出重大,无可替代;所在单位为我提供了独立性较好的办公条件当然也在重要的帮助之列,尽管我为此所支付的珍贵"对价"是"不得不"将绝大多数时间"充公";所在学院老领导、新领导们经常的催促、同事们的无私帮助以及他们所提供的即时请教机会,也当铭记。我指导的研究生梁凯鑫同学对书稿做了仔细校对。此外,本书写作还参阅了大量前贤著述,实为更珍贵之帮助。离开以上种种,本书的研究决然无从谈起。

最后,也是最重要的,本书全因兴趣而生,错谬之处定所难免,若能借机博得读到者之"指责",诚为"因祸得福",感激不尽!

贾小龙
2016 年 9 月 24 日初记
2017 年 2 月 10 日再稿

【附 录】

《中华人民共和国侵权责任法》条文

中华人民共和国主席令

第二十一号

《中华人民共和国侵权责任法》已由中华人民共和国第十一届全国人民代表大会常务委员会第十二次会议于2009年12月26日通过，现予公布，自2010年7月1日起施行。

中华人民共和国主席　胡锦涛
2009年12月26日

中华人民共和国侵权责任法

（2009年12月26日第十一届全国人民代表大会常务委员会第十二次会议通过）

第一章　一般规定

第一条　为保护民事主体的合法权益，明确侵权责任，预防并制裁侵权行为，促进社会和谐稳定，制定本法。

第二条　侵害民事权益，应当依照本法承担侵权责任。

本法所称民事权益，包括生命权、健康权、姓名权、名誉权、荣誉权、肖像权、隐私权、婚姻自主权、监护权、所有权、用益物权、担保物权、著作权、专利权、商标专用权、发现权、股权、继承权等人身、财产权益。

第三条　被侵权人有权请求侵权人承担侵权责任。

第四条　侵权人因同一行为应当承担行政责任或者刑事责任的，不影响依法承担侵权责任。

因同一行为应当承担侵权责任和行政责任、刑事责任，侵权人的财产不足以支付的，先承担侵权责任。

第五条 其他法律对侵权责任另有特别规定的，依照其规定。

第二章 责任构成和责任方式

第六条 行为人因过错侵害他人民事权益，应当承担侵权责任。

根据法律规定推定行为人有过错，行为人不能证明自己没有过错的，应当承担侵权责任。

第七条 行为人损害他人民事权益，不论行为人有无过错，法律规定应当承担侵权责任的，依照其规定。

第八条 二人以上共同实施侵权行为，造成他人损害的，应当承担连带责任。

第九条 教唆、帮助他人实施侵权行为的，应当与行为人承担连带责任。

教唆、帮助无民事行为能力人、限制民事行为能力人实施侵权行为的，应当承担侵权责任；该无民事行为能力人、限制民事行为能力人的监护人未尽到监护责任的，应当承担相应的责任。

第十条 二人以上实施危及他人人身、财产安全的行为，其中一人或者数人的行为造成他人损害，能够确定具体侵权人的，由侵权人承担责任；不能确定具体侵权人的，行为人承担连带责任。

第十一条 二人以上分别实施侵权行为造成同一损害，每个人的侵权行为都足以造成全部损害的，行为人承担连带责任。

第十二条 二人以上分别实施侵权行为造成同一损害，能够确定责任大小的，各自承担相应的责任；难以确定责任大小的，平均承担赔偿责任。

第十三条 法律规定承担连带责任的，被侵权人有权请求部分或者全部连带责任人承担责任。

第十四条 连带责任人根据各自责任大小确定相应的赔偿数额；难以确定责任大小的，平均承担赔偿责任。

支付超出自己赔偿数额的连带责任人，有权向其他连带责任人追偿。

第十五条 承担侵权责任的方式主要有：

（一）停止侵害；

（二）排除妨碍；

（三）消除危险；

（四）返还财产；

（五）恢复原状；

（六）赔偿损失；

（七）赔礼道歉；

（八）消除影响、恢复名誉。

以上承担侵权责任的方式，可以单独适用，也可以合并适用。

第十六条 侵害他人造成人身损害的，应当赔偿医疗费、护理费、交通费等为治疗和康复支出的合理费用，以及因误工减少的收入。造成残疾的，还应当赔偿残疾生活辅助具费和残疾赔偿金。造成死亡的，还应当赔偿丧葬费和死亡赔偿金。

第十七条 因同一侵权行为造成多人死亡的，可以以相同数额确定死亡赔偿金。

第十八条 被侵权人死亡的，其近亲属有权请求侵权人承担侵权责任。被侵权人为单位，该单位分立、合并的，承继权利的单位有权请求侵权人承担侵权责任。

被侵权人死亡的，支付被侵权人医疗费、丧葬费等合理费用的人有权请求侵权人赔偿费用，但侵权人已支付该费用的除外。

第十九条 侵害他人财产的，财产损失按照损失发生时的市场价格或者其他方式计算。

第二十条 侵害他人人身权益造成财产损失的，按照被侵权人因此受到的损失赔偿；被侵权人的损失难以确定，侵权人因此获得利益的，按照其获得的利益赔偿；侵权人因此获得的利益难以确定，被侵权人和侵权人就赔偿数额协商不一致，向人民法院提起诉讼的，由人民法院根据实际情况确定赔偿数额。

第二十一条 侵权行为危及他人人身、财产安全的，被侵权人可以请求侵权人承担停止侵害、排除妨碍、消除危险等侵权责任。

第二十二条 侵害他人人身权益，造成他人严重精神损害的，被侵权人可以请求精神损害赔偿。

第二十三条 因防止、制止他人民事权益被侵害而使自己受到损害的，由侵权人承担责任。侵权人逃逸或者无力承担责任，被侵权人请求补偿的，受益人应当给予适当补偿。

第二十四条 受害人和行为人对损害的发生都没有过错的，可以根据实际情况，由双方分担损失。

第二十五条 损害发生后，当事人可以协商赔偿费用的支付方式。协商不一致的，赔偿费用应当一次性支付；一次性支付确有困难的，可以分期支付，但应当提供相应的担保。

第三章 不承担责任和减轻责任的情形

第二十六条 被侵权人对损害的发生也有过错的，可以减轻侵权人的责任。

第二十七条 损害是因受害人故意造成的，行为人不承担责任。

第二十八条 损害是因第三人造成的，第三人应当承担侵权责任。

第二十九条 因不可抗力造成他人损害的，不承担责任。法律另有规定的，依照其规定。

第三十条 因正当防卫造成损害的，不承担责任。正当防卫超过必要的限度，造成不应有的损害的，正当防卫人应当承担适当的责任。

第三十一条 因紧急避险造成损害的，由引起险情发生的人承担责任。如果危险是由自然原因引起的，紧急避险人不承担责任或者给予适当补偿。紧急避险采取措施不当或者超过必要的限度，造成不应有的损害的，紧急避险人应当承担适当的责任。

第四章 关于责任主体的特殊规定

第三十二条 无民事行为能力人、限制民事行为能力人造成他人损害的，由监护人承担侵权责任。监护人尽到监护责任的，可以减轻其侵权责任。

有财产的无民事行为能力人、限制民事行为能力人造成他人损害的，从本人财产中支付赔偿费用。不足部分，由监护人赔偿。

第三十三条 完全民事行为能力人对自己的行为暂时没有意识或者失去控制造成他人损害有过错的，应当承担侵权责任；没有过错的，根据行为人的经济状况对受害人适当补偿。

完全民事行为能力人因醉酒、滥用麻醉药品或者精神药品对自己的行为暂时没有意识或者失去控制造成他人损害的，应当承担侵权责任。

第三十四条　用人单位的工作人员因执行工作任务造成他人损害的，由用人单位承担侵权责任。

劳务派遣期间，被派遣的工作人员因执行工作任务造成他人损害的，由接受劳务派遣的用工单位承担侵权责任；劳务派遣单位有过错的，承担相应的补充责任。

第三十五条　个人之间形成劳务关系，提供劳务一方因劳务造成他人损害的，由接受劳务一方承担侵权责任。提供劳务一方因劳务自己受到损害的，根据双方各自的过错承担相应的责任。

第三十六条　网络用户、网络服务提供者利用网络侵害他人民事权益的，应当承担侵权责任。

网络用户利用网络服务实施侵权行为的，被侵权人有权通知网络服务提供者采取删除、屏蔽、断开链接等必要措施。网络服务提供者接到通知后未及时采取必要措施的，对损害的扩大部分与该网络用户承担连带责任。

网络服务提供者知道网络用户利用其网络服务侵害他人民事权益，未采取必要措施的，与该网络用户承担连带责任。

第三十七条　宾馆、商场、银行、车站、娱乐场所等公共场所的管理人或者群众性活动的组织者，未尽到安全保障义务，造成他人损害的，应当承担侵权责任。

因第三人的行为造成他人损害的，由第三人承担侵权责任；管理人或者组织者未尽到安全保障义务的，承担相应的补充责任。

第三十八条　无民事行为能力人在幼儿园、学校或者其他教育机构学习、生活期间受到人身损害的，幼儿园、学校或者其他教育机构应当承担责任，但能够证明尽到教育、管理职责的，不承担责任。

第三十九条　限制民事行为能力人在学校或者其他教育机构学习、生活期间受到人身损害，学校或者其他教育机构未尽到教育、管理职责的，应当承担责任。

第四十条　无民事行为能力人或者限制民事行为能力人在幼儿园、学校或者其他教育机构学习、生活期间，受到幼儿园、学校或者其他教育机构以外的人员人身损害的，由侵权人承担侵权责任；幼儿园、学校或者其他教育机构未尽到管理职责的，承担相应的补充责任。

第五章　产品责任

第四十一条　因产品存在缺陷造成他人损害的，生产者应当承担侵权责任。

第四十二条　因销售者的过错使产品存在缺陷，造成他人损害的，销售者应当承担侵权责任。

销售者不能指明缺陷产品的生产者也不能指明缺陷产品的供货者的，销售者应当承担侵权责任。

第四十三条　因产品存在缺陷造成损害的，被侵权人可以向产品的生产者请求赔偿，也可以向产品的销售者请求赔偿。

产品缺陷由生产者造成的，销售者赔偿后，有权向生产者追偿。

因销售者的过错使产品存在缺陷的，生产者赔偿后，有权向销售者追偿。

第四十四条　因运输者、仓储者等第三人的过错使产品存在缺陷，造成他人损害的，产品的生产者、销售者赔偿后，有权向第三人追偿。

第四十五条　因产品缺陷危及他人人身、财产安全的，被侵权人有权请求生产者、销售者承担排除妨碍、消除危险等侵权责任。

第四十六条　产品投入流通后发现存在缺陷的，生产者、销售者应当及时采取警示、召回等补救措施。未及时采取补救措施或者补救措施不力造成损害的，应当承担侵权责任。

第四十七条　明知产品存在缺陷仍然生产、销售，造成他人死亡或者健康严重损害的，被侵权人有权请求相应的惩罚性赔偿。

第六章　机动车交通事故责任

第四十八条　机动车发生交通事故造成损害的，依照道路交通安全法的有关规定承担赔偿责任。

第四十九条　因租赁、借用等情形机动车所有人与使用人不是同一人时，发生交通事故后属于该机动车一方责任的，由保险公司在机动车强制保险责任限额范围内予以赔偿。不足部分，由机动车使用人承担赔偿责任；机动车所有人对损害的发生有过错的，承担相应的赔偿责任。

第五十条　当事人之间已经以买卖等方式转让并交付机动车但未办理所有

权转移登记，发生交通事故后属于该机动车一方责任的，由保险公司在机动车强制保险责任限额范围内予以赔偿。不足部分，由受让人承担赔偿责任。

第五十一条 以买卖等方式转让拼装或者已达到报废标准的机动车，发生交通事故造成损害的，由转让人和受让人承担连带责任。

第五十二条 盗窃、抢劫或者抢夺的机动车发生交通事故造成损害的，由盗窃人、抢劫人或者抢夺人承担赔偿责任。保险公司在机动车强制保险责任限额范围内垫付抢救费用的，有权向交通事故责任人追偿。

第五十三条 机动车驾驶人发生交通事故后逃逸，该机动车参加强制保险的，由保险公司在机动车强制保险责任限额范围内予以赔偿；机动车不明或者该机动车未参加强制保险，需要支付被侵权人人身伤亡的抢救、丧葬等费用的，由道路交通事故社会救助基金垫付。道路交通事故社会救助基金垫付后，其管理机构有权向交通事故责任人追偿。

第七章 医疗损害责任

第五十四条 患者在诊疗活动中受到损害，医疗机构及其医务人员有过错的，由医疗机构承担赔偿责任。

第五十五条 医务人员在诊疗活动中应当向患者说明病情和医疗措施。需要实施手术、特殊检查、特殊治疗的，医务人员应当及时向患者说明医疗风险、替代医疗方案等情况，并取得其书面同意；不宜向患者说明的，应当向患者的近亲属说明，并取得其书面同意。

医务人员未尽到前款义务，造成患者损害的，医疗机构应当承担赔偿责任。

第五十六条 因抢救生命垂危的患者等紧急情况，不能取得患者或者其近亲属意见的，经医疗机构负责人或者授权的负责人批准，可以立即实施相应的医疗措施。

第五十七条 医务人员在诊疗活动中未尽到与当时的医疗水平相应的诊疗义务，造成患者损害的，医疗机构应当承担赔偿责任。

第五十八条 患者有损害，因下列情形之一的，推定医疗机构有过错：

（一）违反法律、行政法规、规章以及其他有关诊疗规范的规定；

（二）隐匿或者拒绝提供与纠纷有关的病历资料；

（三）伪造、篡改或者销毁病历资料。

第五十九条 因药品、消毒药剂、医疗器械的缺陷，或者输入不合格的血液造成患者损害的，患者可以向生产者或者血液提供机构请求赔偿，也可以向医疗机构请求赔偿。患者向医疗机构请求赔偿的，医疗机构赔偿后，有权向负有责任的生产者或者血液提供机构追偿。

第六十条 患者有损害，因下列情形之一的，医疗机构不承担赔偿责任：

（一）患者或者其近亲属不配合医疗机构进行符合诊疗规范的诊疗；

（二）医务人员在抢救生命垂危的患者等紧急情况下已经尽到合理诊疗义务；

（三）限于当时的医疗水平难以诊疗。

前款第一项情形中，医疗机构及其医务人员也有过错的，应当承担相应的赔偿责任。

第六十一条 医疗机构及其医务人员应当按照规定填写并妥善保管住院志、医嘱单、检验报告、手术及麻醉记录、病理资料、护理记录、医疗费用等病历资料。

患者要求查阅、复制前款规定的病历资料的，医疗机构应当提供。

第六十二条 医疗机构及其医务人员应当对患者的隐私保密。泄露患者隐私或者未经患者同意公开其病历资料，造成患者损害的，应当承担侵权责任。

第六十三条 医疗机构及其医务人员不得违反诊疗规范实施不必要的检查。

第六十四条 医疗机构及其医务人员的合法权益受法律保护。干扰医疗秩序，妨害医务人员工作、生活的，应当依法承担法律责任。

第八章 环境污染责任

第六十五条 因污染环境造成损害的，污染者应当承担侵权责任。

第六十六条 因污染环境发生纠纷，污染者应当就法律规定的不承担责任或者减轻责任的情形及其行为与损害之间不存在因果关系承担举证责任。

第六十七条 两个以上污染者污染环境，污染者承担责任的大小，根据污染物的种类、排放量等因素确定。

第六十八条 因第三人的过错污染环境造成损害的，被侵权人可以向污染者请求赔偿，也可以向第三人请求赔偿。污染者赔偿后，有权向第三人追偿。

第九章 高度危险责任

第六十九条 从事高度危险作业造成他人损害的,应当承担侵权责任。

第七十条 民用核设施发生核事故造成他人损害的,民用核设施的经营者应当承担侵权责任,但能够证明损害是因战争等情形或者受害人故意造成的,不承担责任。

第七十一条 民用航空器造成他人损害的,民用航空器的经营者应当承担侵权责任,但能够证明损害是因受害人故意造成的,不承担责任。

第七十二条 占有或者使用易燃、易爆、剧毒、放射性等高度危险物造成他人损害的,占有人或者使用人应当承担侵权责任,但能够证明损害是因受害人故意或者不可抗力造成的,不承担责任。被侵权人对损害的发生有重大过失的,可以减轻占有人或者使用人的责任。

第七十三条 从事高空、高压、地下挖掘活动或者使用高速轨道运输工具造成他人损害的,经营者应当承担侵权责任,但能够证明损害是因受害人故意或者不可抗力造成的,不承担责任。被侵权人对损害的发生有过失的,可以减轻经营者的责任。

第七十四条 遗失、抛弃高度危险物造成他人损害的,由所有人承担侵权责任。所有人将高度危险物交由他人管理的,由管理人承担侵权责任;所有人有过错的,与管理人承担连带责任。

第七十五条 非法占有高度危险物造成他人损害的,由非法占有人承担侵权责任。所有人、管理人不能证明对防止他人非法占有尽到高度注意义务的,与非法占有人承担连带责任。

第七十六条 未经许可进入高度危险活动区域或者高度危险物存放区域受到损害,管理人已经采取安全措施并尽到警示义务的,可以减轻或者不承担责任。

第七十七条 承担高度危险责任,法律规定赔偿限额的,依照其规定。

第十章 饲养动物损害责任

第七十八条 饲养的动物造成他人损害的,动物饲养人或者管理人应当承担侵权责任,但能够证明损害是因被侵权人故意或者重大过失造成的,可以不承担或者减轻责任。

第七十九条 违反管理规定，未对动物采取安全措施造成他人损害的，动物饲养人或者管理人应当承担侵权责任。

第八十条 禁止饲养的烈性犬等危险动物造成他人损害的，动物饲养人或者管理人应当承担侵权责任。

第八十一条 动物园的动物造成他人损害的，动物园应当承担侵权责任，但能够证明尽到管理职责的，不承担责任。

第八十二条 遗弃、逃逸的动物在遗弃、逃逸期间造成他人损害的，由原动物饲养人或者管理人承担侵权责任。

第八十三条 因第三人的过错致使动物造成他人损害的，被侵权人可以向动物饲养人或者管理人请求赔偿，也可以向第三人请求赔偿。动物饲养人或者管理人赔偿后，有权向第三人追偿。

第八十四条 饲养动物应当遵守法律，尊重社会公德，不得妨害他人生活。

第十一章　物件损害责任

第八十五条 建筑物、构筑物或者其他设施及其搁置物、悬挂物发生脱落、坠落造成他人损害，所有人、管理人或者使用人不能证明自己没有过错的，应当承担侵权责任。所有人、管理人或者使用人赔偿后，有其他责任人的，有权向其他责任人追偿。

第八十六条 建筑物、构筑物或者其他设施倒塌造成他人损害的，由建设单位与施工单位承担连带责任。建设单位、施工单位赔偿后，有其他责任人的，有权向其他责任人追偿。

因其他责任人的原因，建筑物、构筑物或者其他设施倒塌造成他人损害的，由其他责任人承担侵权责任。

第八十七条 从建筑物中抛掷物品或者从建筑物上坠落的物品造成他人损害，难以确定具体侵权人的，除能够证明自己不是侵权人的外，由可能加害的建筑物使用人给予补偿。

第八十八条 堆放物倒塌造成他人损害，堆放人不能证明自己没有过错的，应当承担侵权责任。

第八十九条 在公共道路上堆放、倾倒、遗撒妨碍通行的物品造成他人损害的,有关单位或者个人应当承担侵权责任。

第九十条 因林木折断造成他人损害,林木的所有人或者管理人不能证明自己没有过错的,应当承担侵权责任。

第九十一条 在公共场所或者道路上挖坑、修缮安装地下设施等,没有设置明显标志和采取安全措施造成他人损害的,施工人应当承担侵权责任。

窨井等地下设施造成他人损害,管理人不能证明尽到管理职责的,应当承担侵权责任。

第十二章　附　则

第九十二条 本法自2010年7月1日起施行。